골목상권의 힘,
지역화폐

인천학연구총서 48

골목상권의 힘,
지역화폐

남승균·강철구·김태훈·김덕현

보고사
BOGOSA

우리는 '자본주의'라는 경제 체제에서 살고 있다. 자본주의는 '돈'이 사회시스템의 중심에 있으며, '돈'이 자본을 대표한다고 해도 지나친 말은 아니다. 우리는 돈 없이는 하루도 살 수 없는 세상에 살고 있는 것이다. 태어나면서부터 죽을 때까지 돈의 힘을 빌리지 않고는 살 수 없다.

뿐만 아니라 자본주의가 지배하는 현대 사회에서는 돈 때문에 많은 문제가 발생한다. 병원에서 태어나 장례식장에서 죽음을 맞이할 때도 비용을 치러야 한다. 문제는 이런 돈을 누군가는 엄청나게 축적해 놓은 것도 모자라 돈세탁을 해야 할 정도다. 반면 다른 누군가는 돈이 없어서 생존 자체에 위협을 받고, 목숨을 버리는 일까지 일어나는 게 현실이다.

우리는 이러한 돈을 그동안 '법정화폐'라는 한 가지 형태로만 바라보았다. 법정화폐는 사람 간의 관계에 신경을 쓰지 않으며, 이자가 생겨나 부익부 빈익빈이 강화되고 사회적으로 파편화되는 특징을 갖는다. 그러나 최근 전국 각 지역에서 나타나고 있는 '지역화폐'는 이와 다른 양상을 보여주고 있다. 특히 우리나라의 지역화폐는 지방정부 주도로 이루어지고, 지역 사회의 공동체 확산과 시민들 간의 공생, 그리고 상부상조의 화폐로까지 발전하고 있다.

2020년 지역화폐의 발행 규모는 13조 원을 넘어섰다. 이렇게 선풍적인 인기를 누리게 된 배경에는 국가적인 팬데믹(pandemic) 재난이라고 볼 수 있는 '코로나19'라는 예상치 못한 변수에 기인한다. 끊임없이 성장할 것만 같았던 세계 경제는 코로나19의 발생으로 심각한 침체기를 맞이하였다. 우리나라도 예외는 아니다. 장기화된 팬데믹 현상은 소득과 소비의 감소로 나타났고, 소상공인들의 위기로까지 이어졌다. 이러한 상황에서 경제 침체를 막기 위해 지역화폐로 재난지원금을 지급하는 방법은 위급 상황에서 효과를 톡톡히 보고 있다. 특히 지역 내 골목상권, 소상공인들에 대한 지원 효과는 매우 탁월하였다.

국내 지역화폐의 도입 시기를 시간의 흐름에 따라 추적해 보면 1996년 녹색평론에서 레츠형 지역화폐를 소개한 이후 우리나라에도 1998년부터 작은 지역을 단위로 다루기 시작했다. 지역화폐는 지방자치단체, 복지기관, 시민사회단체 등이 주체가 되어 운영하였다. 당시 지역화폐는 대부분 레츠형으로 운영되었다. 레츠형 지역화폐를 품앗이, 두레, 향약 등 우리나라에서 기원을 찾는 연구도 진행되었으며, 레츠형 지역화폐의 단위로 품앗이의 '품'을 사용한 사례도 다수 존재하였다.

지역화폐는 2010년 전후 전국적으로 확대되었다. 2006년 강원도 화천을 시작으로 지자체에서 상품권 형태의 지역화폐를 발행하기 시작하면서 양구, 춘천 등 강원도를 중심으로 지역화폐(지역사랑상품권)는 경험적 성과를 바탕으로 강원도 지역화폐가 만들어지기도 하였다. 수도권에서는 성남시가 2007년부터 성남사랑상품권을 정책적으로 도입하였다. 이러한 지자체의 경험과 성과는 지역 내 소비 확대를 통한 지역경제 활성화라는 측면과 소상공인들의 소득에 도움을 주는 제도로 정착되기 시작하였다. 그리고 2017년 문재인 정부 출범과 함께 100대 과제에 선정되면서 전국적으로 각 지방자치단체마다 이를 경쟁적으로 도입하였다.

유럽을 보면 국가를 넘어 큰 지역을 넘나드는 화폐로 유로화가 탄생한 반면, 작은 지역 공간 내지는 공동체가 미치는 영역을 중심으로 쓰이는 통화가 별도로 존재한다. 국가별로 존재하였던 법정화폐가 하나로 통합되었으나 그 이면에는 지역별로 지역화폐가 다수 존재하고 있는 것이다.

한 국가에서 법정화폐는 돈으로써의 사회적 약속, 즉 안정성이 담보된 상태로 움직이며 경제를 움직이는 주축이다. 그러나 일방적인 화폐의 흐름은 규모의 경제에 따른 빈부격차와 발전상에 따른 지역격차 같은 문제를 불러오며, 이러한 사회적 문제를 해결하기 위한 정책들은 많은 공적비용을 들여야 한다.

결국 법정화폐의 일방적인 흐름 때문에 발생한 문제점을 보다 적은 비용으로 자연스럽게 약화시키며 지역 내 시민들의 커뮤니케이션 확대를 돕는 것이 바로 지역화폐다. 지역화폐의 효과는 다양하게 나타난다. 지역화폐는 기본적으로 한 지역 안에서 돈을 흐르게 하고, 골목상권과 소상공인들의 자금을 회전시킨다. 또 지역화폐는 지역민들의 합의를 통해 만들어지며, 축적해서 이자를 만들 수 없는 특징을 가진다.

따라서 한 국가의 화폐시스템에서 법정화폐만 존재해야 한다는 절대적 화폐제도는 성립되지 않는다. 본 저서는 화폐에 대한 이론적 부분과 더불어 실제 활용되는 사례를 소개하고, 인천의 지역화폐 현주소와 지속가능성에 대한 논의로 마무리하고자 한다.

이번 연구에서는 골목상권과 지역화폐를 주제로 5장으로 정리하였다. 1장에서는 지역화폐와 관련된 기존의 논의들을 정리하고, 왜 현재 한국에서 많은 지자체가 골목상권을 살리기 위해 지역화폐제도를 도입하고 있는지를 분석하였다.

2장에서는 지역화폐가 가지는 지역순환경제 모형의 이론적 논의와 지역화폐운동의 특징으로 공동체 운동, 사회복지 실천 운동, 대안적 선순환 경제운동과 생태·환경운동 등을 소개한다.

3장에서는 세계 각지의 경험을 배우는 것으로 정리하였다. 먼저 지역화폐 및 법정화폐의 발행 구조를 설명한 뒤 현재까지의 정체된 경제에 새로운 활력과 생명을 불어넣는 지역화폐의 예를 살펴봤다. 돈에 이자가 붙는 것이 일반적인 상식이다. 하지만 상식에 얽매이지 않고 화폐를 소유할수록 불이익(penalty) 주는 화폐도 있다. 화폐의 가치저장 기능과는 반대로 화폐를 보유한 뒤 일정시간이 흐르면 화폐의 가치를 감소시킴으로써 화폐의 유통 속도를 높인 사례도 있다. 이러한 방식으로 경제 활성화를 실현한 독일의 경제학자 실비오 게젤(S. Gesell)을 소개했다.

4장에서는 인천의 지역화폐를 알아보고자 한다. 지역화폐의 도입과 실제 소개된 사례를 중심으로 서술했으며, 현재 인천광역시가 운영하는 '인천e음'의 실증 분석을 토대로 전자카드형 지역화폐가 지역경제 활성화 골목상권에 미치는 영향을 서술하였다.

5장에서는 한국의 지역화폐에 대한 정책적 제언을 실었다. 한국 지역화폐의 새로운 변화를 위한 국가 차원의 지역화폐에 대한 중층적 지원, 중소기업 간, 소상공인 간에 지역화폐 시스템을 활용할 수 있도록 국가가 적극적 지원, 지역화폐에 대한 내발적 발전론의 지역경제 전략 수립 등을 제언했다. 이를 바탕으로 지역화폐제도가 사회운동의 관점에서 활발하게 논의되고 전개되어야 할 것이다.

인천의 지역화폐인 '인천e음'은 레츠형 지역화폐와 결합할 수 있는 요소를 찾아 지역경제 활성화와 공동체 활성화의 두 마리 토끼를 잡는 방식으로, 플랫폼을 통하여 응용할 수 있도록 해야 한다. 그리고 지역화폐 운영을 관 주도에서 민간 주도로 전환할 수 있도록 철저히 준비해야 한다. 또 지역화폐를 통한 지역 내 확대가 '지역 내 재투자력' 강화로 이어지는 방안을 만들어 내야 하며, 주민 주체의 형성을 통한 지역화폐의 공동체 운동을 만들어야 한다.

본 연구 저서는 지역화폐의 일반적 논의를 바탕으로 지역경제 활성화를 위한 인천 지역화폐의 도입 역사와 인천 지역화폐를 주제로 한 이론적 연구의 정합성을 탐구한 것이다. 본 연구 저서가 지역화폐를 이해하고 지속가능한 지역공동체화폐로 성장하는 데 작은 도움이 되었으면 한다.

끝으로 이 책이 나오기까지 도움을 주신 보고사 관계자와 인천대학교 인천학연구원의 관계자들에게 깊은 감사의 마음을 전한다.

집필자 일동

차 례

Ⅰ.
지역화폐, 골목을 비추는 힘

1. 왜 지역화폐인가?

화폐는 돈이다. 그렇다면 화폐(돈), 금융, 자본의 차이는 각각 무엇인가? 금융은 돈의 흐름이다. 즉 자금이 융통되는 돈의 수요와 공급이다. 그래서 은행을 금융기관이라고 칭한다. 자본은 '장사나 사업 따위의 기본이 되는 돈'이다. 자본은 이익을 남기고자 투자하는 개념의 돈이다. 그렇다면 우리나라의 화폐의 개념인 돈의 뜻은 돌고 돌아 그대로 돈이라는 결론에 다다른다. 신체의 혈액이 잘 돌지 않으면 동맥경화가 일어나듯, 경제에도 돈이 잘 돌지 않으면 문제가 발생한다. 그래서 각 국가는 돈이 잘 돌 수 있도록 중앙은행을 통하여 통화량을 조절하는 방식을 채택하여 왔다.

국가들은 법률에 따라 강제적으로 유통되는 힘과 지급 능력을 부여한 '법정화폐'를 사용한다. 법정화폐가 그 나라 안에서 돌고 돌아야 경제가 활성화되고 성장을 할 수 있다. 그런데 돌고 돌아야 할 돈이 일부 산업과 계층에서만 도는 '유동성 함정' 현상이 일어나기도 한다. 유동성 함정이란 금리 인하를 통한 확장적 통화정책이 투자나 소비 등 실물경제에 영향을 주지 못하는 상태를 말한다. 일명 '돈맥경화' 현상이라고도 한다. 이러한 현상은 미래에 대한 불안감 등으로 금리정책을 펼쳐도 경기 침체를 벗어나지 못하는 특징을 보인다. 시중에 돈이 돌지 않으면 가장 어려운 사람은 바로 서민들이다. 또한, 한 나라 규모의 경제에서 보면 중앙보다는 지방이 더 어려워진다.

최근 어려운 지방 경제, 즉 지역경제를 활성화하며 소상공인들의 숨통을 트이게 돕는 정책 중 하나로 지역화폐가 주목을 받고 있다. 현재 우리나라에서는 대부분의 지자체가 도입하여 운영하고 있다.

왜 지역화폐가 문재인 정부에 들어서서 우후죽순처럼 확장되고 있는 것일까?

지역화폐의 역사를 살펴보면 경제가 어려울 때 지역화폐는 다양한 방식으로 만들어지고 창안되었다. 1998년 국내 IMF 위기와 2008년 세계금융위기 이후 글로벌 경제와 국내 경제에서 근본적인 변화가 보이지 않고, 돌고 돌아야 할 돈은 돌지 않자 다양한 곳에서 지역화폐에 대한 시도가 활발하게 진행되었다. 지역화폐는 주로 경기도 성남시, 강원도 양구군, 화천군, 춘천시 등의 사례에서 성과가 나타났다. 성남시의 경우 청년수당 등 각종 복지정책과 연계하며 지역화폐는 자금의 역외 유출 방지와 역내 소비 진작효과, 지역경제 활성화 및 복지 향상의 효과로 각 지자체에서도 이를 정책적으로 받아들이기 시작하였다.

지역화폐는 이름 그대로 특정 지역 내에서만 사용할 수 있는 화폐를 의미한다. 특정 지역에서 자체적으로 발행해 특정 지역 내에서만 소비되는 화폐라고 설명하는 편이 좀 더 정확하다.

예를 들어 인천광역시가 '인천e음'이라는 전자상품권(직불카드 형태)에 재난지원금을 충전하여 사용하게 하였다. 이렇게 충전된 재난지원금은 인천지역 안에서만 소비가 가능하다. 이렇게 간단하게 정리할 수도 있지만 막상 사용하려고 하면 간단하지가 않다. 인천만 하여도 10개 구·군이 지역화폐를 호환하여 발행하고 있다. 경기도 역시 31개 시·군에서 31개의 지역화폐를 제각각의 형태로 발행하고 있다. 대한민국 전체로 보면 230개 지자체가 지역화폐를 발행하는 등 '지역화폐 열풍'이 부는 분위기다.

일례로 경기도 시흥시는 지류형(종이상품권)인 '시루'와 QR코드 결제 방식인 모바일형 지역화폐 '착'을 발행하고 있다. 인천시 서구는 '서로e음', 연구수는 '연수e음'을 발행하며 인천시의 인천e음과 호환이 가능하게 만들었으며, 여기에 더하여 자치구에서 특별 할인하여 캐시백을 주는 등 차별화로 활성화를 꾀하고 있다. 성남시는 자체 지역화폐인 '성남사랑상품권'을 지류형과 카드형, 모바일형 3종류 모두 발행하고 있다.

결제 방식뿐 아니라 발행 방식에 따라서도 지역화폐는 구분이 된다. 이번 긴급재난지원금처럼 정부 보조금을 지역화폐로 주는 '정책발행'과 소비자가 직접 구입해 쓸 수 있는 '일반발행'으로 나눌 수 있다. '정책발행'의 경우 사용처뿐 아니라 사용기간까지 제한도 가능하다. 실제로 재난지원금은 8월 말까지 사용기간을 제한해 경기 순환효과를 기대하기도 하였다. 반면 일반발행 되는 지역화폐는 지역주민들에게 판매하는 것이다 보니 관심을 끌기 위해 할인이나 캐시백 등의 혜택을 주는 형태로 발행되고 있다. 2020년에 이어 현재에도 코로나19 상황으로 어려움을 겪는 골목상권을 지키기 위해 10%의 할인 혜택을 주고 있다.

이렇게 발행된 지역화폐는 해당 지역 내에서만 쓸 수 있는 것을 넘어 주로 전통시장이나 영세 상점 등 사용처를 제한하고 있다. 즉, 백화점이나 쇼핑센터, 대형마트, 연매출 10억 원 초과 사업체, 유흥업소 등에서는 사용이 불가능하다는 이야기다. 이렇게 제한을 둔 이유는 국내 지자체들이 지역화폐를 발행하게 된 근본적인 목적, 즉 '지역경제 활성화'와 소상공인 골목상권 보호라는 목적을 위해서다.

지금까지 대다수 지방정부들은 온라인 경제의 발전과 대기업 중심의 경제로 인한 소득의 '역외 유출'로 고민이 많았다. 지역에서 일하고, 지역이 제공하는 각종 복지혜택을 누리는 주민들이 정작 '소비'는 서울에 본사를 둔 대형마트나 백화점에서 하다 보니 지역으로 유입되어야 할 세수가 부족해진 것이다. 만성적인 재정적자 상태를 벗어나려 고민한 끝에 탄생한 것이 바로 지역화폐인 것이다. 정부가 주는 각종 지원금을 지역 내에서만 쓸 수 있는 지역화폐로 제공한다면 지역경제가 활성화될 것이고 지출한 복지 예산보다 세수 증가분이 더 커질 수도 있다는 계산이 나온 것이다. 지역경제 활성화와 재정적자 완화라는 두 마리 토끼를 잡을 수 있다는 정책적 고민이 서로 맞닿아 지역화폐는 동시다발적으로 만들어지고 있다.

지방정부의 지역화폐 실험은 2006년 무렵부터 본격화되었다. 성남시는 정부지원금 등을 성남사랑상품권으로 제공해 성남지역 가맹점에서만 쓸 수 있게 했다. 이 사업은 2006년 20억 원 규모로 시작해 2017년 260억 원까지 늘어났으며 2020년에는 재난지원금을 포함하여 1,000억 원 규모로 확대되면서 성공리에 정착하였다. 관광객들을 대상으로 하는 지역화폐 '화천사랑상품권'을 발행한 화천군은 산천어축제 입장권을 사면 일부를 지역화폐로 돌려주는 프로그램을 도입해 부가가치 창출과 함께 직·간접 경제효과가 나타나며 엄청난 주목을 받기도 하였다. 한국지방행정연구원 자료에 따르면 화천군은 4,400만 원의 예산을 들여 화천사랑상품권을 발행했는데 이를 통한 부가가치가 16배 많은 7억 원에 달했다고 한다.

성공 사례들이 줄줄이 나오자 지역화폐 도입에 앞장서는 지자체가 점점 늘어났고, 2020년까지 지역화폐를 발행한 전국 광역·기초자치단체는 243(광역 17+기초 226)곳 중 230(행안부, 2020)곳으로 전체의 약 94.6%에 이른다. 발행 규모도 2015년 892억 원 규모에서 2018년 3,714억 원, 2019년 3조 2,000억 원에서 2020년 13.3조 원으로 급격히 증가하였다.

지역경제 활성화와 관련한 다양한 정책들은 꾸준히 연구하며 반영되고 있지만, 지역의 특수성과 지역의 조건에 따른 유효성이 감소하는 추세로 나타나고 있는 실정에서 지역화폐는 두각을 드러내고 있다.

그러나 지역화폐가 지역경제 활성화의 유효성을 높이기 위해서는 단순한 정책 입안과 제도적 접근을 통한 행정적 지원이 아니라 지역경제 활성화의 주체인 '지역 커뮤니티'를 묶어내고, 네트워크를 통한 지역경제 활성화의 토대를 마련하는 공정이 무엇보다 중요하다. 현재 지역화폐는 이러한 과정을 생략하며 성장 중이다.

본 저서는 지역경제 자립의 관점에서 이에 대한 대안들이 어떻게 나타나고 있는지 알아보고자 한다.

2. 돌고 도는 지역화폐

최근 수년 사이에 국내 지자체들은 지역경제의 활성화 수단으로 앞다퉈 지역화폐를 도입하고 있다.

지역화폐는 무엇인가? 지역화폐의 기원을 18세기 서부 아프리카의 다호메이 왕국 등 기원을 찾고 있는 연구자도 있다. 하지만 현대사회에서 통용되는 지역화폐의 일반적인 형태는 1932년 세계경제공황 직후 실업률이 매우 높았던 오스트리아 서부 티롤(Tyrol)주의 뵈르글(Worgl)이라는 작은 마을에서 '노동증명서(Free Money)'라는 지역화폐를 발급하여 지역경제를 활성화시킨 사례에서 시작하였다고 할 수 있다. 노동증명서는 3종류(1실링, 5실링, 10실링)가 발행되었으며, 가치가 감가하는 지역화폐로서 놀라운 속도로 마을에서 유통되기 시작하였다. 한 장의 노동증명서(지역화폐)는 노동자에서 마트로 향하고, 마트는 농가로 전달하는 등 사람과 사람 사이를 돌고 돈 노동증명서의 경제적 효과는 실로 엄청났다. 고용이 창출되고, 지역에서 돈의 흐름이 살아나 밀린 세금을 해결하는 등 노동증명서는 지역 활성화에 주요한 역할을 하였다. 캐나다 밴쿠버(Vancouver)의 코목스 밸리에서는 공군기지의 이전과 목재업 침체로 실업률이 높은 상황에서 지역화폐의 거래 시스템인 '레츠(LETS)'를 개발했다. 또 '녹색달러'라는 지역화폐를 만들어 지역주민들이 회원으로 가입하면서 재화와 서비스를 교환하게 하였다. 레츠(Local Exchange Trading System)는 전 세계적으로 가장 많이 퍼져 있는 지역화폐제도다. 법정화폐가 없어도 사람들이 물품과 서비스를 교환할 수 있는 연대에 바탕을 둔 자립적 생활 방식으로 지역 내에서 통용되는 공동체화폐를 통해 노동과 물품을 거래하는 교환제도다.

레츠는 서서히 전 세계로 확산되었다. 우리나라의 대표적인 레츠형 지역화폐는 1997년 IMF 직후 어려운 시기에 대전광역시에서 '한밭레츠' 회원들이 '두루'라는 지역화폐를 만들어 거래한 사례가 유명하다. 그리고 지역화폐 중 지류형 지역화폐와 유사한 '지역사랑상품권'의 경우 지역경제 활성화에 도움이 되어 광역 및 기초지자체 230곳이 운영하고 있

다. 강원도는 연간 4조가 넘는 역외 지출을 막아보고자 지역상품권을
도입했다. 양구의 지역사랑상품권은 2007년부터 시작하여 누적 판매액
이 598억 원에 이르며 2013년부터 2016년까지 4년간 평균 판매액이 80
억 원에 달하였다. 인구가 24,017명에 11,239가구로 가구당 평균 사용액
이 71만 원 수준으로 사용하여 양구지역 경제에 큰 도움이 되는 것으로
파악되었다. 성남시의 경우 가맹점이 2016년 말 기준 2,354개로 2007년
부터 연간 100억 원 규모의 상품권을 판매하였다. 2016년에는 200억 원
을 판매하여 누적 판매액은 1,050억 원으로 규모도 크다. 특히 청년배당
과 산후조리지원금 등 약 200억 원을 지역화폐(성남사랑상품권)로 지급하
는 것만으로도 재래시장과 골목상권이 살아나고 있다고 보고되었다.

지역화폐는 먼저 지역 내 소비자와 생산자들이 연결되는 과정에서 지
역주민의 소통과 참여, 소속감과 연대로 공동체를 복원하는 효과가 있
다. 또 지역경제의 활성화를 넘어 지역자원 활용과 순환을 통해 지역
내발적 발전의 토대가 되며 나아가 자원과 에너지 낭비를 줄이는 생태
· 환경운동으로까지 이어진다. 지역화폐는 지역의 소외계층을 위한 사
회복지 실천의 효과와 고용을 창출하고 있으며 다양한 곳에서 쓰이고
있다. 법정화폐는 이윤 극대화와 이자를 동반하여 경쟁을 촉진하고, 인
간관계의 연을 끊는 '자기 상실의 통화'라면 지역화폐는 비시장 통화로
서 협동과 공생, 나아가 지역의 공동체를 결속시키는 통화, 신뢰를 통한
얼굴 있는 화폐라고 정리하고 있다(양준호, 2011).

이렇게 인기를 누리고 있는 지역화폐가 도대체 무엇인지 역사적 과정
을 살펴보고, 21세기에 지역화폐가 지역경제 활성화의 대안처럼 비추어
지며 각광을 받고 있는지 알아보고자 한다.

화폐는 어떻게 나타났고 지역화폐는 또 무엇인가? 현대의 화폐는 인

간이 필요에 의해 만들었고, 필요에 의해 발생한 화폐제도다.

우리는 화폐가 교환 중심으로 시장이나 무역의 필요에 따라 만들어졌다고 생각할 수 있다. 이는 학술적으로 전혀 연관이 없지는 않지만, 무역이나 시장과 별개로 기원을 찾고 있다. 따라서 화폐가 가지는 기능 중 하나의 기능이라도 수행한다면 화폐라 할 수 있으며, 모든 기능을 갖춘 화폐가 사용되기 시작한 것은 문자를 가진 사회가 발생한 뒤의 일이었다(칼 폴라니, 1997). 화폐의 세 가지 기능은 교환 및 매개의 기능, 가치척도의 기능, 가치저장의 기능이다.

교환 및 매개의 기능은 서로 다른 두 재화를 직접 교환하는 것이 아니라 화폐를 통해 거래를 함으로써 상호 욕구가 일치하는 교환할 물품을 가진 사람을 찾아다녀야 하는 비용을 덜 수 있다. 둘째는 가치척도의 기능으로 계산할 단위를 만드는 것이다. 물물교환에서 각 물품 간 교환비율이 정해져야 하고 복잡하다. 그러나 화폐를 사용하면 개별 상품에 거래하는 가격만 정해지면 화폐와 개별 물건으로 거래하기 때문에 거래비용을 줄일 수 있다. 셋째는 가치저장의 기능이다. 화폐가 한번 사용되었더라도 화폐의 책정된 가치는 그대로 보존되어야 하는 기능이다. 밥한 공기를 사면 시간이 지나면 그 가치가 상실하지만, 교환과 가치척도의 기능인 화폐의 가치도 사라진다면 시장에서 혼란이 가중되기 때문에 화폐에 매겨진 가치는 보존되어야 하는 기능이다. 그러나 가치저장의 기능이 보존이 아니라 화폐시장이 생기면서 화폐가 유통되고 이자가 발생하는 자본을 만들면서 가치저장의 기능은 화폐 본연의 기능을 상실하게 만들었다.

지역화폐를 주장하는 일부 학자들은 화폐의 가치를 저장하거나 늘리는 기능이 아니라 오히려 가치가 줄어드는 화폐를 고안하여 화폐를 저장하지 않고 빠르게 순환하는 방식을 고안하기도 하였다.

역사적 사실로 추론해 본다면 현재는 통용되지 않는 지역화폐가 언제부터 어디서 시작되었는가는 그 해석을 다양하게 도출할 수 있겠으며, 특히 독특한 것으로 현존하는 사례 중 미크로네시아 얏푸섬의 화폐석을 들 수 있다. 18세기 무렵부터 얏푸섬의 화폐석은 직경 20cm에서 4m에 이르기까지 다양한 것이 존재해 왔었다. 화폐석의 사용 목적은 시장에서 상품구입을 위한 돈이 아닌, 결혼식에서 신부의 가족으로부터 신랑의 가족에게 선물하거나 분쟁의 평화와 속죄, 주사에 대한 헌금 등의 사회생활의 여러 장면에서 사용하는 돈으로 쓰여 왔다. 현재에도 미크로네시아 시장에서는 미국 달러, 사회생활에서는 화폐석을 이용하는데, 이러한 화폐석이 지금의 지역화폐에 직접적인 영향을 끼친 것은 아니나, 지역화폐의 역사적 사례 중 한 가지 형태로 주목해야 한다.

또한 재난지원기금을 마련하여 위기 등 긴급한 일이 생기면 발행한 화폐도 있다. 최근 한국에서도 코로나19로 인한 경제 침체를 극복하고자 재난지원금을 지역화폐에 사용기한을 정하여 지급한 사례가 있는 것처럼 1929년 세계경제공황이 발생했을 당시 미국의 워싱턴주에서는 나뭇조각을 화폐 대신 사용했다.

지역화폐의 역사적 기원은 1820년대 유토피아 사회주의 이념과 협동조합운동의 창시자였던 로버트 오언의 노동바우처(labour voucher)로 거슬러 올라간다. 노동바우처는 오언의 유토피아적 공동체 운동과 밀접한 관련이 있다. 노동바우처는 협동조합적 생산과 소비를 기반으로 경제적 자립능력을 가진 공동체에서 공동생산에 참여하는 구성원 간 노동을 서로 교환하기로 한 약속증서에서 시작하여 지불수단으로 확장되었다. 노동바우처는 노동시간을 교환 비율 산정 기준으로 삼았다는 점에서 '시간

〈그림 1-1〉 로버트 오언의 노동바우처 (사진 출처: Wikipedia)

기반 화폐'의 시초라고 볼 수 있다. 오언식 시간 기반 화폐는 20세기 초반 실비오 게젤의 '자유화폐' 구상에도 직접적인 영향을 미쳤다. 게젤의 자유화폐로 대표되는 당시의 지역화폐운동은 자유화폐시대가 막을 내리고 금본위제에 기초한 국가화폐시대로 이행이라는 시대적 상황과 밀접한 관련이 있다.

19세기 말 국제통화체제의 근간이 되었던 금본위제는 통화의 공급이 국가(중앙은행)가 아니라 금의 공급량에 의해 결정되기 때문에 국가 차원의 통화량 조절이 원천적으로 불가능했다. 경기 변동에 신축적인 대응을 불가능하게 하는 금본위제 족쇄 아래에서 극심한 디플레이션과 인플레이션 상태가 주기적으로 반복되고, 그로 인한 경제적 위기 상황과 사회적 혼란이 가중되자 그에 대한 대안으로 지역화폐 구상이 주목을 받게 된다. 1930년대 초반 유럽 일부 도시에서는 게젤의 자유화폐 원리를 적용한 지역화폐를 발행하여 큰 성공을 거두기도 했다. 19세기 말 20세기 초에 등장한 시간기반 공동체화폐는 금본위제에 기초한 국가화폐시스템을 부정하는 급진적 사회운동의 산물로 등장했다.

위와 같이 지역화폐는 대안적 화폐운동의 성격과 사회운동적 관점도 나타나고 있다. 특히, 지역화폐는 경제가 어려울 때 더 활발히 응용되고 만들어졌다는 것이 지역화폐운동의 특징이며 역사적 배경이다.

이렇게 국가화폐의 대체물로 고안·설계되었던 대안화폐운동은 국가 권위에 대한 정면도전으로 인식되어 유통이 금지되는 운명을 피할 수 없었다. 20세기 초반 정치적, 경제적 혼란 속에서 국가화폐를 대체하는 대안화폐 구상으로의 지역화폐운동은 전성기를 누렸다. 그러나 1930년 대 대공황기를 거치며 금본위제가 폐지되고, 제2차 세계대전 이후 미국 달러의 가치와 금을 연동한 금환본위제를 핵심으로 하는 브레턴우즈 체제가 성립되어 통화 공급의 유연성과 가치 안정성이 확보되자 지역화폐 운동은 동력을 상실하게 된다.

이후 1970년대 전후 브레턴우즈 체제의 붕괴와 함께 인플레이션을 동반한 경제공황이 전 세계를 강타했고, 경제 침체기의 상황은 지역화 폐운동이 다시 대두되는 배경이 된다.

1983년 캐나다 브리티쉬 콜롬비아주 코목스밸리(Comox Valley)에서 시 행된 지역교환거래소(LETS; Local Exchange Trading System)의 시작은 오늘 날 대부분의 지역화폐 유형으로 자리 잡았다. 비슷한 80년대 말 미국에 서 시간은행(Time Bank)운동이 시작되었고 2008년 세계 금융위기를 이후 지역화폐운동은 다시 등장하는 배경이 되고 있다. 2008년 세계적 금융 위기 이후 EU 등에서는 지역경제와 관련하여 지역화폐를 구체적으로 연구하고 있고 가장 최근에는 블록체인기술의 암호화폐가 21세기 대안 화폐운동의 중심으로 부상하고 있다. 블록체인 기술 기반 암호화폐시장 이 짧은 시간에 폭발적으로 성장하면서 암호화폐가 현행 통화금융제도 가 가진 문제의 근본적 해결책이라는 주장이 대중적 지지를 받고 있는

데, 그 배경에는 마찬가지로 2008년 이후의 중앙정부의 통화정책과 법정통화에 대한 불신이 주요하게 작용하고 있다. 블록체인 기술 기반 암호화폐 업체는 화폐창조 자체를 사업 목적으로 하고 암호화폐를 금융상품으로 취급하여 시장에서 자유로운 거래를 통한 가격 상승을 목표로한다는 점에서 지역공동체화폐운동과는 내용적으로 아무런 관련이 없다. 그러나 국가화폐제도에 대한 비판에서 출발하여 중앙집중적인 통제를 배제한 P2P의 분권적 화폐제도로 설계되었다는 점에서는 지역화폐구상과 연결고리가 존재한다. 실제로 공익적 목적의 블록체인 기술 활용에 대한 논의가 활발하게 이루어지고 있으며 지역공동체화폐운동과블록체인기술을 접목하려는 시도도 진행되고 있다(김탁건, 2020). 이처럼지역화폐가 현대사회에서 통용되는 형태로 정착된 시기는 세계경제공황이 일어난 시기와 비슷하며 유사한 형태가 1930년대 초 오스트리아티롤(Tyrol)주의 뵈르글(Worgl)시에서 나타났다. 오스트리아는 대공황으로 실업자가 증가해 시 정부의 세수입이 감소하게 됐다. 시의 세입감소는 공공서비스 제공에 지장을 초래했고, 시장은 그 해결의 실마리를 화폐에서 찾았다(이숙례, 1999).

뵈르글시는 돈이 없어 시 금고가 비고, 공공서비스를 제공하지 못하고, 실업자인 주민들이 수입이 없다는 세 가지 문제를 동시에 풀고자지역화폐를 창안해 냈다. 당시 뵈르글은 32,000실링의 가치가 있는 '노동증명서'를 발행해 보유할수록 매달 1%씩 가치가 떨어지는 감가하는지역화폐를 만들었다. 보유할수록 가치가 하락하는 화폐였으므로 순환이 급격하게 이루어져 지역경제를 활성화하게 되었으나 중앙정치세력과 중앙은행의 반대로 지역화폐 실험은 중지되었다.

레츠시스템(LETS = Local Exchange and Trading System)은 원래 1980년대

초 높은 실업률로 침체되어 있던 캐나다 브리티쉬 칼럼비아의 코목스라는 곳에서 마이클 린턴(Michael Linton)에 의해 시작된 지역교환체계이다. 1998년 녹색평론 40호에서는 "레츠시스템은 경제의 세계화라는 이름으로 진행되는 기업식민주의가 가공할 압력 때문에 밑에서 궁핍화와 착취를 강요당하는 풀뿌리 공동체들의 자기방어와 희생을 위한 주목할 만한 수단으로 세계 곳곳에서 만들어졌으며 특히, 만성적인 고실업률로 고통당하고 있는 지역 사회에서 '들꽃'처럼 피어나고 있는 '지역화폐운동' 가운데 대표적인 것으로 평가받고 있다"고 소개했다.

1983년 캐나다 코목스 밸리 마을은 공군기지 이전과 목재산업 침체로 마을에 경제 불황이 닥쳐 실업률이 18%에 이르러 실업자들은 살아가기 힘들게 되었으며 많은 실업자가 기술과 쓸모있는 것들을 갖고 있지만, 모두에게 결핍된 것이 돈이라는 것을 깨닫고 마이클 린턴이 '녹색달러'라는 지역화폐를 만들어 주민 사이에 노동과 물품을 교환하게 하고 컴퓨터에 거래 내역을 기록한 것이 레츠의 시작이다.

녹색달러의 최초 회원은 6명이었지만, 4년 뒤 500명으로 늘어났으며 이후 캐나다를 중심으로 퍼져나가 현재 남미, 유럽, 아시아 각국을 포함해 전 세계 3,000여 곳에서 실험되고 있는 새로운 지역사회운동이다.

우리나라는 1996년 '녹색평론'이라는 잡지를 통하여 소개되었고, 1998년 3월 처음으로 '미래를 내다보는 사람들의 모임'(미내사)이 미래화폐(Future Money)란 이름으로 지역화폐제도를 도입·운영하였다. 이후 급속하게 확산되어 50여 개 이상의 지역화폐제도가 주민조직, 시민단체, 지방자치단체를 중심으로 운영되고 사라졌다.

지역화폐를 앞다퉈 도입하는 이유는 명확하다. 지속적인 경기 침체 속에 지방의 지역경제는 점점 더 어려워지고 골목상권은 피폐해지고 소비의 역외 유출이 심각한 상태에 이르자 캐나다 코목스 밸리의 경우처럼 세 가지의 문제를 한 번에 해결할 열쇠로 지역화폐를 선택한 것이다. 박용남 지속가능도시연구센터 소장은 "대형마트 등 대기업 중심의 경제구조 탓에 지역 자본의 역외 유출이 심각한 문제로 대두되고 있다. 지역화폐가 생기면 돈이 제한된 지역 안에서만 지속적으로 순환해 지역경제를 활성화시킬 수 있다"고 말했다.

지역 내에서 생산-유통-소비가 이루어지는 선순환 경제구조를 갖는 새로운 지역 활성화 정책은 탄생하지 않았다. 따라서 위의 제시한 정책 수단들은 지속적이면서도 동시다발적으로 추진되어야 한다. 산업도시와 항구가 있는 개방형의 도시라 공동체성이 현저히 낮은 인천의 경우 사회적경제와 연계를 하는 지역화폐 정책은 중요한 의미이자 성과가 될 것이다. 특히 마을공동체와 경제라는 범주의 정책 수단들과 함께 '지역화폐'를 혼합시키는 데 성공하면 도시의 지역경제 활성화와 공동체에 시사하는 바가 클 것이다.

따라서 지역화폐는 다음과 같은 이유로 주목을 받고 있다. 지역화폐는 세계화에 맞선 골목상권을 살리고 어려운 지역경제에 작은 숨구멍을 내는 유효한 정책이다. 기존 법정화폐가 가지는 문제점을 보완하고 지역의 순환경제의 수단으로 효과를 나타낸다는 것이다. 또한 지역화폐는 기존의 법정화폐의 테두리 안에 있으며 현재 한국에서 많이 추진되는 지역화폐(=지역사랑상품권)는 법정화폐를 태환(兌換)하는 방식으로 국가경제의 순방향에서 작용하고 있다는 것이다. 나아가 지역화폐는 공동체화폐의 특징을 가지고 있어 지역의 사회적 자본의 지수를 높여주고 있고, 노동의 가치를 다양하게 확장하였다. 또한 지역화폐가 갖는 사회복지적 측면과 환경 보호 등 경제 침체기에 나타나는 어려움을 보완하기 때문에 지속가능한 지역경제의 활성화를 위한 정책 수단으로 주목받고 있다.

지방자치단체의 지역화폐 도입을 살펴보면 전국 243곳 자치단체 중 230곳에서 운영 중이다. 2016년도 53개 지자체에서 도입하였고 2017년 56개 지자체, 2018년 66개 지자체에서 지역화폐를 발행하였다. 2019년 177개 지자체로 확장되었다가 2020년 230곳으로 급격히 확장하였다.

지역화폐의 발행액은 2019년 3조 2,000억 원에서 2020년 13.3조 원은 무려 4배가량 증가한 발행액수다. 환전율도 2019년 7월 기준으로 연간 발행액 대비 환전율은 평균 89%(1조 884억 원)에 이른다. 환전이란 발행되어서 다시 지역화폐가 발행한 은행으로 들어오는 지역화폐를 말하며, 환전율이 높다는 것은 지역화폐의 유통속도가 빠르다는 증거다. 화폐의 유통속도가 빠르다는 것은 실제 거래가 활발하게 이루어지고 있다는 간접증거다.

실례로 대구광역시의 2020년 지역 내 총생산은 0.36% 증가한 것으로 나타났다. 대구는 지역화폐 '대구행복페이'가 지역 내 총생산 상승에 견인차 역할을 한 것으로 파악하고 구체적인 실증분석에 들어간다고 한다. 대구시 관계자는 "도·소매업에서 사용되는 비중이 높다면 민생 경제 활성화 측면에서 분명한 성과가 있다고 볼 수 있다"고 전했다.

2019년 경기도 산하 경기연구원이 펴낸 "지역화폐 도입·확대에 따른 성과분석 및 발전방안"에 따르면 경기도 31개 시·군의 지역화폐가 최종적으로 향하는 곳은 도소매업, 음식점 등 서비스업 부문이었으며 이에 따른 생산유발효과는 4,901억 원으로 집계됐다(이상훈 외, 2019).

3. 지역화폐의 확장된 의미들 : 지역화폐의 개념

지역화폐는 명칭에서 묻어나듯이 지역을 기반으로 사용되는 화폐다. 이러한 지역화폐에 대한 정의는 나라마다 학자마다 조금씩 다른 견해를 보이나 내용은 대체로 다음과 같은 의미로 사용되고 있다

지역화폐란 한정된 지역에서만 사용할 수 있고 법률로 정해진 국가화폐 즉 원이나 달러, 엔, 유로, 마르크 등과 대비되는 단어인데 보완통화, 지역통화, 자주통화, 자유통화, 회원제통화, 커뮤니티통화, 그린달러, 에코머니, 오리지널머니 등으로 불리고 있다. 이러한 지역화폐는 한정된 지역에서만 통용되는 화폐를 사용하여 그 지역 내의 돈을 순환시킴으로서 경제의 안정화와 활성화를 꾀함과 동시에 세계 경제로 인해 붕괴하고 있는 지역공동체를 구축하는 것을 그 목적으로 하고 있다(아베 요시히로, 2003).

따라서 지역화폐는 커뮤니티, 볼런티어, 지역경제 등의 활성화를 위해 특정지역 또는 커뮤니티에서 자주적으로 발행하는 화폐로 정의할 수 있다. 다른 정의로는 한 지역, 한 집단에서만 통용되는 돈으로 작게는 몇몇 사람이 크게는 주식회사 정도의 규모나 특정 지역을 단위로 해서 자신들 사이에서만 통용되는 화폐를 발행해 상품과 서비스를 교환하는 체계로 정의하기도 한다(이숙례, 1999).

다시 말하자면 지역화폐는 어느 특정된 지역 내, 혹은 커뮤니티 내에서 현행 법정통화에서는 표현하기 곤란한 사회적 가치 및 커뮤니티의 가치를 교환·유통하기 위한 매체로 인식할 수 있다. 이는 국가나 정부에 의한 화폐의 가치가 정해지는 법정통화와는 달리 지역화폐의 가치는 단위 지역화폐를 운영하는 단체 및 커뮤니티의 결정에 의해 가치는 상

대적으로 평가된다.

지역화폐의 정의 중에서 공간으로써의 지역화폐 사용범위에 대한 정의도 필요하다. 위에서는 작은 동네 규모로 보아야 하지만 최근 영국이나 한국의 경우를 보면 지역화폐의 범위가 행정구역으로 봤을 때 기초지자체를 넘어 광역시·도까지 확장되고 있다.

지역화폐가 가지는 현상과 본질은 무엇일까? 세계 경제는 신자유주의의 세계화로 인하여 지역사회가 자신들의 중요한 삶터로부터 경제적·사회적·문화적으로 자립할 자리를 잃어가고 있다. 인간의 편리함을 위해 만든 화폐는 이윤 추구의 수단으로 전락하여 화폐가 인간을 지배하는 자본주의의 물신성으로 인하여 지역의 공동체는 점점 파괴되어 가고 있다.

따라서 지역경제의 활성화와 공동체의 복원은 시급한 과제이며, 이를 위한 다양한 대안으로 지속가능 발전, 사회적 경제, 사회적 기업, 내발적 발전론 등과 지역화폐운동이 대두되고 있다.

지역화폐운동은 돈을 돈의 위치로 돌려놓고 인간의 인간다움을 되찾기 위한 사회운동으로 지역사회의 공동체적 삶을 근본적으로 변화시킬 잠재력을 가지고 있다고 한다(김종일, 2003).

지역경제를 활성화하려는 목적에서 출발했다는 지역화폐가 도대체 무엇이기에 실업자 및 저소득층 보호와 고용증대, 자원봉사 활성화 및 지역사회 상호부조 증진에 따른 사회복지 실천, 주민들의 사회적 관계에 기반을 둔 공동체 회복 및 경제 제도 재구성까지 가능하다는 것일까? 지역화폐의 가장 큰 기능이자 도입 목적은 지역사회의 자립과 지역주민의 네트워크 회복이라고 한다.

본 저서는 먼저 지역화폐가 가지는 지역경제 자립의 성격과 지역사

회의 공동체를 만들어가는 성격, 두 가지 목적 중 지역공동체 중심의
레츠형 지역화폐의 예를 들어 기존 화폐시스템과 차이점을 살펴보고자
한다.

첫째, 지역화폐에서는 빌려주고 빌리는 것이 개인 간의 채무관계와
유사하나, 갚을 때 반드시 빌린 사람에게 갚을 필요가 없다. 흔히 호혜
성의 원칙이라고 하는데 지역의 공동체를 중요시하는 레츠형 지역화폐
는 회원 중 누구와도 서비스를 주고받을 수 있는 특징이 존재한다. 레츠
형 지역화폐는 재화와 서비스의 교환 과정을 통화하여 회원 간에 돌고
돌아 언젠가는 처음에 재화나 서비스를 제공해 준 사람에게 돌아가기
때문이다.

둘째, 지역화폐는 자원봉사와 유사한 품목이 있으나 그 대가가 있다
는 점이 다르다. 무조건 남을 돕는 것으로 생각하는 봉사가 아니라 봉사
에 대한 반대급부로 자신의 계좌 잔액이 늘어난다. 그 이유는 우리가
시장경제가 취급하지 않는 봉사 부분도 지역화폐에서는 가격(노동력)을
산정하여 봉사한 만큼을 노동력(시간)으로 인증하여 거래할 수 있도록
하고 있기 때문이다. 이러한 특징으로 인해 한국에서는 신뢰 관계에 있
는 회원이나 이웃끼리의 봉사활동을 지역화폐 단위로 계산하는 것에 대
하여 "이웃에 대한 정을 돈으로 매긴다"는 거부감으로 레츠형 지역화폐
가 초반에 잘 작동되지 않은 측면도 있었다.

셋째, 이웃 간의 상부상조와 비슷하나, 도와주고 나눠주고 빌려준 일
등을 모두 기록해 놓는다는 점에서 지역화폐는 법정화폐와 다르다. 일
반 법정화폐는 그 기록이 실제로 남지 않지만, 레츠형 지역화폐는 그
기록이 일일이 남아 그 기록에 의해 거래가 확인되고 정리된다. 기록에
남은 지역화폐는 익명성을 기본으로 하는 법정화폐와 차이점이기도 하

고 이러한 기록이 고스란히 남기 때문에 '얼굴 있는 화폐'라는 별칭이
붙기도 한다. 따라서 제공한 재화와 서비스가 기록에 남는 것은 지역화
폐 교환시스템이 상호 거래를 계정에 통장의 거래처럼 기록하다 보니
자연스럽게 기록이 남을 수밖에 없다.

넷째, 지역화폐는 은행의 계좌와 유사하나 그 잔액이나 거래내역을
회원에게 공개한다는 점에서 차이가 있다. 은행 계좌의 잔액은 본인만
아는 것이나 지역화폐는 회원에게 내역이 공개된다. 거래 내역을 투명
하게 공개하는 원칙은 중요한 의미가 있다. 거래 내역의 공개를 통해
공동체 성원들 간에 간접적인 관계망이 형성된다. 또 거래에서 서비스
를 받기만 하는 수요자가 되고 거래를 성사하는 공급자가 되지 못해 남
에게 베풀지 않는 회원은 마이너스 계좌를, 남에게 서비스를 많이 제공
한 회원은 잔액에 플러스 계좌를 소유하게 될 것이다. 이러한 공개를
통하여 거래를 활성화하고 상호부조의 공동체성을 유도하는 결과를 가
져온다는 것이다.

지역화폐에 대한 그간의 광범위한 실증적 연구들을 분석하면서 지역
화폐가 건강한 지역경제발전, 환경의 질적 향상, 책임성과 평등 및 상호
자립과 같은 사회적 윤리를 증진시킨다고 평가하고 있다(Seyfang, 1997).

앞서 살펴보았지만 지역화폐는 자본주의 시장경제가 보편화된 20세
기 초에 시장경제가 위축되었을 때 국가화폐가 원활히 유통되지 못하는
것을 만회하기 위한 대안화폐로 등장하였으며, 이는 지역화폐제도가 국
가화폐시장을 위협한다는 이유로 또는 경제상황이 호전되면서 그 역할
이 감소하여 대부분 사라진 상태이다(김형용, 2000).

그러나 1980년대에 등장한 지역화폐제도인 레츠(LETS), 타임 달러
(Time Doole), 아워즈(HOURS)는 현재에도 보완적 의미의 화폐로 인식되

고 있다. 현재 세계적으로 3,000여 종에 달하는 지역화폐를 유형별로 분류하면 다음과 같다.

　지역화폐는 크게 발행형태에 의한 분류, 운용방식에 의한 분류, 목적에 의한 분류, 가치척도에 의한 분류로 나눌 수 있다. 발행형태에 의한 분류로는 지폐 또는 칩 형태, 차용증서 형태(WAT), 통장(계좌)형태로 분류할 수 있다. 운용방식에 의한 분류로 스탬프화폐, 카렌더화폐, LETS, 커뮤니티 웨이, 에코머니화폐로 분류가 가능하다. 목적에 의한 분류로 커뮤니티 지향형, 프로젝트 지향형, 경제순환 지향형으로 분류하고 있다. 가치척도에 의한 분류로는 법정화폐 본위제, 시간본위제(시간화폐), 상품본위제로 나눈다.

〈표 1-1〉 화폐발행 분류

구분	화폐발행의 유형		
발행형태	지폐 또는 칩	차용증서(WAT)	통장(계좌)
운용방식	스탬프	커뮤니티	에코머니
화폐목적	커뮤니티 지향형	프로젝트 지향형	경제순환 지향형
가치척도	법정화폐 본위제	시간본위제(시간화폐)	상품본위제

　현재 세계 각지에서 운영되고 있는 지역화폐의 형태와 운영방식은 하나의 범주로 분류할 수 없을 정도로 매우 다양하며, 지역화폐 범주화 방식과 유형 구분도 여러 가지다. 국내 선행연구는 지역화폐를 교환의 매개수단이라는 기능적 관점에서 접근하여 형태적 차이를 기준으로 분류하고 있다. 예를 들어 지류형, 카드형, 모바일형 등 발행 형태에 따른 분류가 가능하지만 지역화폐라는 기능적 측면에서 보면 차이가 거의 없다. 지역화폐가 지향하는 주목적이 공동체 활성화인가 혹은 지역경제

자립 구축인가에 따라 유형으로 크게 분류하기도 한다.

실제 지역화폐의 운영과정에서 어느 한쪽으로의 편향이 있을 수 있다. 그러나 공동체 활성화는 지역화폐의 성공조건에 해당하고 지역경제 자립(순환형 경제) 구축은 지역화폐의 자연스런 결과물이라는 점에서 두 가지 지향은 모든 지역화폐의 운영에 공통되어 나타나고 있으며 그 기준에서 지향점이 어디가 클 뿐이다. 따라서 어떤 기준을 채택하든 형태적 차이에 따른 범주화는 그 용도와 의미가 불분명하다.

지역화폐를 교환의 매개수단의 측면에서 접근할 경우 지역상품권, 회원제 기반 선불카드, 신용카드, 모바일 간편 결제 등 현금통화 이외의 다양한 지급수단과의 차별성도 흐려지게 된다.

1) 화폐의 유형

레츠(Local Exchange Trading System)형

레츠유형은 전 세계적으로 가장 많이 퍼져있는 지역화폐제도로 법정화폐가 없어도 사람들이 물품과 서비스를 교환할 수 있는 연대에 바탕을 둔 자립적 생활 방식의 유형이다.

위의 분류표를 보면, 레츠형의 발행형태는 통장계좌 형태이고 운용방식은 커뮤니티 형식이며 목적은 커뮤니티를 지향하며 가치척도는 법정화폐와 시간본위제를 개별과 혼합형태로 나타나고 있다.

레츠형 지역화폐는 위에서 언급했던 1983년 캐나다 밴쿠버의 코트니(Courtenay)를 시작으로 급속히 확대해 1998년에는 약 500개 이상의 유럽 및 호주, 한국의 지역화폐가 따르고 있는 대중적인 모델이다.

레츠형 지역화폐는 '현금의 사용 없이도 회원들 간 상품과 서비스들의 모든 종류를 사고, 팔 수 있도록 하는 일정의 서비스 및 물품 교환거래망'의 개념이다. 따라서 거래당사자가 ±계정만으로 사실상의 화폐를 발행하는 것으로 간주하고 있다. 신용관계를 배합하여 사용함으로서 재화와 서비스를 교환하며, 거래자들은 서로에게 재화나 서비스를 제공할 때 그들의 대차대조표의 통장과 계좌에 대변에 가격(±)량이 기록되는 시스템이다. 실제 화폐가 움직인다는 것보다는 재화와 서비스가 거래될 경우 통장의 거래내역 상 숫자가 바뀌는 개념이다. 사용방법은 회원들이 각자 제공할 수 있거나 구입을 원하는 상품과 서비스를 등록시킨 뒤, 계좌를 통해 계정을 기록하여 물품과 서비스를 구입할 수 있다.

이는 자원봉사나 이웃 간의 상부상조 또는 벼룩시장과도 비슷해 보이지만 상호 호혜성이 실현된다는 점에서 자원봉사와는 다르며, 장부를 통해 기록된다는 점에서 상부상조와도 다르다. 또한 이자도 없고 레츠에 속한 누구에게도 빚을 갚을 수 있는 '다자간 교환제도'라는 점에서 개인 간의 채무변제와도 다르다(Pacione, 1997).

갑은 미용실을 하고, 을은 정육점을 하고, 병은 쌀가게를 하고, 동네 할머니가 정이라 가정해 보자. 정은 아이 돌보는 것을 한 시간에 5,000원으로 가치를 책정했다고 가정한다. 갑이 정육점에서 돼지고기 한 근을 10,000원에 사면 자신의 계좌(통장)계정에 -10,000원이 기록되고, 을은 당연히 +10,000이 기록된다. 을은 병의 쌀가게에 가서 10kg의 쌀은 3만 원에 구매하면 실제 현금이 거래되는 것이 아니라 계좌에 돼지고기 한 근 +10,000원과 쌀 -30,000원을 표시하고 잔액은 -20,000원이 된다. 병은 급한 일이 있어 자신의 아이를 3시간 맡기면 15,000원을 지불해야 한다. 이때 병의 계좌는 쌀을 판 30,000원과 아이를 돌본 -15,000원을 기록하고 잔액은 +15,000원이 된다. 정은 갑에게 가서 파마를 하고

30,000원을 계산하면 +15,000원과 -30,000원을 기록하고 잔액은 -15,000
원이 된다. 그러면 갑은 돼지고기를 산 -10,000원과 정의 할머니 파머가
격 +30,000원을 기록하고 잔액은 +20,000원이 된다. 이렇게 공동체 안에
서 직접 사용하는 화폐가 없이 거래되는 방식이 레츠형 거래 방식이다.
따라서 잔액을 계산하면 "0"이 된다. 따라서 이자도 없이 거래되는 공동
체화폐가 바로 레츠형 화폐다.

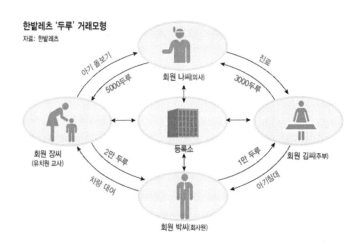

〈그림 1-2〉 레츠형 지역화폐 거래 방식 (출처 : 한밭레츠)

따라서 레츠형 지역화폐 발행형태는 계좌(통장)의 ±계정의 기록이고
운용방식은 공동체 안에서 거래가 되기 때문에 커뮤니티 방식이 우선하
지만 경제순환형에도 도움을 주고 있다. 가치척도는 일반 상품의 가치척
도인 법정화폐 본위로 책정되기도 하고 할머니의 아이 돌봄처럼 공동체
가 시간 단위로 가치를 책정하여 거래를 기입하도록 하는 것이다. 이러

한 거래는 가까운 마을이라는 단위에서 가능한 거래 방식이다. 공동체가 우선되지 않으면 회원의 계좌가 마이너스(-)로 눈덩이처럼 불어나기 때문에 부도가 날 수 있지 않겠냐는 질문도 있다. 이 문제는 화폐를 관리하는 위원회에서 한도를 정해 (-)가 일정 금액 이상이면 거래를 중지시키고, 활동을 통하여 회복하면 바로 거래가 성립하게 만들어 (-)에 대한 이자 걱정이 없고, (+)인 사람은 오히려 공동체 내의 어려운 분들에게 기부도 가능하도록 설계해 함께 나누는 공동체를 만들 수 있다.

또한 '아워즈 제도'는 레츠와 궤를 같이하나, 유형의 화폐를 사용한다는 점에서 레츠와 다르고 레츠에서는 거래를 관리하지만 아워즈 제도는 그럴 필요가 없다. 아워즈나 아톰 자체가 유형의 화폐로 통용되면서 참여자들이 법정화폐처럼 사용하면 그만이며, 법정화폐와 달리 아워즈형 화폐에는 이자가 붙지 않으며 아워즈형 화폐 발행은 유통위원회에서 관리한다. 아워즈형 화폐 유형은 원리와 철학에서는 레츠와 기본적인 개념은 같으면서도 실제로는 물리적인 형태를 보이는 지역화폐가 등장하였다. 대표적인 예로는 이타카 아워(Ithaca hour)나 토론토 달러(Toronto dollar), 킴가우어(Chiemgauer) 같은 화폐를 들 수 있다. 레츠처럼 거래 당사자가 발행하는 화폐가 아니라 중앙운영위원회 등에서 화폐발행량을 결정하여 지폐를 발행한 뒤 참가자들에게 일정량을 배부하고 거래 시 이를 이용하도록 하는 방식이다. 특히 토론토 달러나 킴카우어는 캐나다 달러와 유로화의 교환이 가능한 담보통화 형태를 띠고 있으며, 유통기간도 정해져 있다. 이러한 지폐형식 화폐의 경우 일단 발행되고 난 뒤에는 기존 계정방식에 비해 관리 부담이 훨씬 적다는 장점이 있고, 사용자들도 실제 국가화폐나 최소한 상품권 등과 같은 실물감을 느낄 수 있기 때문에 거래를 촉진하는 장점도 가질 수 있다(류동민·최한주,

2003). 또한 이것은 레츠처럼 참여기회가 일부 회원들에게만 국한되는 것이 아니라 지역주민 전체에게 제공되기 때문에 규모의 협소성도 어느 정도 극복할 수가 있다.

타임 달러형

자원봉사 형태에 가까운 대표적인 지역화폐로 예탁제 방식의 타임 달러(Time dollar)를 들 수 있다. 타임 달러의 특징은 일종의 지원봉사은행의 성격을 띤다는 것이다. 타임 달러 제도는 물품의 거래가 없다는 사실에서도 이러한 특징이 잘 나타나고 있다. 이 화폐는 미국의 많은 도시에서 운영되고 있는데, 지역에 따라서 티켓 형식 또는 계정 형식으로 발행된다. 기본체제는 시스템에 참가하고 있는 사람들이 제공하는 서비스를 시간으로 계산하고, 모은 시간을 사용하여 다른 사람으로부터 서비스를 받는 것이다. 사무국 코디네이터가 서비스를 요구하는 사람에게 적절한 사람을 검색 및 파견하고, 서비스 제공자와 피제공자 간의 거래를 성사시킨다. 시스템에 참가하는 대부분의 사람들은 비교적 고령자이고, 가까운 장래에 자신이 개호(介護) 등의 서비스를 이용하기 위하여 타임 달러를 벌고 있는 경우가 많다. 타임 달러는 복지적 성격을 강하게 띠고 있다고 할 수 있다(박상헌, 2002).

타임 달러는 레츠와 마찬가지로 상호신용에 의해 창출되며 타임 달러 시스템에 참여하는 사람은 지역사회에 토대를 둔 비전문적인 서비스를 교환하며 각 거래의 단위는 한 시간 동안의 지역사회 봉사이다. 한 시간 동안 지역사회 봉사를 한 사람은 1타임 달러를 얻으며 시간당 노동의 가치는 동일한 것으로 간주한다.

〈그림1-3〉 타임 달러유형의 지역화폐 거래 방식

(출처: 타임뱅크 코리아)

지류형 형태(상품권 기반 지역화폐)

지류형 지역화폐는 최근 한국에서 들불처럼 번지는 '지역사랑상품권'이 대표적이며 법정화폐와 태환이 가능한 지역화폐이다. 이는 시간과 법정화폐를 대신하는 유형의 화폐를 통하여 지역 내 경제 활성화에 초점을 맞춘 화폐다.

위의 분류표에 의하여 구분하면, 법정화폐인 지류형은 발행형태는 지폐 또는 칩의 형태이고 운용방식은 커뮤니티와 에코머니 형식이며 목적은 지역 내 경제순환을 지향하며, 가치척도는 법정화폐와 상품권본위제라고 할 수 있다.

현재 한국에서 진행되는 지역사랑상품권제도가 지역화폐이다. 이는 전자상품권과 지류형 상품권으로 나타나고 있으며 대부분 지역경제 활성화에 초점을 맞추고 역외소비와 역외 유출을 막아 보고자 각 지자체에서 추진하고 있는 지자체 상품권이다. 또한 대표적으로 일본 동경 다카다노바바의 지역화폐 '아톰'이다. 아톰은 10마력, 50마력, 100마력짜리 지폐로 발행되며, 1마력은 법정화폐 1엔과 동등한 시스템이고 지역화폐마다 조금씩 차이는 있으나 대체로 법정통화와 함께 섞어서 사용이 가능하다.

지류형 지역화폐로 대부분 우리나라에서 지자체에서 통용되는 지역사랑상품권이 지류형 지역화폐에 속한다. 우리나라의 상품권 기반의 지역화폐는 대부분이 지자체가 발행하는 지역사랑상품권으로 볼 수 있다. 지자체가 아닌 민간단체에서도 상품권을 기반으로 한 지역화폐(서울 마포구 공동체 경제네트워크의 모아, 통인시장의 엽전 등)를 발행·운영 중이지만 지자체 주도 상품권 기반 지역화폐에 비해 미미하다. 지자체가 직접 발행하거나 지자체 산하 출자·출연기관 및 지역금융 기관 등에 발행·판매 등을 위탁하여 운영하고 있으며, 지역주민들이 발행·판매점에서 직접 구매(일반발행)하거나 지자체가 청년 및 출산장려금, 정착 지원금, 당직수당 등을 지역사랑상품권으로 지급(정책발행)하고 있다. 지역사랑상품권 소지자는 지역 내 가맹점에서 지역사랑상품권을 사용하고, 지역사랑상품권을 취득한 가맹점은 지역금융기관에서 환전이 가능하다. 유통 촉진을 위해 환전수수료 면제와 구매 시 할인을 제공하고 있다. 지역사랑상품권이 일회성 소비, 운영상 비용 문제 등이 있지만 우리나라 환경에서 가장 직접적으로 활용 가능한 지역화폐 유형이라는 평가가 있다.

2019년부터 많은 지자체에서 지자체 주도 아래 상품권 기반의 지역화폐를 발행하고 있다. 인천의 경우 인천e음카드를 발행하고 있으며, 서구, 연수구, 부평구, 미추홀구, 계양구에서 같은 플랫폼을 공유하고 있

다. 지자체가 발행하고 해당 지자체의 행정구역 내에서만 사용할 수 있
는 상품권 지역사랑상품권을 도입을 통해 지역 내 소상공인의 경제활동
에 간접적으로 지원하는 것과 동시에 지역경제 활성화를 꾀하기 위한
조치다. 2019년 1월 기준, 전국적으로 70개의 지자체에서 운영 중이다.
2020년 긴급재난지원금도 지자체에서 발행하는 지역화폐를 통해 지급
되기도 하였다.

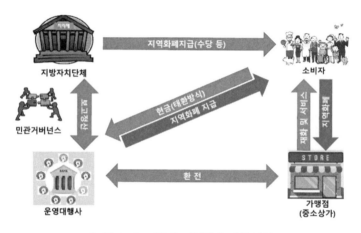

〈그림 1-4〉 지류형 지역화폐 거래 방식

증명서 형태

증명서 형태의 화폐는 거래 시에 재화 및 서비스를 제공받는 측에서
일종의 채무증서를 발행하고 그것을 마치 개인수표처럼 유통시키는 방
식이다.

대표적인 것이 과거 노동증명서의 형태다. 1832년 영국의 사회주의자
로버트 오언[1]이 노동 교환소를 설립하여 노동자들에게 재화와 교환할

수 있는 '노동증서'를 실험적으로 지급하면서 시작되었다(윤용택, 2005).

실제 사례로 오스트리아의 뵈르글 마을의 노동증명서가 있다. 1932년 세계경제공황이후 실업대란이 일어나던 이곳 뵈르글에서 시 의회에서 결정된 '노동증명서' 라는 이름의 지역통화는 실비오 게젤의 가치가 감소하는 화폐의 사상을 응용한 것이었다. 매달 액면가의 100분의 1에 해당하는 인지를 뒷면에 붙여 사용하는 지폐이며, 1실링, 5실링, 10실링의 3종류가 발행되었다. 어느 날 1,000실링이 마을공공기관 직원들의 월급으로 발행되었다. 노동증명서는 실링의 담보가 있어, 2%의 수수료를 지불하면, 누구든지 실링으로 교환하든지, 거꾸로 실링에서 노동증명서로 교환할 수 있었다. 이 '노동증명서'는 놀라운 속도로 마을에서 유통되기 시작하였다. 발행 3일 후에는 얼굴이 새파랗게 질린 공무원이 "노동증명서는 1,000실링 밖에 발행하지 않았는데, 벌써 5,100실링의 세금이 걷혔습니다. 노동증명서는 반드시 위조되고 있습니다."라고 시장에게 보고할 정도였다. 이는 노동증명서가 '가치 감소 화폐'로 인하여 돈의 유통 속도가 빨라져, 1,000실링밖에 발행하지 않았지만 5,100실링의 세수입이 증가하는 효과를 나타낸 것이다. 물론 마을 사람들은 생필품을 살 때도 그 돈을 사용하였을 것이므로, 경제효과는 5,100실링 이상이 되었다. 그럼 노동증명서가 어떠한 효과를 가져왔는지 살펴보면, 노동증명서의 평균 유통액은 5,400실링이었다고 한다. 당시를 기억하는 사람에 의하면 '노동증명서'가 1주일에 2회 정도 시청으로 돌아왔다고 한다. 시로 돌아오기까지는 예를 들어 건설업자가 노동자에게 일당으로 지급하

---

1) 로버트 오언 (1771~1858), 영국의 선구적인 사회주의자, 산업혁명의 최초의 실천적 비판가, 협동조합운동의 창시자.

고, 노동자는 마트에서 물건값으로 계산하고, 마트는 농가에 밀린 대금을 지급하는 순환으로 많은 사람의 손에서 손으로 노동증명서가 돌고 돌았다고 생각하면, 그 경제 효과는 실로 엄청난 것이다. 시청을 떠난 돈(노동증명서)이 시청으로 돌아올 때까지 3회 정도 주인이 바뀌었다고 하면, 노동증명서가 유통된 1년 정도의 기간 동안에 경제 효과는 약 250만 실링 이상이라고 보면 된다. 당시 엄청난 실업자가 존재하던 뵈그글은 경기가 재부양되는 효과가 있었다고 한다.

전자화폐

계좌상의 화폐 이동이 쉽게 추적할 수 있고 빠른 교환을 할 수 있어 사용에 용이하며 일본 가나가와현 야마토시의 지역화폐가 대표적인 사례다. 그러나 시스템을 구축하기가 어렵다는 단점이 있으나 최근 거래계정 프로그램의 발달과 네트워크 전산의 발달로 사용 추세가 늘고 있다.

영국의 브리스톨파운드가 지폐와 전자카드 등 다양한 형태의 결제시스템을 도입하였고 최근 한국의 경우 카드형 지역화폐 발행이 대세를 이루고 있다. 휴대폰 등 통신 및 전자칩의 발달로 카드형, 플랫폼기반 카드형, 제로페이 연계 QR코드 결제, 체크카드, 모바일 앱 결제 등 다양한 형태로 발전하고 있다.

우리나라에서 전자지역화폐가 활성화되는 계기는 인천의 '인천e음'이 플랫폼 방식의 카드결제를 하면서 엄청난 파급 효과를 가져왔다. 그 이면에는 '지역사랑상품권 이용 활성화에 관한 법률' 제2조(정의)에서 "'지역사랑상품권'이란 지역상품권, 지역화폐 등 그 명칭 또는 형태와 관계없이 지방자치단체의 장이 일정한 금액이나 물품 또는 용역의 수량을 기재(전자적 또는 자기적 방법에 의한 기록을 포함한다. 이하 같다)하여 증표를

발행·판매하고, 그 소지자가 지방자치단체의 장 또는 가맹점(이하 '상품
권발행자등'이라 한다)에 이를 제시 또는 교부하거나 그 밖의 방법으로 사
용함으로써 그 증표에 기재된 내용에 따라 상품권 발행자 등으로부터
물품 또는 용역을 제공받을 수 있는 유가증권,「전자금융거래법」제2조
제14호에 따른 선불전자지급수단 및「여신전문금융업법」제2조 제8호
에 따른 선불카드를 말한다"로 되어 있어 시대의 요구에 맞게 결합하면
서 과거 지역화폐의 개념을 넘어 발전되었다.

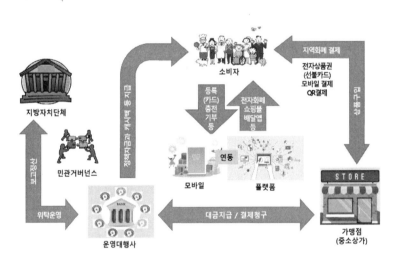

〈그림 1-5〉 전자카드유형 지역화폐 거래 방식 (인천e음이 중심)

영국에서 도심인구 43만 명에 외곽인구를 포함한 100만 명의 브리스
톨시에서 2012년 발행한 지역화폐 '브리스톨 파운드'는 발행금액만큼의
실물화폐를 금융기관에 예치하는 '태환형 방식'의 화폐구조를 활용하고
있다. 브리스톨 파운드는 전통적인 지역화폐의 대표적 사례이다.

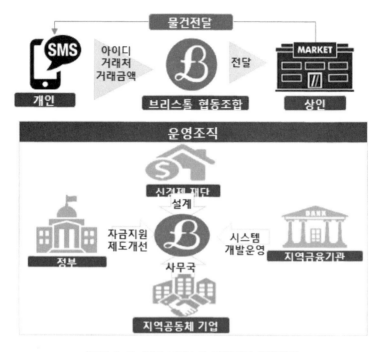

〈그림 1-6〉 영국 브리스톨 파운드의 운영체계
(출처 : 부여군지역화폐 활성화전략수립제안서)

브리스톨 파운드는 지역 순환경제를 구축하였다는 평가를 받고 있으며 모바일, 온라인, 카드 등 다양한 결제방식을 도입하여 운영 조직을 사회적경제 조직에 활용하고 있다. 또 지역화폐의 공익적 목적 실현을 중심에 두고 민간의 다양한 형태의 운영조직들이 참여하고 있으며, 시 정부는 지역화폐 활성화 제도 개선 및 운영에 초점을 맞춰 추진 중이다.

한국에서 블록체인 기술을 활용한 지역화폐는 서울 노원구의 NW이다. 노원구는 종이 형태의 지역화폐의 문제점을 개선하고자 블록체인을

활용하여 'NW코인'을 개발하였다. 레츠형 지역화폐인 NW코인은 앱이
나 카드를 통해 결제가 가능한 암호화폐며, 법정화폐와 비연동되는 불
태환 방식의 시스템으로 운영되고 있다. NW코인을 활용하면 지역화폐
의 발행 비용을 줄이고 투명성 확보가 가능하며 지역 내 각종 복지사업
에 효율적인 지원이 가능해 사회적 가치 효과를 창출하고 편리성 확보
로 기존의 지역화폐보다 활성화할 가능성이 매우 높다. 노원구의 블록
체인을 활용한 레츠형 지역화폐를 운영하는 방식 외에 시흥시의 경우
정부가 만든 블록체인 기반의 모바일 방식으로 '착'을 도입하여 지류형
화폐와 공동으로 운영하고 있다. 인천광역시와 경기도 등은 카드형을
사용하고 있고 인천은 플랫폼을 구축하여 다양한 서비스를 제공하고 있
다. 제로페이에 기반한 지역화폐도 서울을 비롯하여 많은 지자체가 운
영하고 있다. 한국의 경우 휴대폰 등 통신 및 전자칩의 발달로 카드형,
플랫폼기반 카드형, 제로페이 연계 QR코드 결제, 체크카드, 모바일 앱
결제 등 다양한 형태로 발전하고 있다.

4. 지역화폐와 골목상권

지역상권의 쇠퇴와 이를 해결하기 위한 방안

최근 대형마트와 인터넷을 통한 전자상거래의 활성화로 인해 지역의
골목상권과 재래시장의 영향이 약화되고 있다. 과거 고성장 시기가 지
난 후 경기 침체는 이러한 경향을 가속화하고 있으며 최근 코로나로 대
표되는 위기 상황은 이러한 문제를 더욱 악화시키고 있다. 여러 외부적
인 경제효과와 함께 재래시장 내부적으로는 상인과 소비자의 고령화,

시장 내 빈 상가가 증가함에 따른 상업 집중 능력의 저하, 주차장 부족, 아케이드와 내부 건물의 노후화, 서비스의 부족 등 다수의 문제가 존재한다. 이러한 문제의 해소를 위해서는 우선적으로 재래시장 자체의 상업적 매력이 증가하여 소비자들의 접근을 보다 쉽게 만들어야 하며, 이를 위해 인프라적인 측면에서 지방자치단체 등에서는 지원금을 투입하여 아케이드, 내부 및 접근로에 대한 보도블럭 등을 정비하고 있다. 그러나 이러한 인프라적인 접근 외에도 소비자들이 소비를 할 수 있는 요인이 필요하다. 이를 위해 현재 온누리상품권과 같은 재래시장 상품권이 효과를 보고 있으나 온누리상품권은 대상이 전국이라는 특성상 지역 외부에서 유입되고 외부로 소비되어 재래시장 활성화에는 도움이 되나 지역 내로 한정한다면 그 효과가 낮아질 수 있다. 또한 재래시장은 규모의 경제를 통한 자체적인 능력과 함께 지방자치단체나 국가로부터의 인프라 지원이나 온누리상품권과 같은 혜택이라도 존재하지만 이에 포함되지 않는 지역 골목상권의 문제는 더욱 심각하다. 골목상권은 분산된 상권 때문에 인프라 지원도 적고, 온누리상품권과 같은 소비자 유인책도 없는 실정이다. 최근 지방자치단체에서 시행하고 있는 지역화폐는 이러한 문제를 해소하기 위해 소비자들의 지역 내 상권 소비를 유도하려는 정책이다.

　재래시장과 골목상권을 포함한 지역상권의 진흥정책은 다양하게 존재한다. 이를 주체와 참여 방법에 따라 분류하면 다음과 같다. 첫째, 재래시장과 골목상권 상인들의 자구적인 노력이다. 이는 판매자인 상인들이 필요한 비용과 노력을 부담함으로서 실현한다. 이러한 활동에는 시장이나 상가 주최의 행사 및 축제, 이벤트 등이 있으며 각 업체가 재원을 부담하여 시행하는 스탬프, 포인트 사업 등이 존재한다. 두 번째는 지방자치단체나 지역 내 단체의 비용 부담에 의한 정책이다. 앞서 설명한 아케이드, 도로정비 등 인프라 사업이 존재하며 지역상품권도 여기에 포함된다. 세 번째 방법으로는 지역사회와의 협력을 들 수 있다. 지역상권에 대한 진흥정책의 주체가 국가에서 지방자치단체로 이동하고, 지역의 자율성이 강화함에 따라 기존 경제주체의 3요소 중 시장과 국가에 속하지 않은 제3의 지대, 즉 시민의 영역이 점차 확대되고 있다. 시민단체를 비롯한 NPO, NGO 등 지역사회의 다양한 주체를 통해 지역 내 사회자원과 연계하여 활동하는 경우가 늘고 있는 것이다. 지역의 상권이 쇠퇴하는 이유는 지역의 주인인 시민들과의 거리가 멀어지는 것이 원인이다. 최근 지역에서 시행되고 있는 마을만들기와 같은 사업은 이러한 문제를 해소하기 위한 방법이며 이를 통해 적극적으로 지역상권이 참여하고 있다. 이러한 방안 중에는 자생적으로 생겨난 지역화폐 등도 포함된다.

지역화폐와 지역상권 활성화

지역화폐는 양자의 관계가 아니라 세 사람 이상 사이에서 유통되는 다양성과 상호 작용을 전제로 한 시스템이다. 이러한 지역화폐의 특색을 활용하여 지역 상업이 현재 직면하고 있는 과제에 돌파구를 개척하고 그 활성화에 도움이 될 수 있는 가능성이 존재한다. 또한 지역화폐를 활용하여 상인들이 스스로 과제 해결에 임하는 것 이외에 시민을 비롯한 다양한 지역 자원과 함께 지역 상업의 과제 해결을 이어갈 수 있을 것으로 예상된다.

최근 지역 상가는 지방자치단체와 연계한 이벤트에 의한 유치 활동에 힘을 넣어 각각의 업체가 힘을 모아 이벤트를 벌이는 경우가 있다.

그러나 상가 주인들 중에는 이벤트의 운영에 많은 시간과 노력을 소비하는 것을 좋아하지 않는 경우도 있을 것이다. 또 이처럼 가게를 비울 동안 상점에서 아르바이트 등의 직원을 배치하여 인건비가 증가하는 단점도 있다. 행사 준비 때문에 매출에 부정적인 영향을 준다고 생각하는 것이다.

특히 빈 상가가 증가하고 상인의 고령화가 진전되면 이벤트 등의 상가 활동 담당자는 소수의 회원만 진행하는 경우도 있다. 그러나 이러한 문제에 대해서는 지역을 보면 활용 가능한 지역 자원이 있는 것을 확인할 수 있다. 지역의 초·중학교, 고등학교, 시민 단체, 자원봉사단체, 취미 서클, NPO 등이다. 이들 단체 중 일부는 자신들이 활동을 하거나 활동 내용을 발표하는 자리를 갖고 싶다고 하는 요구가 있는 경우가 있다. 따라서 상가 이벤트 등의 기획과 운영 단계까지 이러한 시민들을 참여시키고 다양한 측면에서 시민들에 협력을 요청하는 것도 방법이다. 이때 상가에서 시민들에 대한 참여와 협력의 자원봉사에 대한 댓가로 지역화폐를 지불하는 방법이 존재한다.

따라서 상가와 시민을 잇는 중개로 지역화폐를 활용하는 것은 법정화폐에서 사용하기 어려운 자원봉사의 댓가 등과 같은 지역화폐의 특성을 살린 활용 예시다. 이러한 지역화폐의 활용법은 서비스 이외 봉사활동 등 각 기능에 대해서도 적용이 가능하다.

이와 같이 지역화폐에는 상가가 지금까지 관계가 없었던 다양한 지역 자원과의 관계를 만들어 상가에 새로운 힘을 불러일으키는 효과가 기대된다. 그러나 이러한 효과를 구체적으로 실현시키기 위해서는 실효성 있는 모델이 필요하다. 지역화폐는 법정화폐로 표현하기 어려운 가치를 확인할 수 있으며, 이렇게 특정 지역이나 지역 사회 내에서 유통되는 지역화폐는 가치의 원천을 커뮤니티에 소속되었거나 참여하는 개별 회원에 요구하는 것이다. 따라서 가장 기본적인 지역화폐는 법정화폐 유동성을 가지지 않으며 오히려 법정화폐와는 달리 독립적인 가치 체계 속에서 운용되는 것으로 생각한다.

그러나 기존 법정화폐의 틀 안에서 상행위를 영위하는 상인들에게 법정화폐 대신 다른 유형의 지역화폐를 일상적인 상업에 도입하는 것은 다른 문제이다. 지역화폐가 커뮤니티의 활성화나 지역만들기 프로젝트의 촉진으로 연결하여 진행되는 것은 큰 문제가 존재하지 않으나 일반적인 상업 활동에도 적용하는 것은 어렵다.

원론적으로 보면 지역통화는 법정화폐와 다른 가치 체계이며 유동성을 가지지 않으며 그것 자체가 화폐처럼 작동하여 특정지역 내에서 유통되는 형태이다. 최근 지역화폐는 이러한 이론에서 확장되어 지방자치단체가 주도하고 법정화폐와 1:1로 통용되는 등 다양한 형태로 변화하고 있다. 그러나 이렇게 변화하는 형태와는 별개로 지역화폐는 지역 상업에 대한 진흥과 지역 내 경제활동 활성화의 효과를 목적으로 한다.

지역화폐의 도입에 있어서 큰 그림을 그리고 인력과 비용을 상정하여 투입하는 것은 매우 중요하다. 이러한 운영체제의 구축은 물론, 현장에서의 수많은 섬세한 노력이 요구된다. 특히 지역화폐와 같이 최근에 활성화되고 있는 사업에 대해서는 현장에 창의력과 행동력을 갖춘 우수한 인재를 수급하는 것이 성공을 위한 매우 중요한 조건이 된다. 이를 위해서 상가, 상업단체, 지방자치단체, 시민과 소비자들을 연계할 수 있는 시민단체, NPO 등이나 사회운동가들을 찾아 이들을 고용하여 활용할 수 있는 것이 성공을 위한 중요한 열쇠이다.

정부주도의 지역화폐와 지역상권 활성화

최근 우리나라의 현황을 보면 각 지역마다 정부주도에 의한 지역화폐가 만들어지고 있다. 인천을 예로 들면 과거 자생적으로 시민단체 등에 의한 지역화폐가 존재하였으나 인천 서구청을 비롯한 각 구청에서 지역화폐를 만들어 유통시켰으며 현재는 인천e음카드를 통해 인천시에서 통합적으로 운영하고 있다. 타지역 또한 마찬가지로 거의 모든 광역지방자치단체에서는 지역화폐를 경쟁적으로 운용하고 있으며 기초자치단체 또한 이러한 정책을 시행하거나 시행할 예정에 있다.

앞서 살펴본 지역 자생적인 지역화폐는 영세하다는 문제가 있으나 지역민들이 만들어 유통시키는 지역친화적인 이미지가 존재한다. 또한 지역화폐의 원론적인 형태, 즉 법정통화와 분리되어 지역 내에서 정부와 같은 공적 조직의 힘을 빌리지 않고 지역발전을 위해 지역민들이 힘을 모아 운영한다는 데 의의가 있다. 그러나 이러한 지역화폐는 필연적으로 재래시장을 중심으로 한 마을 정도에서 운영 가능하며 운영주체의 지속적인 노력이 존재해야만 지속가능한 지역화폐로서의 기능이 가능하다는 문제를 가지고 있다.

지역상권은 지방자치단체의 정책에 큰 영향을 미친다. 지역 상권에 포함되는 지역 상인들, 지역 소비자들이 지역의 목소리를 대변할 수 있는 큰 집단이며 이러한 정치적 압력을 통해 지방자치단체의 정책에 관여하는 것이 가능하다. 기존에는 아케이드나 보도 등의 인프라에 주력하여 정책이 시행되었다면, 최근에는 지역화폐의 유용성을 확인하고 이를 도입하는 정책이 주를 이루고 있다. 특히 시민단체나 NGO, NPO의 운용과 활성화가 상대적으로 부족한 우리나라의 경우 지방자치단체 주도의 지역화폐가 발달할 수밖에 없는 상황이다.

이렇게 최근 급격히 늘어난 지방자치단체 주도의 지역화폐는 이와는 달리 안정적인 수급과 유통이 가능하며 보다 넓은 지역을 대상으로 운영할 수 있다는 이점을 가지고 있다. 특히 법정화폐와 1:1로 대응하는 것을 지방자치단체에서 보증할 수 있다는 점은 지역화폐의 원론적인 목적에는 부합하지 않으나 지역화폐를 사용하는 사람들이 많아지는 큰 원인이며 추가적으로 캐시백은 지역 내 소비를 유발하는 가장 강력한 정책이기도 하다. 이러한 지방자치단체 주도의 지역화폐는 지역화폐의 목적인 지역상권 활성화와 지역경제 활성화에 지속적으로 긍정적인 영향을 미친다.

실제로 지역화폐가 지역상권에 미치는 영향을 살펴보면 인천의 경우 전통시장에서 지역화폐(인천e음 전자상품권)의 비중은 보통 5%~10% 정도 되는 것으로 나타났으며 의류 도소매와 같은 일부 업종에 따라서 10% 이상으로 나타나 매출에 큰 도움을 주고 있는 것을 확인할 수 있다. 시흥시의 경우 전통시장에서 시루의 비중은 10% 수준으로 거래되고 있으며, 많은 곳은 20%까지도 '시루'와 '착'이 거래되고 있다. 특히 거스름돈에 대한 규정에서 벗어난 경우도 현금처럼 환전이 가능할 정도로 신뢰가 높게 형성되어 있다. 부산의 지역전자상품권 '동백전'의 경우 카드형으로 인천과 비슷하지만 조금은 차이가 있는 지역화폐다. 2019년 12월 말에 출시되어 사용기간이 길지 않아서 아직은 판단이 어려우나 5%에서 10% 수준에서 거래되고 있다. 특히 지역화폐는 현 코로나 사태와 같이 긴급 상황에서 시민들에 대한 지원금 지급에 매우 유용한 역할을 담당하였다. 긴급재난지원금 중 상당수는 지역화폐로 지급되었으며 이를 통한 소비 진작으로 동시기 전년도와 비슷한 소비가 이루어질 정도의 효과가 나타났다.

Ⅱ.
지역화폐제도와 축적체제 그리고 공동체

1. 지역화폐 순환모형[2)]
: 조절이론 축적체제 메커니즘을 중심으로

　지역화폐 조달을 통한 선순환 구조 메커니즘으로 설명하기 위해서 조절이론의 축적방식 순환 구조를 차용하여 설명하고자 한다. 따라서 조절이론(Régulation Theory)에 대한 설명이 필요하다.

　조절이론은 1970년대 프랑스 경제학자들에 의해 세계경제의 위기를 기존 경제이론에서 위기의 원인을 분석하는 데 지니는 결함에 대한 반작용으로 시작되었다. 조절이론은 미국 자본주의 역사적 발전에 관한 아글리에타(Aglietta, 1976)로부터 출발하여 그레노블학파(GRREC)와 파리학파(CEPREMAP)의 연구자들에 의해 발전되었다(정명기, 1992). 조절이론의 목적은 수 세기에 걸쳐 나타난 사회적 관계들이 정확히 어떤 형태를 취하는지 그리고 얼마나 풍부한 변화를 겪어왔는지를 추적하는 데 있다

---

2) 이 부분은 강철구 박사학위 논문에서 작성한 부분을 수정, 보완한 내용임.

(Boyer, R. 2015).

조절이론의 가장 중요한 특징은 '축적체제(régime d'accumulation)'와 '조절양식(mode de régulation)'을 종합적으로 인식하여 현대 자본주의의 발전양식을 개념화하였다. 축적체제란 "자본축적의 진행이 광범위하고도 상당 정도 일관된 형태로 보증되는, 그 과정 그 자체로부터 부단히 나타나는 왜곡 혹은 불균형을 흡수하거나 시간적으로 지연시킬 수 있는 규칙성의 총체"라고 정의된다(이병천·옥우석, 2013). 다시 말해서 생산체제를 포함하는 생산-분배-교환-소비의 거시적 순환구조의 일정한 규칙 또는 패턴을 의미한다. 조절양식은 축적체제를 뒷받침하고 조정하며, 하나의 축적체제의 동태적 안정성이 확인되는 것은 경제의 각 집단, 각 주체들이 그 원리를 무의식적으로 내면화하고 있기 때문이라고 보고, 제한된 합리성 아래서 이루어지는 무수히 분산적인 의사결정으로부터 시작하여 시스템 전체가 동태적 일관성을 갖게 하는 개인이나 집단의 행동 및 절차의 총체로 정의한다(이병천·옥우석, 2013). 따라서 조절이론은 특정한 축적체제와 조절양식의 매개를 통해 역사적·제도적 구도와 주어진 성장 형태와의 직접적인 결합관계를 통해 현대 자본주의를 분석한다(Chavance, B, 2007).

이와 같은 축적체제를 뒷받침하고 조정하며, 경제주체들이 시스템 전체의 조절 원리를 내면화할 필요성이 없더라도 다양한 분산적 의사결정의 총체가 동태적으로 양립할 수 있게 보증하는 사회적 절차 및 행동을 표현한다(Chavance, B, 2007).

축적체제는 마르크스가 제시하였던 '생산양식'의 개념을 현실분석에 끌어들이기 위한 일종의 '매개개념'으로서 '축적체제'라는 개념을 제안한다. 더 나아가 축적이라는 자본주의의 일반적인 지상명령 및 논리는 매우 다양한 형태를 취할 수 있으며, 경제적 동학 및 사회적 구도에 있어서 그 결과는 서로 다르다. 이러한 의미에서 축적체제 개념은 마르크스 경제학의 생산, 재생산 도식의 지나친 일반화를 제거하면서 대체하는 개념이라고 할 수 있다(이병천·옥우석, 2013).

브와예(Boyer, 1986)는 자본주의 경제체제에서 기본적인 다섯 가지 제도형태를 제안하는데, 임노동 관계, 화폐 형태, 경쟁 형태, 국가 형태 그리고 국제체제의 편입 형태 등 다섯 가지 제도 형태를 통해 서로 다른 수준의 제도는 자본주의 경제의 여러 분야에 걸쳐 다양한 형태로 표출된다. 이들 제도 형태들은 각각 자신의 게임 규칙을 가지고 조절양식으로서 시장, 생산체제, 분배체제, 축적체제의 성격을 결정하며, 자본주의 경제체제의 3대 시장인 제품시장, 노동시장, 금융시장에서 제도형태들이 작용하여 시장경쟁에 영향을 미친다. 제도 형태와 함께 조절 양식의 다른 측면을 구성하는 생활양식은 한 사회의 사람들의 지배적인 사고방식과 행동방식, 규범과 관습에 반영한다. 이는 곧 한 사회의 문화이며, 국가권력의 성격 요인과 더불어 시민사회의 성격을 결정한다. 따라서 조절양식의 한 측면으로서의 생활양식은 결국 생산체제, 분배체제, 축적체제에 영향을 미친다. 중요한 것은 이러한 여러 제도 형태를 각국의 정치사에 의존하는 사회적 투쟁과 타협의 결과로서 일국적이기는 하지만 때로는 대외적인 영향을 받기도 하는 틀 속에서 만들어지는 상호 의존적인 총체라고 이해한다(이병천·옥우석, 2013).

생산체제, 분배체제, 축적체제, 제도형태와 생활양식을 포함한 조절양식의 특성에 따라 발전모델의 성격이 달라진다. 임노동 관계는 노동과정, 노동시장, 노동력 재생산 등 임노동재생산의 전체적 조건이 되며, 통화제도와 신용제도를 포함하는 화폐금융 관계는 화폐 형태에 영향을 미친다. 경쟁 형태는 기업 간 관계와 시장구조에 영향을 미치며, 국가개입의 형태와 경제정책의 성격은 국가 형태에 영향을 미치며, 마지막으로 세계시장과의 관계와 국제 분업에서의 위치는 국제체제에의 편입 형태에 따라 달라지는 것이다. 또한 시장이 제도와 문화에 착근(embedded) 여부에 따라 시장과 제도 및 문화의 관계 달라지는 데 결국 제도와 문화에 의한 시장의 착근성 여부에 따라 발전모델의 성격이 달라진다. 나아가 제도와 문화가 바뀌면 국가와 시장, 시장과 시민사회의 관계가 달라지고 그 결과 발전모델이 변화에 영향을 미치게 된다.

이러한 개념을 통해 축적체제의 변화를 양상을 규명하는데, 제2차 세계대전 이후 미국을 비롯한 선진 자본주의 국가에서 생산성 향상에 비례하는 실질임금의 증가를 통해 비약적인 발전에는 '포드주의(fordism)'축적방식이 있었기에 가능하다고 보았다. 2000년대에 들어서는 개별 국가들의 특수한 성장 경로를 논증하고 축적체제(혹은 조절양식)가 비슷한 국가들 사이의 유형학(typology)을 정립하는 것에 초점을 맞춘 시도가 이루어졌다. 홀 앤 소스키스(Hall and Soskice, 2001)는 'Varieties of Capitalism'을 통해 자본주의를 2개의 형태인 자유시장 경제(LME: Liberal Market Economies)와 조정시장 경제(CME: Coordinated Market Economies)로 분류하여 설명한다. 나아가 아마블(Amable, 2003)은 'The Diversity of Modern Capitalism'을 통해 자본주의를 5개 유형으로 분류함으로써 홀 앤 소스키스가 제시한 자본주의의 2개 유형보다 더 세밀하게 분류하였다.

이처럼 조절이론의 분석은 거시적 관점에서 국가라는 공간적 범위를 설정하고 축적체제 분석을 통해 선순환 구조의 메커니즘을 규명하였다. 이를 통해 자본주의 내에 패러다임의 변화를 통해 자본주의가 단선적인 형태가 아닌 매우 복잡한 형태로 나타나며 이러한 자본주의를 보다 면밀하게 분석하는 것은 자본주의의 속성을 파악하고 자본주의 이후의 사회를 바라보는데 유효한 시각을 제공한다는 점에서 큰 의의가 있다. 물론 조절이론 공간적 범위를 국가로 설정한 까닭에 이보다 좁은 범위의 '지역'이라는 공간적 범위에 대해서는 한계를 가지고 있지만, 조절이론의 축적체제 분석을 통한 선순환 구조를 지역으로 끌어들여 넓게는 지역경제의 선순환 구조 모델을 제시하는 데 있어 유용한 방법론으로서의 가능성을 가진다.

역사적으로 볼 때 큰 틀에서 19세기 중반 이후 생산과 소비는 시장적 조정을 중심으로 진행되었다. 폴라니(K. Polanyi)는 사회와 경제라는 두 가지 영역으로 봤을 때 자본주의가 본격화되기 이전에 경제는 사회라는 영역 안에 '묻어 들어(embedded)'가 있었지만, 자본주의가 본격화되면서 자본의 확대·재생산을 통해 무한 확장하게 되자 시장으로 대표할 수 있는 경제영역이 사회영역에서 벗어나면서 과거와 반대로 경제영역이 사회에 영향을 주는 형국으로 바뀌었다. 사실상 시장질서 중심 체제로의 재편이다. 이렇게 경제영역이 사회영역을 넘어서 강화됨에 따라 국가정책, 제도도 영향을 받아 점차 사회영역 밖으로 벗어나려는 힘이 작용하게 되었다. 이에 따라 국가의 최소개입과 같은 자본주의 중심의 제도 변화로 인해 사회복지가 축소되고, 사용자와 노동자의 임금과 관련한 임노동 관계에서도 사용자가 헤게모니를 가지게 됨에 따라 노동의 피폐화는 더욱 심각해져 갔다.

20세기 들어 1930년대 미국의 대공황을 기점으로 시장적 조정이 한계에 봉착하게 되면서 시장의 자기조절 능력에 한계가 있다는 것을 깨닫게 되었다. 이러한 시장실패 문제를 해결하기 위해 나타난 것이 국가의 적극적인 개입을 통해 유효수요를 진작시키자는 케인즈의 주장이

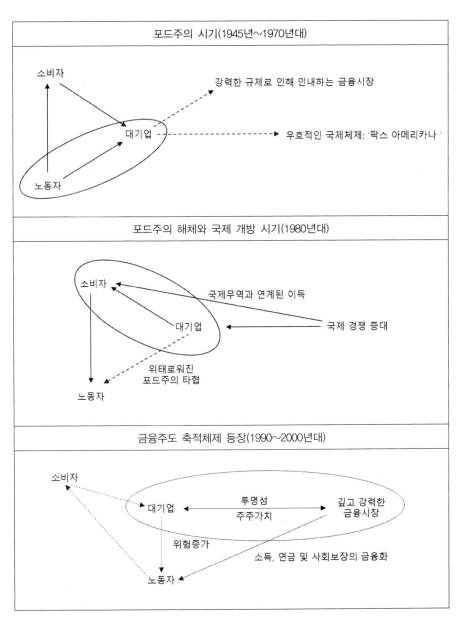

〈그림 2-1〉 시기별 축적체제의 변화 (출처 : Boyer(2015) 인용)

받아들여지면서, 1960년대까지 국가적 조정을 통해 자본주의의 황금기를 누리게 되었다. 미국의 예를 들면 1934년 미국 증권거래위원회(SEC)가 설립되어 금융시장과 기업의 금융활동을 규제하기 시작했고, 노동관계법인 와그너법(Wagner Act)이 1935년에 제정되어 기업과 노동조합의 관계를 규제하기 위한 전국노동관계위원회(NLRB)가 설립되면서 사회보장, 의료보험, 실업보험 등의 형태로 개인에게 지급되는 정부 보조금이 증가함에 따라 정부의 규모가 확대되었다(Bowles, S., Edwards, R., Roosevelt, F., 2005).

이 시기를 자본주의의 '황금기(Golden-Age)'라고 표현하기도 하는데, 조절이론에서는 이러한 황금기가 포디즘적(Fordism) 축적체제를 통해 가능하였다고 분석하였다. 1970년대까지 금융은 공권력의 통제 속에 있었고, 금융흐름은 생산적 투자, 사회기반시설, 주택 및 소비를 위한 자금조달로 유도하였는데, 이를 가능하게 했던 것은 인플레이션으로 인해 실질금리가 거의 마이너스였다는 점과 경영자와 노동자 대표로 구성된 동맹에서 금융이 배제되어 있었기 때문에 가능하였다(Boyer, R., 2015). 다시 말해서 노동자가 금융에 비해 헤게모니 블록으로 참여하여, 기업에 강한 압력을 가했기 때문에 가능했다.

그러나 1970년대 장기적인 세계불황으로 인해 적극적인 정부개입 정책도 한계에 봉착하자 1980년대 시장으로의 회귀를 강조한 신자유주의 논리가 영국과 미국에서 받아들여지게 된다. 바로 민영화, 정부 역할 및 복지 축소 그리고 자본의 자유로운 이동 등과 같은 대처리즘과 레이거노믹스의 정책 기조들은 바로 신자유주의의 성격을 대변하는 것으로 오롯이 시장의 기능을 최대한 발휘할 수 있는 환경이 조성될 때 비로소 모든 경제적 문제가 시장을 통해 해결 가능하다는 것을 강조하였다. 여

기서 자본의 자유로운 이동을 강조하는 것은 곧 세계화를 의미하는 것
으로 국경을 넘어선 거대 자본의 활동영역 확대는 결국 시장적 조정의
확대를 의미한다.

그러나 1980년대 이후 시장적 조정의 확산으로 인해 소득 불평등의
심화와 복지축소 나아가 금융 공공성이 피폐화되면서 사회문제는 점차
확대되었다. 이러한 사회문제를 해결하기 위해 국가가 정책적으로 개입
했지만, 사회문제를 해결하기에는 역부족이었고 시장실패와 정부실패
가 동시에 발생하는 상황에 놓이게 되었다. 미국은 1980년대 이후 민주
당과 공화당 지도자들이 다 같이 외쳤던 '작은 정부'론에도 불구하고 전
체 수입에서 세금이 차지하는 비중은 오히려 증가하여 정부가 작아진
게 아니라 오히려 커지게 되었는데, 이렇게 정부의 역할이 줄어들지 않
고 커진 이유는 첫째, 국가적 조정이 있던 시절 정부의 팽창을 가져온
요인들이 여전히 사라지지 않았고, 둘째, 당시 레이건 대통령 당선이
상징하듯이 미국의 정치 판도가 크게 변한 뒤 그동안 작은 정부를 지지
했던 정치세력이 새로운 정부에서 더 큰 영향력을 행사하게 됨에 따라
작은 정부보다 큰 정부에서 더 큰 혜택을 누릴 수 있음을 깨닫게 된
것이다(Bowles, S., Edwards, R., Roosevelt, F., 2005).

1990년대 들어오면서 글로벌화가 전면적으로 등장함에 따라 금융부
문에서도 글로벌화 속도는 더욱 증가하였다. 이에 포드주의 시기에 배
제되었던 금융기관의 헤게모니는 점차 강화했다. 반면, 경영자와 노동
자 간 협상을 통해 임금수준 결정에 영향을 미쳤던 노동자 동맹은 세력
이 약화하며 노동자 동맹은 포드주의와는 반대로 헤게모니 약화를 넘어
배제됨에 따라 기업은 노동자에게 위험을 전가시키게 되었다. 과거 노
사 간의 타협을 바탕으로 한 실질임금의 상승을 통해 소비와 생산을 증

대하고 이것이 고용에 파급되어 경제적 선순환 구조를 이뤄냈던 포드주의 축적체제가 해체되어갔다. 노동자의 헤게모니가 점차 약화됨과 동시에 금융 주도의 축적체제가 이를 대체하면서 노동자의 실질임금은 하락한 반면 주주의 이익이 늘게 되었다.

조절이론의 축적체제를 통해 확인할 수 있는 것은 바로 경제주체 간 헤게모니에 따라 기업과 노동자 간의 교섭, 제도의 변화 양상이 달라진다는 것이다. 이를 지역사회로 환원했을 때 시민사회 영역의 힘이 강화된다면, 이를 뒷받침할 수 있는 제도가 생겨날 가능성 또한 존재한다는 것이다. 경제 영역인 '생산'과 '소비' 영역으로 범위를 좁혀 시민적 조정의 가능성을 설명하고자 한다. 19세기 중반 이전까지는 시장적 메커니즘은 사회의 부수적인 형태로 머물러 있었다. 그러나 19세기 중반 이후 시장 영역이 사회 영역을 넘어서 점차 확대·재생산됨에 따라 시장경제는 더욱 확고해지고, 그 결과 시장을 통하지 않고 재화를 거래하는 것은 매우 드물게 되었다.

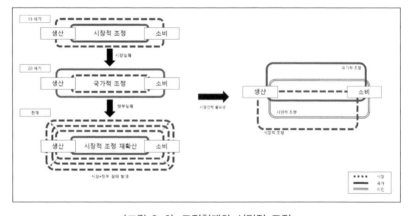

〈그림 2-2〉 조정형태와 시민적 조정

효율성을 강조하는 시장과 거시적 차원의 국가 개입을 통한 조정은 지역마다 처한 상황과 사회적 문제를 세세하게 살펴볼 수 없는 한계를 가지고 있다. 따라서 이러한 시장실패와 정부실패를 극복할 수 있는 방법 중 하나가 비시장적 요소로서 '시민적 조정'을 통한 중층적 조정이다.

페스토프(V. Pestoff)는 사회를 구성하는 영역으로서의 커뮤니티, 국가, 시장, 제3섹터를 〈그림 2-3〉과 같은 삼각형으로 표현함으로써, 제3섹터를 그 외 다른 세 개의 영역을 서로 관련시키는 중심적인 주체로서 위치설정하고 있다(윤효중, 2013).

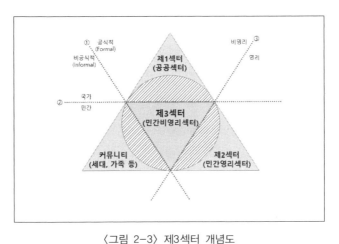

〈그림 2-3〉 제3섹터 개념도

(출처 : Pestoff(1990), 남승균(2016) 재수정)

이와 같은 도식을 통해 제3섹터가 갖는 매개기능을 중시하면서 커뮤니티, 국가, 시장이 갖는 각각의 결함을 보완할 수 있는 주체가 제3섹터임을 강조했다. 제3섹터 즉 시민사회 영역의 리더십이 결합할 때 여러 사회 영역에서 바람직한 '혼합형 시스템(hybrid system)'을 창출할 수 있는 원동력을 갖게 된다고 주장하고 있다.

시민적 조정은 국가와 시장의 영역이 아닌 제3의 영역으로 광범위한 시민사회 조직에 초점을 맞추어 시민적 조정을 설명하고 있다. 이는 시민적 조정에 관한 정의나 개념의 실체가 분명하게 드러나지 않아 시민적 조정 영역에 포함되는 조직을 구체적으로 설명한 것이다. 특히 제3섹터의 경우 국가의 영역과 시장의 영역에 배타적으로 존재하는 영역이라고 볼 수 없다는 것이 가장 대표적인 예시이다. 제3섹터는 이윤을 추구하는데 사적 이윤보다는 공익적 이윤을 추구한다. 그러나 공공의 영역을 추구하는 한편, 국가의 영역과는 또 다른 영역이 존재하기 때문에 제3섹터는 복합적 영역으로 표현할 수 있다(남승균, 2016).

이러한 복합적인 성격을 가진 제3섹터의 위치 설정과 그 역할에 관해 살펴보면 〈그림 2-3〉과 같이 4개의 큰 삼각형 사이에 그어진 3개의 경계선을 통해 구분할 수 있다. 먼저 첫 번째 경계선은 공식적인(Formal) 조직인지 아니면 비공식적인(Informal) 조직인지로 의해 구분하는 것이다.

여기서 '공식적인 조직'은 말 그대로 '공식적으로 조직되어 있는 것', 다시 말해서 '조직으로서 형태를 갖추고 있는 주체'를 뜻한다. 예를 들어 정기적인 회합을 가지는 조직, 인력 구성을 갖춘 조직, 명시적인 절차 규정을 가지고 있는 조직, 법인격을 가진 조직 등 일정 수준의 '계속성'을 유지할 수 있는 조직을 의미한다. 가족과 지역사회의 경우 첫 번째 경계선의 기준으로 볼 때 비공식적인 영역에 속하게 되며 이외의 사회 조직은 공식적인 영역에 속하게 된다. 이와 같은 구분은 커뮤니티와 사회적 조직 간 관련성을 명확하게 해준다는 의미에서 매우 중요하다.

두 번째 경계선은 '국가의 영역인지 아니면 민간의 영역인지'의 기준으로 사회영역을 구분하는 것이다. 이를 통해 국가의 영역인 제1섹터가

〈그림 2-3〉처럼 위치하게 된다. 마지막으로 '영리를 추구하는지 아니면 비영리를 추구하는지'의 여부로 사회 영역을 구분할 수 있다. 이 경계선을 통해 민간 영리조직은 제2섹터에 민간 비영리조직은 제3섹터에 위치하게 된다.

근대사회의 가장 큰 특징 중 하나는 커뮤니티와 같은 비공식적인 영역이 점차 축소한 반면에 상대적으로 공식적인 영역이 점차 확대하였다는 점이다.

커뮤니티와 공식적인 영역인 세 개의 영역 간 관계에 관한 역사적 변화를 개괄해 보면, 원시사회에서는 커뮤니티가 지배적인 위치를 점한 반면 농업사회에서는 제1섹터인 권력기구가 지배적인 위치를 점하게 되었다. 3차 산업화가 진행됨에 따라 산업구조가 고도화되고 동시에 정보화가 빠르게 진행되는 후기공업사회에서는 시민사회를 포함한 제3섹터 시민사회가 발전하고 있어 이들 영역이 가장 지배적인 위치를 점하게 될 가능성이 매우 크다는 것을 역사적 관점에서 유추할 수 있다.

대부분의 제3섹터 연구자들이 공통적으로 강조하고 있는 점은 제3섹터가 가지고 있는 시민사회 형성 기능이다. 이들은 '사람들의 다양한 기대에 부응하고자 시민사회를 확립하기 위해 폭넓은 역할을 수행하게 된 조직'으로서 민간 비영리조직을 손꼽고 있으며, 결국 제3섹터는 일의적으로 '시민 영역'으로 결론을 내리고 있다.

시민사회는 전통적 공동체에서부터 자유로워진 개인으로서의 시민이 구성하는 사회를 의미하는데, 공동체로부터의 자유는 자칫 개인의 고립화를 초래하기 쉬운 특성을 가지고 있다. 이러한 개인과 전체 사회를 연결하는 역할을 수행하는 것이 중간집단의 역할이며, 이와 같은 다양한 중간집단 중에서도 개인의 주체성을 최대한 발휘할 수 있는 집단형태는 자발적 결사체로서의 제3섹터 영역인 민간 비영리조직인 것이다.

1997년 외환위기 이후 우리나라의 경제가 큰 나락으로 빠져들면서 기업 도산, 대량 해고 등으로 인해 가계 소득이 감소하고 사회문제로까지 이어졌다. 이러한 상황에서 1998년 우리나라에서 지역화폐운동이 처음 소개되고, 시민이 주도하는 대안적 사회운동으로 시작하였다. 이러한 지역화폐운동의 발생 배경은 먼저 시작한 해외의 사례와 닮았다. 해외에서도 지역화폐가 대중에게 관심을 모은 것은 대공황 후인 1930년대 초엽이다. 이 시기 독일, 오스트리아, 덴마크에서 경제 불황으로 인한 실업률 증가, 대형 금융기관의 파산과 함께 중소기업 도산 등으로 국가 경제에 큰 타격과 더불어 이들 국가의 지역경제에 큰 타격을 입게 되면서 지역화폐운동이 발생하기 시작하였다. 1980년대 초 캐나다의 경우도 고금리, 고실업률 등과 같이 경제 불황으로 지역 내 자금이 들어오는 것보다 지역에서 자금이 빠져나가기만 하는 악순환이 반복되었다. 이와 같은 지역경제에서 화폐 고갈이나 실업 문제를 해결하기 위하여 일정 지역 내에서 유통되고 이자가 발생하지 않으며 자본축적을 배제하는 지역화폐 레츠(LETS)가 탄생하였다.

우리나라의 초기 지역화폐운동은 시민단체 주도의 소규모 단위로 전개하였고, 자원봉사 상호부조의 초점을 맞춘 공동체 확산에 초점이 맞춰졌지만, 최근에는 지자체를 중심으로 지역경제 활성화의 초점을 맞춘 지역화폐가 주로 등장하고 있는데, 이러한 변화는 비단 우리나라만의 현상은 아니다. 일본의 경우도 마찬가지로 신뢰, 협동, 공동체 활성화의 지역화폐운동에서 지역경제 활성화를 목적으로 하는 지역화폐가 늘어나고 있다(니시베 마코토, 2002).

이를 단순화하면 〈그림 2-4〉와 같다. 지역화폐를 통해 자금이 지역사

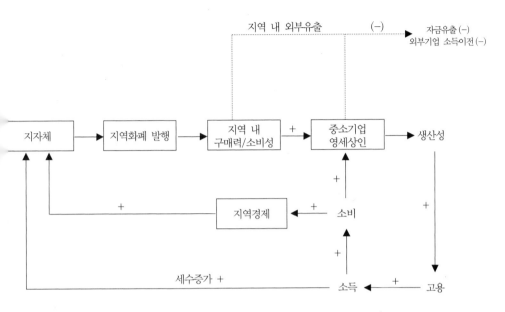

〈그림 2-4〉 지역화폐 발행을 통한 지역 내 선순환 구조

회로 유입되는 구조가 구축된다면 지역 내 구매력과 소비 성향은 증가한다. 이는 곧 자금 조달에 어려움을 겪는 지역 중소기업과 영세상인의 매출 증대에 영향을 주게 되면서 지역 내 신용경색이 완화하는 효과에 도움을 준다. 또한 중소기업 및 영세상인의 투자가 증가하여 지역의 생산성이 증가하게 되면 고용이 증가하고 소득이 늘어나게 된다. 이에 따라 지역 내 소비와 저축이 증가한다. 이렇게 되면 지역경제의 선순환 구조를 갖게 된다. 지역경제가 활발해지면 자연스럽게 해당 지자체의 세수도 증가하게 될 것이다. 또한 지역화폐는 다른 타지역에서 사용할 수 없는 공간적 제약이 있으므로 지역화폐의 사용은 지역 내 소비로 연결됨과 동시에 지역 내 자금의 외부 유출을 최소화시키게 된다. 지역

내 재투자를 유도하는 효과를 발생시키며 자연스럽게 선순환 구조를 구축 긍정적인 효과를 불러올 수 있는 가능성이 잠재되어 있는 것이다. 단순히 중소상공인에게 직접적인 지원금을 주는 것보다는 직접 지원의 재원을 지역화폐에 사용하도록 유도하는 혜택이나 인센티브가 지역경제를 위한 직·간접적인 효과를 가져올 수 있는 가능성이 열려 있기 때문에 훨씬 유용하다고 볼 수 있다.

2. 지역화폐운동의 특징

우리나라의 지역화폐가 맞이하고 있는 지금의 현상은 가히 폭발적이다. 장기화된 경기 침체에 코로나19까지 엎친 데 덮친 격으로 찾아왔다. 국내 230여 지자체는 새로운 활로를 찾은 것처럼 지역화폐를 앞다퉈 도입하거나 운영 중이다.

돈의 핵심가치는 교환시스템이다. 교환이 가치가 상실되고 가치척도의 기능과 가치저장의 기능만이 남아 있는 화폐는 지갑에서 사라지고 신용카드와 단말기만이 있으면 살아가는 데 아무런 어려움이 없다.

돈은 인간이 만들어 낸 제도다. 그래서 우리는 돈에 대한 제도를 얼마든지 바꿀 수 있다. 지역화폐는 지역경제 활성화와 소상공인들을 지원하는 목적에 충실한 교환시스템이다. 이전 한국에서의 지역화폐는 사회운동적 관점의 지향이 강했다. 한국의 레츠형 지역화폐는 1996년 녹색평론에 소개된 뒤, 작은 공동체 안이든 자치구 단위의 지역 내에서 여러 번 실험되었지만 실패한 사례도 많았다.

지역화폐의 분류를 학자마다 다양한 형태로 나누지만 크게 공동체 지향형 지역화폐와 경제자립형 지역화폐로 나누어 볼 수 있다. 이 두 가지는 엄밀히 말해서 중층적 구조로 되어 있다. 국내에서 20세기 초반까지의 지역화폐는 대부분 공동체형 지역화폐인 레츠형에 가까워 대안적 화폐운동의 성격을 띠고 있었다. 그러나 지역경제 자립형의 지역화폐는 대안적 요소보다는 법정화폐의 구조 내에서 보완적 역할을 강조하는 방식으로 태환형 화폐로서 교환시스템이 설계되었다. 뿐만 아니라 공익적 목적의 블록체인 기술을 접목한 모바일 지원시스템도 도입되었다.

현대화된 버전의 지역화폐는 특정 공동체가 발행하는 보완화폐로 정의할 수 있으며 법정화폐와의 관계 및 비교의 관점에서 볼 때 지역화폐의 성격을 몇 가지로 요약할 수 있다(조혜경, 2018). 이는 총 다섯 가지 형태로 정리되며 다음과 같다.

첫째 법정화폐와 경합하지 않는다. 둘째 회원제로 운영된다. 셋째 화폐로서의 범용성을 기대하기 어렵다. 넷째 지역화폐의 과세대상이 되지 않는 경우가 많다. 다섯째 가치산정이 어렵다고 정리하였다.

이를 자세히 살펴보면, 첫째 법정화폐와 경합하지 않는다. 현재 발행되는 대부분의 지역화폐는 태환형으로 볼 수 있다. 인센티브를 주든가 캐시백을 주기는 하여도 현금과의 대부분 1:1 태환형태에서 할인 혜택을 부여하고 있다. 따라서 엄밀하게 말하면 법정화폐 기반의 교환시스템이다.

둘째 회원제로 운영된다. 이것은 법정화폐와 구분되는 방식으로 지역 내에서나 혹은 단위 공동체 내에서 등록 혹은 가입을 하고 사용할 수 있고 나눌 수 있다. 레츠형 지역화폐의 어려운 점으로 운영비와 사용 범위, 가맹점, 거래 품목, 거래 대상의 확보 등을 꼽는다. 따라서 지역화폐 사용을 약속한 공동체가 구성되어야 한다. 공동체를 조직하고 관리하는 단위가 필요하기 때문에 운영 비용이 발생한다. 가장 단순한 온라인 커뮤니티 프로그램을 사용하는 네트워크 구축과 거래 내역을 기록하는 경우를 제외하면 지폐, 카드와 같이 현물형태의 화폐는 발행 비용, 전자거래는 시스템 구축 비용, 카드의 경우 온·오프라인 결제시스템 구축 및 유지비용 등이 추가된다. 만약 지자체의 사업으로 지역화폐 공동체를 조직하여 운영한다면 재정으로 비용을 충당할 수 있지만, 민간의 자발적인 운동 경우에는 자체적으로 재원 기반을 마련해야 한다.

셋째 화폐로서의 범용성을 기대하기 어렵다. 이것은 지역화폐의 중요한 특징이다. 지역화폐가 법정화폐처럼 사용이 편리하다면 누구나 사용하고 누구나 거래하게 될 것이다. 법정화폐의 보완적 성격이 강조되는 시스템이지만 사용 지역과 사용 범위의 제한이라는 불편을 감수하고 사용해야 하는 화폐가 지역화폐이다. 사용이 불편하므로 우리는 공동체적 가치와 지역에 대한 애향심 소상공인들과 상생하는 지역화폐라는 가치에 홍보해야 한다. 나아가 지자체 차원에서 소비의 패턴을 바꾸어 내고자 인센티브제와 캐시백, 가맹점 할인 등 다양한 방법들을 동원할 필요가 있다. 그러나 그동안 한국에서 실험된 레츠형 지역화폐는 비정규직 노동자 등 어려운 시민들이 밀집한 지역에서 내놓을 품목과 필요한 품목이 비슷하여 거래가 발생하지 않았다. 수요와 공급이 필요한 만큼 이루어지지 않아 실패한 것이다. 게다가 공동체 외부에서는 사용할 수 없고, 회원 수가 늘어난다고 해도 강제 통용력이 없어 회원의 자발적인 선택에 의존할 수밖에 없는 근본적인 한계를 갖고 있다. 지역화폐운동이 영세성을 벗어나지 못하는 가장 큰 이유가 여기에 있다.

넷째 지역화폐의 형태나 발행방식과 상관없이 서비스를 제공한 대가로 받은 수입은 소득으로 간주하여 과세대상이 되지 않는 경우가 많다. 공유경제에서 카드로 결제하지 않으면 바로 과세대상이 되지 않는 것이 대부분이다. 레츠형은 가상계좌를 통하여 서로의 간의 거래를 표시하고 가감하는 것이므로 과세대상이 되지 않는다고 할 수 있지만 레츠형 거래는 규모가 작아서 문제가 될 것이 없다고 한다. 그러나 최근에 지자체를 중심으로 거래되는 지역화폐가 연간 13.3조 원을 넘어섰다는 보도가 나오자 과세에 대한 부분을 우려하는 일부 목소리도 나온다. 이러한 우려는 카드형을 도입한 지자체에서는 기우에 불과하다. 거래가 정상적으로 이루어져 소득에 따른 적절한 과제가 가능한 시스템이다. 따라서 지역화폐는 목적 기반의 거래교환시스템이다.

지역화폐의 성격은 주로 소규모 단위의 레츠형 지역화폐에 나타나는 것이 대부분이다. 최근 한국의 지역사랑상품권은 지역경제 자립형이지만 새로운 유형의 화폐로 규정하려는 논의도 있다.

위와 같은 성격으로부터 지역화폐운동을 통한 지역 내의 효과와 특징을 정리해보면 지역화폐운동을 통해 자립적인 지역사회의 건설을 기반으로 자주적인 네트워크를 창출하고, 탈 이윤을 목적으로 하는 공동체의 연대성과 평등성을 지향하며, 생태주의로 환원하는 지역화폐이다.

지역화폐운동의 특징의 첫 번째는 공동체 운동이다. 지역화폐는 법정화폐보다 사용이 불편하기 때문에 인내심을 가져야 사용할 수 있다. 주민들은 지역화폐를 쓰면서 참여한 사람들 간에 '불편함을 감수한다'는 연대감을 다질 수 있다. 이는 나를 중심으로 지역 내에 사람과 사람, 사람과 조직, 조직과 조직 사이의 연대감으로 확대되면서 인적 네트워크가 만들어진다. 때문에 지역화폐를 신용화폐가 아니라 '신뢰의 화폐'라고 부르기도 한다.

지역화폐 시스템을 통한 거래는 지역사회에서 지역의 문제점 등 의사소통을 통한 공공적 가치를 활발하게 만들며 지역 내 공동체를 구성한다. 따라서 지역화폐운동의 참여자들은 지역사회 구성원들이 더욱 친밀해지고 또한 연대성을 습득해 나가면서 지역사회를 주민 공동운명체로 발전 시켜 나가는 공동체 운동이며 사회적자본의 확대와 네트워크의 구축으로까지 나아갈 수 있다(김동배·김형용, 2004).

둘째 지역화폐운동은 사회복지 실천 운동이다. 사회복지를 인간이 살아가면서 어려운 사람들을 도와야 하는 부분은 제도로 만들어 낸 사회의 공공적 안전망이라고 한다면 지역화폐운동을 통하여 발생한 참여자 간의 연대감은 지역의 소외계층을 위한 실천 활동으로 발전된다. 레츠형 지역화폐는 돈 없이도 거래할 수 있는 교환거래망이다. 돈 없이는 살 수 없는 자본주의 사회에서 돈 없이 자신들이 가진 재능과 불필요하게 넘치는 자원을 나누면서 살아가는 시스템이다. 따라서 구성원이면 누구나 현금이 없어 경제활동이 어려운 사람들에게 실질적인 도움과 기회를 제공할 수 있다. 지역화폐가 현금 없이도 완전한 경제인의 권리를 누리게 되는 효과를 만들어내는 것이다. 글로벌경제로 인해 붕괴되고 있는 지역공동체를 구축하는 것이 지역화폐운동의 중요한 목적이며 소유와 축적 중심의 생활방식을 관계와 나눔 중심의 생활방식으로 바꾸는 지역화폐운동이 곧 공동체운동이라는 점에서 지역 복지 측면에서의 지역화폐운동 역시 중요한 비중을 차지하고 있다(유문무, 2019). 따라서 지역화폐운동은 내재된 사회 복지를 실천하는 정책적 수단이라고 할 수 있다.

셋째 지역화폐운동은 생태·환경운동이다. 지역화폐운동은 지역성과 관련된 생물지역주의[3]에 근거하고 있다. 지역화폐운동은 지역 내 거래

---

3) 생물지역주의란 지방자치단체가 인근 지방자치단체와 협조하여 환경정책을 수립함으로써 행정구역의 경계와 생태계의 경계를 일치시키는 것을 지칭함.

를 장려하고 있으며. 그 자체가 자원과 에너지의 낭비를 줄이는 효과를
낸다. 지역화폐의 핵심 원리는 지역 내 생산과 소비를 교환하는 시스템
이다. 최근 지자체가 도입하는 지역화폐는 주로 지역 내 소비 중심의
지역화폐가 대부분이다. 지역화폐를 통한 지역 내 소비는 지역경제를
돌아가게 하고 이러한 경제시스템은 지속적으로 지역경제의 선순환 시
스템을 만들어 낼 것이다. 지역 내 소비 순환은 근거리의 재화와 서비스
의 이동은 물류비용의 절약이 대부분 생태와 환경의 절약으로 이어진다.

넷째 지역화폐운동은 대안적 경제운동이다. 지역화폐를 사회운동적
관점에서 실현하고자 하는 이유도 공동체를 지향하고 사회복지의 실천
운동이며 생태·환경 운동이라고 한다. 여기에 더하여 지역화폐운동이
대안적 경제운동이라고 하는 것은 더 매력 있는 사회운동적 관점이다.
과학이 발달하고 경제가 발달하면서 사회적 양극화는 심해지고 줄어드
는 일자리는 없는 사람에게는 점점 더 살기 어려워진다고 한다. 그런데
지역화폐가 활성화되면 새로운 일자리와 새로운 재화와 서비스를 제공
하는 시장이 창출되어 고용이 확대된다. 그렇다면 우리는 지역화폐를
단순히 제도적 도입만이 아니라 좀 더 적극적인 실천으로 만들어야 한
다. 또한 지역화폐 체제에서는 개개인이 화폐 창출의 주체이고 참여 회
원의 자산과 부채의 계정을 합하면 항상 0을 기록하기 때문에 지역화폐
운동에는 어떠한 착취나 이윤도 발생하지 않는다는 특징이 있다. 지역
화폐는 '얼굴 있는 화폐'라는 별칭이 있듯이 상호 신뢰와 존중을 기본으
로 하는 소통의 화폐이다. 레츠형 지역화폐 체제에서는 재화나 서비스
를 생산하는 사람과 공급하는 사람이 동일인이며. 생산자가 공급자이고
소비자가 된다.

〈그림 2-5〉 지역화폐를 통한 지역 내 선순환 경제 구조 모형
(출처: 중소벤처기업부)

이러한 지역화폐가 지역 내에서 활성화되고 지역화폐운동이 시민들로부터 지지를 받을 때 지역 내에서 어떤 효과를 나타내는지 기존의 연구 결과를 정리하면 8가지로 정리할 수 있다.

하나, 지역화폐를 통해 지역 내의 통화량 증대이다. 지역화폐는 현금 거래뿐만 아니라 지역화폐를 통해 거래되는 통화량을 추가시켜 지역 내 사용되는 화폐의 규모를 증대시킨다. 즉 기존의 법정화폐에서 제한적이지만 사용이 가능한 지역화폐를 추가하는 개념이 발생함으로서 지역 내에서 유통되는 통화량이 증대한다고 보고 있다. 물론 이러한 증대를 인플레이션이라고 비판하는 의견도 있지만 현재 미미한 정도라 오히려 지역 내에서 경제 활성화에 도움이 된다는 실증이 더 많다. 실례로 지자체가 추진하는 지역화폐를 살펴보면 지역 내 소비를 통해 지역 안에서 지역화폐의 소비지역의 제한을 통해 지역 내 소비가 늘어난 경우 지역 내 통화량은 증가한 것으로 파악할 수 있다.

둘, 지역 내에서의 유동성 증대이다. 지역화폐가 지역 내에서 머물러 순환하게 되고 순환은 부가가치를 창출하여 주민들을 위해 더 많은 부를 창출할 수 있다. 유동성은 현금과 똑같이 사용할 수 있어야 의미가 있다. 레츠형 지역화폐의 경우 돈이 없음에도 사고, 팔 수 있는 거래방식으로 실제 유동성은 더 좋아진다고 할 수 있다. 한밭레츠의 경우 법정화폐와 지역화폐를 병행하여 쓰도록 하고 있어 지역 내에 국한된 폐쇄형 화폐지만 지역 내 유동성을 강화하는 지역특화 화폐로서의 성격을 가진다(이한주·김병조, 2017).

셋, 지역시장의 접근성 제고이다. 지역화폐를 지류형으로 만들면 카드나 온라인의 경우보다 시장의 접근성이 좋아진다. 따라서 지류형의 경우 실물 거래를 촉진하고 접근성이 뛰어난 장점이 있다(이한주·김병조, 2017). 강원도 화천의 경우 강원사랑상품권의 지류형 화폐가 산천어 축제와 접목하면서 축제기간에 지역화폐는 일부 입장료로 환전해 사용하도록 했다. 이는 지역경제에 활기를 불어넣고 100만이 넘는 산천어 축제 관광객으로 인해 발생하는 상점과 식당이 생겨나고, 야간에 투숙하는 관광객이 늘어나면서 민박이라는 새로운 시장의 활성화를 불러왔다. 뿐만 아니라 산천어가 새로운 양식업종으로 산천어 축제 인근 지역에 키워지고 매년 축제에 맞추어 양식되고 있다. 이렇게 지역화폐가 활성화되면 교환거래망이 제공하는 서비스의 접근성은 더 편리해지며 새로운 시장이 형성되기도 한다.

넷, 지역 내 수입 대체 가능성이 상승된다. 지역화폐를 통하여 지역 내 소비가 증가하게 되고 지역 내 생산물을 소비하게 되는 과정이 늘어나게 되어 지역에서 생산되는 생산물로 대체할 수 있는 효과가 발생한다. 지역 내 선순환 경제를 만들어 내는 과정에서 역외 유출과 역외 소비를 줄이는 방향에서 소비가 일어나고 이러한 과정을 통하여 지역 내 생산품의 소비가 증가하게 된다. 현재 인천e음이 플랫폼을 통하여 지원하는 인천의 우수 상품들을 소개하고 거래하게 하는 '인천굿즈'는 바로 지역의 생산물을 대체하게 하는 좋은 방법이다.

다섯, 지역 내 고용이 증가한다. 지역 시장의 접근성이 높아지며 지역 내 새로운 재화와 서비스의 시장이 형성된다. 이렇게 형성된 시장은 새로운 일자리를 낳는다. 최근 조세연구원에서 지역화폐의 고용효과에 대한 분석의 결과를 내면서 지역화폐로 인한 고용증가의 효과는 없었다는 보고서를 내놓았다. 조세연구원의 연구보고서는 통계를 사용했기에 통계상의 문제는 없을 것이다. 그러나 통계자료의 시간적 범위에 대한 한계는 있을 수 있다. 지역화폐는 지역 내 소비와 지역 내 고용의 효과로 파악을 해야 한다. 지역화폐가 활성화된 지역인 인천시 서구의 서로e음을 분석한 인천대학교 양준호 교수팀은 "서로e음의 주요 결제 업종인 연료판매점, 일반휴게음식, 보건위생 중 연료판매점과 보건위생은 '사업, 개인, 공공서비스업' 부문으로 2019년 하반기 기준 3.86%의 고용 증대를 보이고, 일반휴게음식은 유통업 영리와 함께 '도소매 및 음식숙박업' 부문에서 2019년 하반기 기준 8.46%의 고용 증대를 보이고 있다"고 밝혔다(양준호, 2020). 여전히 논쟁이 되는 부분이지만, 지역화폐로 지역경제가 살아났을 때 전통적인 경제학의 논리대로라면 소비가 늘어나고 기업은 재고가 줄어들며 생산 투자를 늘려 고용은 증가한다. 고용의 증가는 소득의 증가로 나타나 소비가 증가하는 선순환 경제가 작동한다. 결국 지역화폐는 소상공인들의 가맹점에 거래로 이어져 소상공인과 자영업자들의 소득 증대로 지역경제 활성화라는 결과를 가져온다.

여섯, 저평가된 경제활동의 재평가가 달성된다. 노원구의 노원(NW)화폐처럼 봉사와 돌봄이 경제재로 평가받는 과정이다. 지금까지는 시장가

〈그림 2-6〉 우베시의 환경지역화폐 '에코하'
(출처: 서울연구원 홈페이지)

치로 인정받지 못하거나 주로 봉사나 정으로 주고받은 일들이 레츠형 지역화폐를 통하여 아이 돌보기, 말벗해 주기, 편지 서식 대행과 같은 활동이 거래 품목으로 만들어지고, 가치를 새롭게 평가받고, 서로 교환 거래를 통하여 경제재로 바뀌는 등 자본주의 시장 경제에서 경제활동으로 취급받지 못하던 부분이 새롭게 평가받아 공동체 안으로 진입하게 되었다.

일곱, 환경보전활동의 강화이다. 지역 내 교환을 통해 광역적 차원의 생산, 유통, 소비 과정에서 수반되는 자원 및 에너지 소모를 줄이고 교환 자체가 버리기 쉬운 것들을 재사용하고, 수선, 재활용하여 사용할 수 있도록 하는 효과가 있다. 레츠형 지역화폐의 경우 아나바다 운동처럼 내가 쓸모가 없어진 물건을 다른 사람에게 저렴하게 재사용하게 함으로 자연적으로 환경보전 활동에 기여하게 된다. 앞서 말한 바와 같이 지역 내 재화와 서비스의 대체 효과는 먼 거리 상품의 이동 등 매연 발생 절약, 제품 포장용지의 절약 등으로 나타나 환경보전 활동의 효과가 있다. 생태·환경은 시민운동적 차원에서 추진되고 있으며 최근 일본의 우

베시의 경우 환경문제가 날로 심각해지는 상황에서 시민, 사업자 등의
협력을 효과적으로 끌어내 환경 마을 만들기를 추진하고자 환경지역화
폐 '에코하(エコハ)'를 도입한 사례가 있다. 환경 지역통화 에코하는 환경
을 보전하거나 배려하는 행동이나 활동을 한 주민에게 이러한 행동이나
활동을 응원하는 차원에서 시가 제공하는 지역화폐를 말한다. 시는 자
원봉사활동, 환경강좌 등 수강, 환경보전활동[4]에 참여, 환경행사 참여
등 주민들이 지역통화 교부 대상 행동이나 활동을 하면 에코하권(券) 2
장(1장당 50엔(약 530원))을 교부하며 시는 에코하 대상 사업을 수시로 홈
페이지에 공개한다.[5]

여덟, 지역주민의 관계망 강화이다. 지역화폐운동은 지역의 생산물과
유휴 제품과 재능과 자질을 직거래하는 관계를 통해 참여하는 사람들과
관계를 맺어주는 사회공동체 운동이다. 자본주의 경제에서는 화폐로 창
출되거나 자본으로 환전되지 못하는 사업은 능력과 자질을 인정받지 못
한다. 반면 지역화폐는 시장경제에서 홀대받고 저평가된 아이 돌보기,
편지쓰기 등의 능력과 자질이 실현될 수 있는 다양한 기회를 제공해 이
들의 활동하는 경제인으로 삶을 되찾아주는 중요한 역할도 하게 된다.
지역화폐는 신뢰를 매개로 하는 거래를 전제로 하기 때문에 공동체적
영향력을 발휘하는 중요한 요소가 된다. 이러한 신뢰적 관계로 인해 지
역화폐 체제에서 대부분의 거래 행위는 실명으로 이루어지고 있다.

---

4) 시민 등이 자주적으로 실시하는 도로, 공원, 하천, 그 밖에 공공장소에서의 청소 활동으
로, 환경보전을 위해 불특정 다수의 시민 등을 대상으로 참가자를 모집하여 실시하는
활동.

5) 서울연구원 홈페이지 https://www.si.re.kr/node/64190, '환경 지역통화'를 활용한
환경 마을 만들기 추진. (일본 우베市)

따라서 지역화폐운동은 지역을 기반으로 한 탄탄한 지역공동체 형성과 유지가 반드시 필요하다. 지역화폐운동의 특징과 효과로부터 살펴본다면 자아실현, 사회관계망 강화, 환경보존 등 사회적경제, 특히 사회적자본에 큰 영향력을 미친다. 나아가 지역화폐의 사용은 지역 내 선순환 경제구조를 만들어 내는 과정이 된다. 지역화폐를 여러 사람이 사용하며 주부와 노인, 학생과 상점주인 등 평소에 관계를 갖기 힘든 사람들 간에 새로운 인간관계가 형성돼 삭막한 현대사회에서 점차 상실되고 있는 '공동체'를 새롭게 구축할 수 있게 해준다.

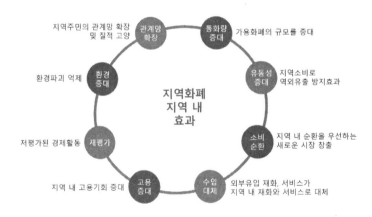

〈그림 2-7〉 지역화폐 활성화를 통해 지역 내에 나타나는 효과

3. 지역화폐와 지역커뮤니티 활성화

최근 지역의 자생적이고 지속가능한 발전의 수단으로 지역화폐가 주목을 받고 있다. 또한 지역화폐는 이러한 지역 내발적 발전에 기여할

뿐만 아니라 지역 내 사람들의 소통을 이끄는 힘이 되며 나아가서는 지역 내 시민사회를 이끄는 형태를 보여준다. 지역 커뮤니케이션의 수단으로서의 지역화폐는 새로운 상호부조 정신을 가지는 지역 사회의 창립에 큰 영향을 미친다. 즉 지역화폐는 지역민들과 시민단체들의 연계에 의해 지역 내 사회복지와 함께 경제적 자치를 누릴 수 있는 수단으로서 그 의의를 가지고 있다. 이런 점에서 지역화폐는 지역커뮤니티 활성화를 기반으로 하는 지역운동으로서 중요한 역할을 담당한다.

지역화폐는 지방자치제가 실시된 이후 지역 내 시민단체를 통해 일부 도입되기 시작되었다. 시민단체들은 지역 내 시민들이 모여 자생적으로 만들어낸 지역화폐를 확장하여 도입하거나 지역의 전통시장과 연계하여 상품권 형태로 발행하는 등의 활동을 펼쳤다. 이렇게 초기에는 시민들이 지역에서 스스로 만들어 사용하였으나 이후 지역의 내발적 발전과 지속가능한 개발이 지역의 화두로 나타나면서 이를 해결할 수 있는 정책적 방안으로 지방자치단체장들의 관심을 끌게 되었다. 이후 온누리상품권을 통한 재래시장 활성화의 사례와 해외 지역화폐에 대한 소개가 본격적으로 이루어진 2000년 이후 급속도로 발전하였다. 행정안전부가 밝힌 2020년 지역사랑상품권의 판매실적을 보면 광역시, 도중에서는 경기도와 인천광역시가 2조 5천억 원이며 다음으로 부산광역시가 1조 2천억 원 순이고 일반시, 군 중에서는 군산시가 4,971억 원, 포항시가 4,034억 원, 화성시가 2,799억 원, 안산시가 2,016억 원, 청주시가 1,975억 원 순일 정도로 크게 성장하였다. 인천의 자치구는 연수구가 6,340억 원, 서구는 5,982억 원 결제되었다.

이처럼 지역화폐는 2008년 서브프라임모기지 불황 이후 나타난 최근 세계 경기 침체와 월스트리트가 주도한 거대한 투기 자금에 의해 무너진 국제 통화 시스템의 붕괴를 배경으로 크게 활성화되고 있다. 2012년 기준 독일에서는 전국에 28개의 지역화폐가 있으며 또한 37개 지역에서 지역화폐 정책을 도입할 준비가 진행되고 있는 등 세계 각지에서 지역화폐가 큰 각광을 받고 있다.

지역에 대한 논의

최근 지역이 활성화되고 있다. 경제활동이 글로벌화하면 할수록 사람이 생활하는 장소인 지역에 대한 관심이 높아지고 있다. 이러한 지역이라고 하는 단어는 국가 간 지역 통합 단위를 가리키는 경우도 있으며 국가내부의 단위인 광역시나 도, 시군 등으로부터 마을이나 작은 동네 등 미세한 단위까지 아우를 정도로 큰 폭으로 사용되고 있다. 그러나 지역이라는 개념은 애매한 것은 아니다. 바꾸어 말하면 지역이란 동네나 마을 레벨로부터 세계적 규모 레벨에까지의 여러 계층을 겹쳐 쌓은 중층적인 구조 개념이다. 또한 우리가 날마다 생활하고 있는 마을이나 동네라고 하는 미세한 지역이 지역경제의 가장 기초적인 단위이며 그것이 세계 도처에 쌓이는 것에 의해서 국가 경제나 세계경제가 성립하는 것이다.

소립자로부터 우주에 이르는 자연계의 계층성과 같이 사회과학의 대상이 되는 인간 사회에서도 계층성이 존재하며 각각의 계층마다 독자적인 운동 법칙이 밝혀지고 있다. 생물학의 발전이 전체 생물에 대한 연구로부터 시작한 것과 같이 경제학의 발전도 가장 파악하기 쉬우며 현실적인 국민 경제로부터 시작되었다. 초창기의 경제학자인 제임스 스튜어트나 아담 스미스는 도시와 농촌의 분리에 주목하였고 마르크스는 도시와 농촌의 대립을 나타내었으며 자본주의 내 지역경제 법칙의 기본문제를 지적했다. 그러나 이들은 모두 국가라는 거대 담론을 중심으로 경제를 설명하였으며 지역은 2차 대전 이후에 주목받기 시작하였다.

신자유주의와 그에 따른 세계화가 진행되면서 자본의 축적 규모가 확대하여 그것이 글로벌화하는 것에 따라 생활 단위로서의 지역과 자본의 활동 단위로서의 지역이 크게 어긋나 서로 대립하게 되는 등의 현상이 나타나고 있다. 주민이 하나의 지역에 꾸준히 살면서 삶을 풍부하게 향유하는 사람답게 사는 것이 극히 어려운 시대가 되고 있다. 한편으로 거대 기업과 국가가 주민 생활 단위로서의 지역의 산업을 무너뜨리고 동일한 형태의 자본주의에 편입시키며 이에 반대하여 지역민들은 주민투표를 통해 지방자치단체장을 바꾸는 등 이에 대한 움직임이 나타나고 있다. 이것은 자본 활동의 글로벌화 속에서 국가의 역할이 바로 나타나고 있는 것의 반영이기도 하다. 이미 일부 지역의 주민을 희생한 국민경제의 번영이나 국가 정책의 우선론은 성립되지 않는다고 단언할 수 있다. 어느 지역의 주민이든 인간으로서 살아가기 위해서 지역경제 본연의 자세인 지속가능발전과 지역내발적 발전을 추구하고 이를 통한 자세를 스스로 결정하는 시대가 도래하고 있다.

이처럼 글로벌적인 규모로 날마다 움직이는 자본의 활동을 제어하면서 지역 주민 생활의 양식으로서 산업을 확립하여 아이로부터 고령자까지 모든 주민이 행복한 생활을 향유하는 방법에 대한 의문 또한 날로 높아지고 있다. 지역경제를 회복시키기 위한 정책은 이러한 지역 주민에 의한 지역 만들기의 방향성에 대한 과학적 근거와 운동론적 지침도 제기해야 하는 책무가 있다고 말할 수 있다. 여기에서는 지역 내발적발전을 위한 방법으로 지역화폐를 도입한 방안을 연구하였다.

지역화폐의 상호 부조 시스템 구축

지역화폐의 목적은 앞서 살펴본 바와 같이 지역 내부에 지속 가능한 사회시스템을 추구하는 것이다. 그 형태는 세계적으로 보면 다양하지만 목적이라는 조건으로 크게 나누면 다음과 같다. ①상호 부조 정신 및 시스템이 존재하는 커뮤니티의 창조 ②지역경제 활성화와 커뮤니티 비즈니스의 촉진 ③국가의 법정화폐 시스템에 대한 결함 및 폐해 등을 보완하는 화폐 등 3가지로 이루어진다.

지역화폐는 기본적으로 기부나 자원 봉사에 대한 노동 등을 시행하고 이에 대한 대가(공헌의 증거)로서 발행되는 경우가 기본적인 모습이다. 이는 지역 또는 커뮤니티 통화(local/community currency)라고 하는 의견과 더불어 이른바 공헌 통화(contribution currency)로도 간주되고 있다.

따라서 NPO나 사회 공헌 활동에 대한 금전적인 기부뿐만 아니라 노동이나 자원봉사자로서의 공헌 또는 정보 제공·상담에 의한 서비스 등 다양한 공헌이 존재한다. 지역화폐를 받기 위해서는 우선적으로 지역이나 지역민에게 긍정적인 영향을 미칠 것이 요구된다. 이렇게 일종의 감사나 공헌도의 증거로 제공되는 것이 지역화폐의 본질이다.

지역화폐는 지역민들이 서로 돕고 서로 지지하는 서비스와 활동을 시간과 점수를 지역과 그룹 간의 약속을 통해 종이상품권이나 통장, IC카드 등으로 대체하고 있으며 일종의 화폐로서 약속된 곳에서 서비스나 물건과 교환하고 이를 순환시키는 시스템이라 볼 수 있다. 이는 한국은행에서 발행하는 원화 등과 같은 법정화폐와는 다른 모습으로 '다른 형태의 화폐'라고 볼 수 있으며 비슷한 활동을 하는 일종의 보완적인 역할을 담당하는 화폐이다.

레츠의 형태와 마찬가지로 지역화폐에 참여하면 자신의 수고와 원하는 일을 등록하고 지역 내에서 어떠한 도움이 필요한 사람들에게 자신의 수고를 사용해 돕거나 자신이 도와달라고 할 때 누군가에게 도움을 요청할 수 있다. 즉, 지역화폐는 일반적으로 다른 이가 필요한 봉사 활동을 도울 뿐만 아니라 자신도 누군가에게 도움을 받기 때문에 서로 돕고 도울 수 있는 관계를 만들어내는 상호 부조 시스템의 구축인 것이다.

지역화폐의 종류

지역화폐의 목적과 종류는 매우 다양하다. 처음에 소개한 상호 부조적인 지역사회 창출을 목표로 하는 것뿐만 아니라 지역경제 활성화에도 이바지하고 있으며 단순히 마을과 같은 소규모 지역이 아닌 광역적인 지역 범위를 상정하거나 개발도상국의 원조에 지역화폐 방식을 도입한 경우도 있다.

또한 신용창조와 같은 담보에서도 상호신뢰뿐만 아니라 법정화폐에 해당하는 B2B 형태의 교환성을 담보하는 방식도 나타나고 있다. 지역화폐의 신용창조는 커뮤니티(지역화폐 참가자) 간 상호 신뢰이지만, 지역화폐가 일종의 '보완화폐'로서 더욱 폭넓게 사업에서도 사용되면서 화폐 발행 조건에 대한 제도 마련과 발행 물량의 관리도 필요하다. 그리고 지역화폐에 대한 신뢰성을 담보하기 위하여 법정화폐의 교환을 담보하는 지역화폐도 존재한다. 현재 우리나라에서 지방자치단체 주도로 사용하는 지역화폐는 이와 같은 형태이며 금본위제와 같이 교환분을 두는 방식(상환 비용 적립액)이나 기업에 담보를 제공받는 방식 등이 있다. 또한 지역화폐의 공통점은 이자가 붙지 않는 것이다. 이 외에도 실비오 게젤이 주장하는 것과 같이 마이너스 이자(감가)의 경우도 있다.

지역화폐의 발행 방법에는 크게 지폐 발행형, 통장 기입형(전산형 포함), 수표형의 3가지 종류가 있다.

지폐 발행형의 지폐 발행 형식은 익명성이 존재하며 현행 화폐와 같은 감각으로 사용할 수 있고 개인 간 거래에서 쉽게 교환 할 수 있는 등의 이점이 있다. 단, 화폐를 발행하는 초기 비용이 든다.

통장 기입형의 통장이나 카드와 같은 전산방식은 각 개인의 신용보증에 의해 구성되기 때문에 제 3자가 신용을 창조할 필요가 없는 동시에 0에서 교환이 시작된다는 장점이 있다. 한편, 이 방식은 계좌 잔액 관리가 어려우며 통장의 경우 본인의 자주 관리가 필요하기 때문에 보다 높은 신용이 필요하다는 문제가 있다.

수표형은 호주 등에서 일상생활에서 사용되고 있는 수표와 같은 시스템과 같으며 지불 지역화폐 수표를 쓰고 그 수표를 사무국에 보내 집계하는 방식이다.

여기서 중요한 점은 우리나라에서 현재 사용되고 있는 지역의 재래시장을 위한 온누리상품권이나 프랑스, 독일 및 일본에서 사용한 일반상품권·쿠폰은 지역화폐가 아니다. 지역화폐는 반복 사용되어 지역에서만 자금이 순환하는 반면, 온누리상품권이나 지역 내 쿠폰 등은 소비자 상공업자 등의 결제 수단으로 한 번만 사용되는 것에 지나지 않으며 거래의 대상을 지역 내 자원에 한정하지 않는다는 점이다. 또한 상품권이나 쿠폰 등은 단순한 금권이라는 점에서 크게 다르다.

Ⅲ.
법정화폐와 병행할 수 있는 지역화폐

1. 실비오 게젤의 화폐이론

화폐의 병행

화폐는 국가와 세계를 돌아다니며 경제를 활성화시킨다. 그러나 최근 경제 침체가 진행되고 있는 한국의 경우 이렇게 돌고 돌아야 하는 화폐가 잘 움직이지 않고 있다. 이러한 결과로 침체가 이어지며 다시 화폐가 돌지 않는 악순환이 일어나고 있는 실정이다. 결국 막대한 금액의 화폐가 금융기관 및 기업의 내부유보금, 가정의 금고 안에 체류하게 되었으며 투기를 통해 부동산이나 해외 투자의 방향으로 움직이고 있다.

그러나 한편으로는 지역화폐의 시도가 전국적으로 굉장히 활발하게 일어나고 있다. 법정화폐인 원화가 우리나라 경제 전체 안에서 잘 순환되지 않는다면 각각 지역의 새로운 화폐로 지역경제 활성화와 복지의 향상을 시도하자는 움직임이다. 이것은 우리나라뿐 아니라 국제적으로도 새로운 조류이기도 하다. 유럽에서는 국경을 넘어선 화폐인 유로가 탄생한 반면에 국가 내부의 작은 지역 내에서는 이와는 별개인 지역화폐가 그 안에서 순환하는 경우도 증가하였다. 특히 EU는 자체적으로 2050년까지 지역화폐를 유럽연합 전체로 확대할 계획을 가지고 있다.[6] 이처럼 최근 세계의 상황을 볼 때 1국 1화폐제도를 절대적인 화폐제도로서 시행할 필요는 없다. 유럽의 대부분 국가와 미국 등 이른바 선진국에서는 하나의 국가에서는 한 종류의 화폐만이 통용된다는 1국 1화폐제도는 근대 이후 일반적인 제도로서 받아들여졌다. 그러나 반드시 이러한 형태여야 한다는 경제학적 이유는 아무것도 없다. 반대로 역사적으로 살펴보면 하나의 국가 안에서 복수의 화폐가 병행 유통되는 것이 보통이었으며 현재에도 1국 1화폐제도를 전제로 하지 않는 국가들도 있다. 여기에서는 이러한 지역화폐 및 복수화폐의 의미를 생각하는 것과 동시에 정부의 법정화폐에도 주목하고자 한다. 우리나라의 경우 한국은행에서 발행하는 원화만이 법정화폐이며 모든 국가의 시민들이 사용하고 있다. 이에 반해 보조적인 의미에서 벗어나 원화와 거의 같은 차원에서 병행하여 유통하는 지방자치단체가 주도하는 화폐의 도입을 검토하는 것 또한 가능하다.

화폐란 무엇인가를 생각하는 것은 중요하지만 이는 앞서 설명하였기 때문에 다음으로 진행하도록 한다. 그러나 어떤 화폐가 경제에서 제대로 순환하는지는 검토해볼 필요가 존재한다. 이를 위해서는 과거 혹은 현재의 세계 각지의 경험을 배우는 것이 유익하다. 지역화폐와 정부에서 발행하는 법정화폐의 발행 구조를 확인하는 것에 의해 정체된 경제에 새로운 생명을 불어넣을 수 있었던 예가 다수 존재하며 이러한 예시들 중에서는 오늘날 국내 상황에 대해서도 참고가 될 수 있는 사례가

6) SPREAD Sustainable Lifestyles 2050.

다수 존재한다.

돈에 이자가 붙는다는 것은 상식이지만, 그 상식에 매이지 않고 반대로 시간에 동반하여 가치가 감소하는 화폐의 도입으로 경제부흥을 실현한 실제의 사례도 있다. 이 점에서는 독일의 경제 사상가 실비오 게젤의 사고방식을 소개한다.

한국 경제를 생각할 때 경제학도 이외의 사람들 사이에서도 피셔 방정식은 중요하다. 방정식이라고 말하면 어려울 것처럼 생각될지도 모르지만 이는 단순한 것으로서 명목이자율은 실질이자율과 인플레이션율의 합과 같다는 결과다(최희갑, 2014). 이 방정식은 20세기 전반의 미국을 대표하는 경제학자 어빙 피셔가 제창했기 때문에 그의 이름이 붙었다. 최근 우리나라에서는 디플레이션이 간간히 나타나고 있으며, 인플레이션율이 매우 낮고 이에 따라 경제 활성화가 둔화된 상태이다. 이러한 점에서 피셔 방정식을 살펴보면 실질 이자율 쪽이 명목 이자율보다 크게 된다는 것을 확인할 수 있다. 그렇기 때문에 한국은행이 금리를 아무리 낮추어 봐도, 또한 민간금융기관의 명목이자율 인하를 시도하더라도 기업의 투자 의욕을 자극할 수 없다. 이자율은 낮으므로 실질적인 이자 부담의 무게를 생각하여 대부분의 사람들이 융자나 차입금에도 소극적이 되어 돈이 움직이지 않고, 경제는 낮은 수준에서 지속되고 있는 것이다.

다시 말하면 경제학의 교과서에 적혀 있는 금융정책의 효과가 없어진 것이다. 이러한 경우에는 교과서에 없는 정책도 선택지의 하나로서 구상하는 것이 필요하다. 여기에서는 단지 지역화폐만을 생각하는 것이 아니라, 이러한 정책문제도 언급할 것이다. 1국 1화폐제도에 대한 집착은 일종의 경로 의존성적인 형태로 우리의 고정관념에 의해 속박된 상태이며, 이에 신경 쓰지 않는 유연한 경제적 발상이 필요한 시기가 아닐까 생각한다.

실비오 게젤의 화폐이론

화폐란 인플레이션 및 디플레이션에 의해 실질 가치는 변하지만 그 액면이 제시하는 명목가치는 화폐개혁과 같은 화폐단위의 변화(Re-denomination)가 없는 이상 영원히 변하지 않는다. 그러나 이렇게 당연한 화폐경제에 대해 근원적인 문제의식을 가진 학자가 존재하였다. 이러한 의문을 가진 이론가는 19세기 후반부터 20세기의 초에 아르헨티나와 유럽에서 활동한 경제사상가 실비오 게젤이다.

〈그림 3-1〉 실비오 게젤
(Jean Silvio Gesell,
1862~1930).
(출처 : ArmstrongEconomics)

화폐는 철 등의 제품이 서서히 녹슬어 제품으로서의 가치가 떨어지는, 즉 감가상각이 나타나는 것과 마찬가지로 시간의 경과와 함께 그 가치가 줄어드는 것이 좋다는 것이 그의 주장의 핵심이다. 화폐가 순환하지 않고 경제가 불황에 빠졌을 때에는 이러한 녹스는 것과 같이 감가하는 화폐라면 사람들은 될 수 있는 한 빠르게 그것을 사용하려고 하기 때문에 경제 활동을 활발하게 하는 데 공헌한다고 볼 수 있다. 실제로 이러한 화폐의 도입으로 1930년대의 세계 대공황 시기에 불경기를 벗어난 유럽의 사례가 있다. 앞서 살펴본 현대적인 이자론의 확립자로서 이름 높은 미국의 경제학자 피셔 또한 여기에 강하게 동조하여 미국에 도입을 시도하였다.

지속가능성이 문제가 되는 시대의 지역화폐

1995년부터 본격적으로 시작된 지속가능성(sustainablilty)이란 단어는 점차 확장하여 범세계적인 유행어가 된 느낌이 있다. 맑은 물이 오염되거나 혹은 댐이 설립되거나 이를 통해 호수가 되거나 등 여러 가지 이유로 환경 파괴가 지속되는 시기에 있어서 지역화폐가 주목을 받고 있다. 해외로 눈을 돌리면 영연방제국의 LETS(지역 교환 거래 시스템), 미국의 이사카 아워즈, 캐나다의 토론토 달러를 시작으로 하여 지역화폐, 혹은 지역 한정형이 아닌 법정화폐와는 별개로 병행하여 유통되는 보완화폐(혹은 병행화폐)의 시도가 점차 증가하고 있다. 그리고 지금 한국에도 지방자치단체를 중심으로 이러한 움직임이 확대하고 있다. 모든 경제활동이 한국은행의 원화를 기축으로 전개되고 있는 것처럼 보이는 한국에서도 시간 예금이라는 형태의 복지 면에서의 노력을 통해 다른 시점에서의 호혜를 조직화한 자생적으로 나타난 지역화폐는 꽤 일찍 등장하였다. 자선이나 지역민들을 대상으로 하는 서비스에 사용된 시간을 기록하고 예금을 신탁하는 단체는 현재까지 존재하고 있으며 대전을 중심으로 한 한밭레츠의 형태로 나타났다.

이러한 형태를 화폐라고 본다면 한국에서도 일종의 병행화폐의 형태를 가지고 있다고 말하는 것이 가능하며 해외에서도 주목하고 있다. 이러한 시도는 이때까지 고령 사회에 대한 지역사회 복지 확대를 지향하였지만 단순히 복지에 한하지 않고 환경 보전에도 도움이 되는 지역화폐 혹은 보완화폐가 나타나더라도 이상한 것이 아니다. 세계의 외국 환율시장에 있어서 투기의 대상이 되는 한국 원화의 위험함을 느낀 새로운 화폐로서의 역할을 담당할 수 있으며 특히 지역에서는 지방자치단체와 연계하여 안정성이 강화된 형태로서 존재한다.

〈그림 3-2〉 2016년 10월 골목축제 현장
(출처: 한밭레츠 홈페이지(http://www.tjlets.or.kr/))

이번 장에서는 이러한 오늘날의 지역화폐론과의 접점을 실비오 게젤 및 존 메이너드 케인즈, 더 나아가 어빙 피셔의 이론적 공헌을 돌아보는 것을 확인하였다. 또한 화폐론의 세계사 안에 화폐에 대한 정의가 차지하는 위치를 확인하고, 우리나라의 지역화폐가 병행화폐의 역할을 할 수 있을지 그 가능성을 검토해 보고자 한다.

브락테아테 은화와 역사유산으로서의 카테드랄

화폐가 경제활성화의 방향으로 기능할 가능성에 대하여 본 장에서는 먼저 역사유산에 관련된 화폐로부터 이론을 시작하고 자한다. 여기서 생각하는 유산이란 유럽의 카테드랄이며 거기에 관계되는 화폐란 브락테아테(bracteate, 독일어로 Brakteat)다. 이것에 대해 다음과 같은 기술이 있다.

〈그림 3-3〉 독일 아우구스부르크 교구의 브락테아테(1184~1202)

(출처: collectors.com)

1150년부터 1350년에 걸쳐서 종교의 황금시대라 불리던 시대가 유럽에 존재했다. 이 시기 지금도 많은 사람들이 유럽으로 관광여행을 갔을 때 볼 수 있는 카테드랄[7)]이 각 지역에 건설되었다. 오늘날의 관광객의 역할을 담당한 것은 당시에는 순례자였다. 지역들은 경쟁적으로 카테드랄을 건설하고 순례자를 불러들이려 하였다. 대체 왜 그렇게 되었을까? 이것도 돈의 시스템에 원인이 있었다. 여기에도 감가하는 돈의 구조가 있었던 것이다. 바로 '브락테아테'라고 불렸던 화폐시스템이 그것이다 (김미경, 2020). 자세히 살펴보면 영주들이 지배하는 각 지역에서는 영주가 돈을 발행하였다. 얇은 은판에 각인을 한 화폐가 사용되고, 영주들은 이것을 6개월이나 8개월 등 일정 기간이 지나면 회수하였다. 그리고 2~3%를 감가하여 재발행하였다. 결국 이러한 형태는 소비와 투자를 활

---

7) 중세 가톨릭의 지역을 관장하는 중심지구인 교구 내 대성당이 존재하는 곳을 뜻함. 대성당을 중심으로 부속학교, 광장 등이 존재.

성화하여 지역의 사람들은 연대하여 신앙도 만족하고 경제적인 의미에 서도 미래의 투자로서 카테드랄을 건설하였던 것이다(C. Behr, 2010).

여기서 영주가 발행했다고 기록되어 있는 화폐는 앞에서 말한 브락테 아테라고 불리운 것이다. 예를 들어 최근 독일 각지에 존재하였던 브락 테아테에 대하여 비교적 상세하게 쓰인 책에 의하면 브락테아테란 즉 한쪽 면만 각인되어 그 각인이 뒤쪽에 비치고 있는 얇은 화폐를 가리키 지만 이 용어는 18세기 후반 이후 학자가 편의상 붙인 명칭이다. 발행된 당시에는 단지 페니게(Pfennige)라고 불리는 경우가 많았다.

그런데 일반적으로 브락테아테를 논하고 있는 문헌을 살펴보면 독일 의 화폐에서 보이는 경제적 후진성이라는 문맥에만 초점을 두고 있다. 한 면에만 각인할 수 있을 정도로 얇은 화폐밖에 발행할 수 없었던 당시 의 독일 경제의 빈곤함이라는 뉘앙스가 대부분의 기록에서 존재한다. 그런데 위에서 제시하는 것처럼 그야말로 이렇게 빈곤한 화폐가 귀중한 역사유산으로서 중세의 순례자뿐 아니라 현대인을 독일 각지에 끌어들 이는 카테드랄을 국가 내부에 다수를 건설하고 만들어낸 것이다(B. denstedt, 2010). 아주 단기간 안에 감가되어 버리는 것을 처음부터 의도한 화폐를 주조하고 발행한다는 것은 현대에서는 보통 생각하지 않는다. 하지만 이러한 상식에 잡혀 있으면 이상에서 본 일부 의견의 경우처럼 브락테아테와 같은 급격하게 감가하는 화폐에 대해서는 부정적인 평가 밖에 할 수 없게 된다. 그러나 금세기의 전반에 이러한 화폐제도를 우수 한 금융정책의 일환이라고 보았던 경제학자가 있었다. 피셔의 방정식의 이름으로 알려진 이자론의 전개를 시작으로, 경제학의 여러 분야에 대하 여 막대한 공헌을 한 미국의 어빙 피셔(Irving Fisher, 1867~1947)이다. 그는 브락테아테에 대한 연구를 통해 다음과 같은 의견을 제시하였다.

〈그림 3-4〉 어빙 피셔
(Irving Fisher, 1867~1947)
(출처: ArmstrongEconomics)

화폐정책 중 가장 흥미로운 일례로서 1150년대부터 1350년에 걸친 중부유럽에 있어서 브락테아테라는 화폐가 있다. 이 시기에는 품질 저하를 포함하는 개수가 번번이 일어났지만 그때마다 여러 국가의 영주들은 자신들의 이익을 위해 금속의 일부분을 자신에게 남겨 먹는 것이 보통이었다. 그 결과로서 경화는 점차적으로 얇게 되었으며 한쪽 면에만 각인할 수밖에 없고 결국에는 파손되기 쉬운 형태가 되었다. 의심할 여지도 없이 이 사실이야말로 이것의 브락테아테라는 명칭이 부여된 이유를 설명하는 것이다. 그것들은 원래의 크기보다 작은 단편으로 분할하는 데 편리하도록 인이 붙어있는 형태 또한 존재하였다. 이것은 잔돈을 만들기 위한 것이었다. 크기는 오늘날 미국의 10센트 정도로 작은 것부터 50센트만큼 큰 것까지 존재하였다. 하지만 브락테아테의 중요한 특징은 개수가 주기적으로 있었다는 것이다. 평균적으로, 영주는 자국에서 돌고 있는 브락테아테에 대한 가치 재평가를 1년마다 2~3번 실행하였다. 그리고 약 25%의 수수료를 빼고 나서 이러한 오래된 화폐를 새로운 것으로 교환하였다. 주조의 특권은 영주 및 사제들에 대해 안정된 소득을 보증하는 것이었다.

브락테아테의 다른 하나의 이점은 이것이 중부유럽의 역사상 처음으로 소액의 거래수단을 제공했다는 것이다. 당시의 금화 및 은화[8)는 가

---

8) 로마 및 동로마의 경우 데나리우스 은화와 솔리두스 금화를 사용하였으며 중세유럽에

치가 너무 높아서 서민 사이의 유통에는 그렇게 도움이 되지 않았다. 그렇기 때문에 브락테아테는 분업의 촉진도 가능하게 만들었다. 하지만 수수료라는 형태를 취한 이 중요한 과세방식은 다른 하나의 중요한 효과를 가지고 있었다. 브락테아테는 개수의 예를 들자면 5개월 후에 25%라는 수수료가 존재하기 때문에 액면의 1/4의 가치를 잃는다는 것을 알고 있었다. 그런데 이 손실은 5개월이란 전체에 걸친 것이며 해당 기간의 끝에는 새로운 화폐와 교환되어야만 했다. 따라서 그것을 최후로 보유하는 사람에 대해 살펴보면 그것을 불필요하게 오랫동안 보유하고 있는 사람은 월 이율로 최대 5%의 손실을 보는 것을 알고 있었다. 그런 이유로 수수료의 존재는 브락테아테의 유통속도에 대하여 커다란 영향을 끼칠 수밖에 없었다.

즉 월평균 5%로 감가하는 경화를 오래 가지고 있는 사람은 거의 없었다. 사람들은 경화를 입수하면 금방 그것을 무언가의 상품과 교환한다는 행위를 선택하였다. 이 시대는 현금 지불의 시기이며 수공업도 공업도 빠르게 화폐를 통해 소비하려는 사람들의 행위로부터 자극을 받았다. 그럼에도 불구하고 상품가격의 대폭적인 인플레이션은 나타나지 않았으며 이 시기의 역사를 살펴보면 보통 인플레이션을 동반한 부당 이익의 흔적이 없다.

현대의 유통속도 관리와 비슷한 이러한 최초의 사례는 화폐정책의 역사 안에서 굉장히 흥미 깊은 것이다. 브락테아테가 1350년경 거의 소멸된 후에는 이 원리는 완전히 잊혀진 상태가 되어 있었다. 그것이 좀 더 명확한 형태로 모습을 나타나려면 실비오 게젤의 저작을 기다려야만 하

서는 플로린 금화와 두카트 금화 등 고액화폐를 교역에 주로 사용하였다.

였다. 그의 사후 유통속도 관리정책은 스탬프 쿠폰이라는 형태를 취하여 1931년부터 1933년에 걸쳐 독일, 오스트리아 및 미국에서 출현하게 되었다(F, Fuders, 2014).

감가하는 화폐의 의의를 평가하는 게젤-케인즈 방정식

여기에서는 피셔가 언급하고 있는 실비오 게젤이란 어떠한 인물인지 살펴보도록 한다. 게젤(Silvio Gesell, 1862~1930)의 간단한 소개를 하면, 게젤은 독일의 경제학자로 부에노스아이레스에서 상인으로서 성공했으나 아르헨티나의 1880년대 극심한 인플레이션을 보고 화폐의 가치의 안정을 구하여 화폐제도의 개혁을 주장하였다. 금, 은 등 귀금속에 의존하지 않는 국가 화폐의 창조를 통하여 경제의 안정화를 지향하는 사고방식은 세계에 많은 신봉자를 가지게 되었으며 이는 즉 예언자적 존재가 되었다. 케인즈는 『일반이론』 안에서 게젤의 업적을 상세히 언급하고, 몇 개의 중요한 점에서 『일반이론』의 사고방식을 선취한 것이 있다는 것을 강조하였다.

『일반이론』이란, 『고용, 이자 및 화폐의 일반이론』을 가리키는 것이며 거기서 케인즈가 게젤을 어떻게 이해하고 있는가를 살펴보면 그는 「본서의 독자 중에는 게젤의 의의를 잘 이해하고 있는 사람은 거의 없을 것이므로 나는 그렇지 않다면 너무 많다 할 정도의 지면을 그를 위해 할당하려고 한다」라고 설

〈그림 3-5〉 존 메이너드 케인즈
(John Maynard Keynes,
1883~1946)
(출처 : ArmstrongEconomics)

명하고 있다. 그리고 화폐 및 이자의 이론에 대한 게젤의 공헌이 두 개 있다고 하고 다음과 같이 설명하고 있다.

첫 번째로, 그는 이자율과 이자의 한계 효율을 명확하게 구별하고 실물자본의 성장률의 한계를 획정하는 것은 이자율이라고 주장한다. 다음으로 그는 이자율은 순수하게 화폐적 현상이며 화폐이자율의 중요성을 부여하는 화폐의 특이성은 다음의 사실이라고 지적한다. 즉 부를 저장하는 수단으로서의 화폐의 소유는 소유자에게 있어서 무시할 정도의 연기비용밖에 들지 않고, 연기비용을 필요로 하는 재화 저장과 같은 부의 형태는 실은 화폐에 의해 설정된 기준이 있기 때문에 보수를 만든다는 사실이 그것이다(J.M. Keynes, 1936).

이것으로부터 그는 유명한 '스탬프 쿠폰 화폐'라는 처방전을 만들었고, 그의 이름은 주로 이것에 의해 알려졌으며 어빙 피셔 교수가 축복의 말을 봉헌한 것도 이 때문이었다. 이 제안에 의하면 정부 지폐를 비롯한 어느 화폐의 어떤 종류의 형태의 것에도 이 제한이 똑같이 적용될 필요가 있다는 것은 명확하지만, 정부 지폐는 보험 카드와 마찬가지로 사람들이 우편국에서 인지를 사서 매월 그것을 첨부하지 않으면 그 가치가 유지되지 않는다. 물론 스탬프 요금은 적당한 액수로 정하는 것이 가능하다. 이론에 의하면, 그 액수는 화폐의 이자율(스탬프가 없는 경우의)이 완전 고용과 양립되는 신규 투자량에 대응하는 자본의 한계효율을 넘어서는 초과분에 거의 같은 것으로 해야 한다. 그리고 케인즈는 스탬프가 붙어있는 화폐의 배경을 이루는 사고방식은 건전한 것이라고 결론짓고 있다. 그가 이상에서 논하고 있는 내용을 게젤-케인즈 방정식이라고 부르는 것으로 하고, 간단하게 한 개의 식[9]으로 설명하였다(S. Dow, 2017).

케인즈의 돌리는 습관에 익숙하지 않은 사람들에게 있어서는 자본의 한계효율이란 단어는 이해하기 어렵지만 이는 자본 투하의 예상 수입률을 올리는 것이다. 신규 투자를 검토하는 경우 거기서부터 예상할 수 있는 수익률이 이자율보다 낮다면 그러한 투자는 이루어지지 않는다. 그리고 신규 투자가 정체되고 있는 경제 상황은 다른 말로 말하면 불황이다. 이러한 경우 완전고용은 기대할 수 없다. 하지만 몇 개의 화폐를 보유하고 있더라도 스탬프율에 의하여 그것이 감가된다면 이자율에 비하여 예상 수익률이 굉장히 높지 않더라도 사람들 사이에서 그것을 투자로 돌리는 인센티브가 발생하며 경제는 회복되고 이에 따라 완전 고용에 도달할 가능성이 나오게 된다. 케인즈의 사고방식은 스탬프율의 적정 수준을 최초부터 알 필요는 없다. 스탬프율을 이것저것 위아래로 움직이면서 이러한 조정과정의 결과로서 완전고용 하에서의 앞선 게젤-케인즈 방정식을 실현할 수 있는 스탬프율을 발견하면 되는 것이다. 그런데 케인즈가 이론적인 고찰의 수준에서 이상의 인용문 같이 설명했다고 해서 실제 상황에서의 게젤-케인즈 방정식과 같은 것이 실현되는 것이 가능할지는 검토할 필요가 존재한다.

이것을 검토하기 위해서는 피셔 및 케인즈 등이 주목한 게젤에 대하여 그의 이론과 거기에 기초하여 스탬프가 붙어있는 화폐의 실제 예를 돌이켜 볼 필요가 있다. 게젤은 1862년 3월 17일, 당시에는 독일령이며 제1차 세계대전 후엔 벨기에가 된 지역, 즉 오늘날의 왈롱 리에주에 위치한 생비트(St. Vith)에서 태어났다. 아버지는 독일인, 어머니는 프랑스인이었다. 그는 1886년에 아르헨티나로 건너가서 거기서 수입업자로서 성공을 이루었다. 하지만 당시의 아르헨티나 경제의 혼란을 눈으로 목격하고

---

9) 게젤-케인즈 방정식 = 화폐이자율=자본의 한계 효율+스탬프율(조건 : 완전고용)

경제의 바람직한 모습을 구상하게 되었으며 수도인 부에노스아이레스에서 계속해서 저작을 간행하기 시작했다. 그의 후일의 경제이론에 관하여 거대한 논거는 1891년 간행된『복지국가로 가는 다리 역할을 하는 화폐개혁(Die Reformation im Münzwesen als Brücke zum sozialen Staat)』에 나타나 있다. 예를 들어 식품은 서서히 부패되고 철제품도 서서히 녹스는 것처럼 상품은 시간과 함께 가치를 잃는다는 것을 강조하고 있다. 이에 대하여 상품교환 수단으로서의 화폐만이 가치를 잃지 않는다고 하면 경제는 잘 순환되지 않는다고 생각하며 이에 대한 제재를 생각하였다(L. Jenni, 1931). 특히 금이 화폐인 이상 거기에 언제까지라도 가치를 원래와 똑같도록 유지하게 된다. 거기서 그는 내구성이 우수한 금을 화폐로 하는 경제를 철저히 비판하고 화폐는 파손되기 쉬운 지폐로 하는 것이 좋다고 하는 것을 논하였다. 하지만 그것만으로 충분하지 않으며 그 지폐는 시간과 함께 가치를 잃는 것이 확실한 것일 필요가 있다. 이렇게 생각한 그는 사용하지 않고 축적하고 있으면 처음에는 100단위의 가치를 가졌던 것이 1년 후에는 95단위로 가치를 감소시켰던 화폐, 그의 말로 직역하면 녹스는 화폐권(Rostende Banknoten)을 제한하였다.

1900년에 유럽으로 돌아간 그는 스위스와 독일에서 생활하면서 다양한 저작을 간행한다. 그의 화폐 구상을 가장 구체적으로 보여주고 있는 것이 1906년에 스위스에서 출판된『화폐·토지 개혁를 통해 온전한 노동 수익을 얻을 권리를 실현(Die Verwirklichung Des Rechtes Auf Den Vollen Arbeitsertrag Durch Die Geld-Und Bodenreform)』이라는 저서이다. 1891년의 저작에 있어서 녹슨 은행권의 경우 1년간 유효한 지폐로 매주 얼마 정도 가치를 잃어 가는 것이 문자로 기록되고 있다는 것이었다. 이에 대하여 『화폐·토지 개혁를 통해 온전한 노동 수익을 얻을 권리를 실현』에서는 개혁화폐(Reformgeld)라는 스탬프를 첨가하는 방식의 제원이 이루어졌다. 그것의 형태를 살펴보면 다수의 칸이 인쇄되어 있는 지폐이다. 일정기간 별로 어떤 일정에게 스탬프를 소정의 장소에서 구입하여 공백의 칸에 순차적으로 붙이지 않으면 액면 그대로 사용할 수 없는 지폐다. 본 장에서는 이것을 스탬프화라고 설명하였다. 그 노림수는 이 화폐를 입수한 사람이 가능한 한 빠른 기회에 그것을 사용하는 것을 촉진하는 것이다. 사용하지 않고 있으면 스탬프를 사야만 하기 때문에, 경제 전체로서 화폐의 순환이 촉진되어 결국 경제 활성화에 도움을 주는 것이다(S. Gesell, 2018). 이러한 게젤의 화폐구상은 단지 구상의 영역에 머물지 않았다. 이하에서 보는 것처럼 이 구상은 본인의 사후 얼마 되지 않아 시행에 옮겨졌다.

2. 일반화폐와 병행한 현대 지역화폐의 역사

유럽의 지방 도시에서 대성공한 stamp 지폐와 피셔의 제창

제1차 세계대전에서 패전국이 된 독일은 심각한 경제 불황에 빠졌다. 여기에 대한 대응으로서 자유경제운동이 시작되었다. 이들은 앞서 살펴본 게젤의 구상을 힌트로 하여 1919년 액면가는 마르크와 동등하지만, 시간의 경과와 함께 감가되어가는 스탬프화을 발행하는 조직을 설립하였다. 이름은 베어(Wäre)라고 하였으며 그 조직은 '베어교환협회'라는 이름으로 활동을 시작하였다. Wäre란 Ware(상품, Commodity)과 Währung(화폐, Currency)의 합성어이다(R. Douthwaite, 1961). 베어는 사용하지 않으면 월 1%의 비율로 감가된다. 구체적으로는 액면의 1% 상당의 금액을 매월 지불하고 스탬프를 사 그것을 지폐의 공란에 붙이지 않으면 액면 그대로의 가치를 가지지 않게 되는 화폐였다. 베어교환협회는 이 1%를 운동 추진의 비용으로 충당하였다. 이 베어는 창시한 이후 독일 각지에서 산발적으로 사용되게 되었지만 한동안 경제활동 자체적으로는 지역 단위에서 사용하던 작은 운동이었다. 그런데 1931년 바이에른의 슈바넨키르헨(Schwanenkirchen)에서 갑작스럽게 이것이 주목받게 되었다. 도산한 탄광을 사들인 기업가 헤베커(Hebecker)가 사업을 기획하고 노동자에게 비어의 의의를 설명하고 비어에 의한 임금 지불을 이해시킨 것이었다. 이 탄광 마을의 소매점은 노동자가 비어로 물건을 사기 위해 방문하는 것을 거부하지 않았던 이유를 살펴보면 누구도 물건을 사러 오지 않는 것보다는 어찌 되었거나 사용하러 오는 이쪽이 훨씬 좋았기 때문이다. 그리고 소매업자는 도매업자로부터 상품을 들여올 때 비어로 지불하려고 하여 도매업자도 그것을 거부할 수 없었다. 도매업자는 생산자에게 비어로 지불하고 생산자는 비어를 사용하여 대량으로 구입할 수 있는 것이 특별히 없었기 때문에 슈바넨키르헨으로부터 석탄을 구입하였다. 그리고 석탄이 팔리면 탄광노동자의 고용은 보증되었다. 이러한 이유로 침체의 극에 있었던 이 탄광촌의 경제는 순식간에 활력을 띠게 되었다. 즉, 비어가 촉매가 되어서 실제적인 측면에서는 지역의 석탄이 뒷받침이 되고 이러한 새로운 경제의 순환이 생겨난 것이다(W. Onken, 1999).

오스트리아 티롤 지방에서의 뵈르글(Wörgl)이라는 마을에서도 본질은 이것과 똑같은 화폐가 지역 진흥에 공헌하였다. 이 지역은 4,300명의 지역민 중 500명이 실업자였으며 1,500명이 기초생활수급자에 준하는 위험한 상태에 있고 당연히 지방세의 세입도 정체되었다. 이 곤란한 상황을 타파하기 위해 시장인 미하엘 운텔군겐베겔(Michael Unterguggenberger)

〈그림 3-6〉 미하엘 운텔굳겐베겔
(Michael Unterguggenberger,
1884~1936)
(출처 : https://www.vivomondo.com/)

은 1932년 8월 스탬프화의 발행을 시작하였다.

이 화폐는 지역 이름을 그대로 사용하여 '뵈르글'이라고 불렀다. 이 마을에서는 시장 자신을 비롯한 마을 직원 급료의 반을 뵈르글로 지불했으며, 지방세도 뵈르글로 납부할 수 있도록 했다. 상점주들은 '뵈르글로 물건을 파는 것을 거부하면 경쟁 상대에게 고객을 빼앗길지도 모른다'고 생각하고 뵈르글을 받았다. 그 결과 마을 전체에 뵈르글이 급격히 확산되어 뵈르글을 받지 않는 것은 중앙정부나 좀 더 큰 지방자치단체에서 운영하는 철도의 역과 우편국 뿐이라는 상황까지 발생하였다. 그 결과 세수가 증가하고 공공사업도 가능하게 되어 스키의 점프대 등 레저시설과 저수지의 건설 등과 같은 필수 인프라에 대한 투자가 이루어졌다. 뵈르글이 성공한 이유의 하나는 확실한 뒷받침이 있었기 때문에, 마을 사람들이 안심하고 이것을 경제행위에 사용해서다. 즉, 운텔굳겐베겔 시장은 이 화폐를 실제로 인쇄하여 유통과정에 들어가기 전에 지역의 신용 저축은행과 교섭하여 비축자금을 이끌어내 뵈르글과 독일 마르크와의 호환성을 확실하게 보증하였다. 그리고 뵈르글을 마르크로 교환하는 경우 98%가 보장되었다. 즉, 작은 2%의 감가로 끝나는 것이다. 이렇게 하여 이 마을의 경제 부흥이 시작되는 것을 보면서 오스트리아의 중앙정부는 이때까지 반대하려고 하지 않았다. 하지만 오스트리아 국립은행은 달랐다. 오스트리아 국립은행의 반대 이유는 스스로 발행하는 화폐에 시중 유통량을 제어하는 것이 불가능하게 되어 인플레이션이 일어날 것을 두려워했기 때문이다. 결국 뵈르글은 1933년 9월 1일 금지되었다. 이러한 지역화폐의 시도는 유럽과 마찬가지로 대공황이라는 공격을 받았던 북미에도 퍼져나갔다. 캐나다의 앨버타 주에 그 초기의 실행 예가 있었다. 반면 미국은 예일 대학에서 후버 대통령에 대한 경제정책에 대한 조언도 하고 있던 피셔가 유럽에서의 변화 및 뵈르글에 의한 지역경제 부흥의 모습을 주시하고 있었다. 그리고 기본적으로 그와 똑같은 화폐가 미국에서도 불황 탈출의 정책으로서 가장 유력한 해결책이라고 봤다. 그는 이것의 미국판을 '스탬프 스크립'이라 부르고, 발행 및 운영에 관한 매뉴얼을 정식화하는 데 이르렀다.

본 장에서는 이때까지 게젤의 아이디어를 있는 그대로 실행한 화폐라는 것이 가능한 비어 및 뵈르글이 실제 어떻게 운영되고 있는가를 살펴보았으며, 피셔가 스스로가 속하는 예일 대학이 속해있는 지역인 코네티컷 뉴헤이븐의 시장인 존 머피에게 보낸 1932년 9월 26일자의 편지를 읽어보면 그 상세함을 알기 쉽다. 그는 편지에서 뉴헤이븐시가 스탬프화를 발행할 것을 시장에게 조언하고 있으며, 그 내용은 개개의 수치 등에 대한 약간의 차이가 있으나 기본적으로 비어 및 뵈르글의 운영 실태와 똑같았기 때문이다. 이 편지의 요점은 다음과 같다.

뉴헤이븐 시는 4년 계획으로 유권자 한 명에게 일정액의 스탬프로 재화를 배분한다. 1달러 스탬프는 1달러 지폐와 동급이다. 물론 1달러 스탬프보다 고액의 스탬프가 있어도 좋지만 단순화를 위해 1달러 스탬프 찰을 기본으로 하여 말하면 그 내용에는 26의 칸이 인쇄되어 있다. 이 내용은 격주로 수요일에 시내의 몇 개소 혹은 시 당국이 지정한 장소

어느 쪽에서 1센트를 지불하여 날짜가 붙어있는 스탬프를 사고 그것을 하나의 눈 안에 붙이지 않으면 2주 후에는 가치를 상실한다. 따라서 그 전에 사용하고자 하는 강한 동기가 시민 사이에서 생겨나는 것이다(C. Million, 2020).

즉 시내에서는 미 달러에 비교하여 스탬프 달러의 유통속도 쪽이 훨씬 빠른 것이었다. 또한 이것이야말로 스탬프 화를 발행하려는 노림수였다. 그렇다고 해서 이주 후에 1센트 지불로 다음의 눈금에 새로운 날짜의 스탬프를 붙이지 않으면 그로부터 2주 사이에는 1달러와 등가의 것으로서 사용할 수 있다. 한 장의 찰(scrap)에 26개의 눈금이 있는 것은 1년에 수요일이 26회 있다는 것을 전제로 하였기 때문이다. 4년 계획이었지만 4년분을 한꺼번에 발행하면, 26×4=106개의 눈금이 있는 대형 집회 혹은 통장과 같은 것이 되어버린다. 종이이기 때문에 마모하기 쉽다는 것을 생각하면 1년별로 새로운 차를 교체하는 것으로 하여 4년간 네 번 발행하는 것이 좋을 것이다. 이를 통해 1년에 104센트, 즉 1.04달러의 수입을 얻는 것이 가능하다. 이것을 실행에 옮기기 전의 준비로서 당초 발행하는 스탬프 달러 총액에 해당하는 미 달러 총액의 융자를 받아둔다. 이것은 실제 거의 필요가 없는 조치일지도 모르지만 스탬프 달러가 미 달러와의 태환성을 보증하는 미 화폐라는 시민의 안심감을 얻기 위해, 그렇게 해두는 쪽이 좋다고 생각했기 때문이다[10]. 만약 실제로 태환을 요구하는 사람이 있다면 1스탬프 달러에 대하여 2센트를 징수한다. 예를 들어 손안의 스탬프 찰을 금방 사용하지 않는 경우에도 2주간에

---

10) 실제로 이 방법은 한국의 지역화폐에 적용되고 있으며 지역화폐의 안정성을 보장하는 중요한 장치이다.

한번 1센트 지불만 한다면 1스탬프달러로 1미국 달러 상당의 구입이 가능하기 때문에 일부러 2센트를 지불하여 태환을 요구하는 사람은 실제로는 그렇게 많지 않았다. 계획이 끝나는 시점의 4년 후에 시 당국은 저장해두었던 금액을 그대로 은행에 반제한다. 이 이론에 관하여 은행은 굉장히 높은 이자율을 부과하지는 않을 것이다. 왜냐하면 빌리는 쪽이 신뢰할 수 있는 시 당국이며, 이 경제활동이 활성화되면 그것은 은행업무에 있어서도 이익이 있기 때문이다. 거기다가 시에게는 당초 발행했던 1스탬프 달러에 대하여 1.04달러의 스탬프 수입이 있기 때문에, 그 수입 총액을 사용하여 시내에 있는 스탬프화의 전량을 회수한다. 이것으로 계획은 완료된다. 그리고 1스탬프 달러에 대해 4센트의 이익이 시에 남는다. 피셔는 이러한 내용의 편지를 통하여 스탬프화의 발행에 대하여 뉴헤이븐시의 이점을 시장에게 설명하였다. 그런데 그는 스탬프화의 발행 행태에 대하여 몇 개의 형태를 구상한 것처럼 1933년 간행한 『스탬프화』라는 저작 안에서는 1년의 계획을 기록하고 52개의 묶음(매주 수요일 1년분)이 있는 스탬프화를 제안하고 있다. 이 화는 지방자치체가 판매하는 한 장의 2센트의 스탬프를 매주 붙이는 것으로 유효성을 유지하고, 만약에 원래 1,000스탬프 달러를 발행하면, 그 1년 후에는 1,042달러의 수입이 있는 것이 된다. 이 경우의 잉여금 42달러는, 스탬프의 인쇄비용, 계획 전체의 운용비에 할당하면 된다. 태환 기준으로서의 1,000미국 달러에 대해서는 은행으로부터의 융자에 의한다는 점에서는 앞에서의 1932년의 편지와 똑같지만, 1933년의 저작에서는 그 융자액을 자치체가 자신들이 보관할 필요가 없이 같은 은행에 예금해두면 좋다고 설명하고 있는 점이 재미있다. 즉 이러한 장부상의 조치를 통하여 지방자치단체는 은행에 이자를 지불하지 않고 스탬프달러와 미 달러의 태환성을 확보하는 것이 가능한 것이다.

피셔의 제안에 스탬프달러는 뉴헤이븐시의 경우에는 발행되지는 않았지만, 펜실베이니아 주 리딩 시에서는 리딩 상공회의소가 리딩시에 대한 스탬프화를 발행하였다. Douthwaite(1996)에 의하면 화폐 부족에 의한 전국적인 불황을 지역적으로 극복하려는 이와 같은 스탬프화의 발행 및 물물 교환의 장을 직접 응용하는 사례가 당시 미국에는 300곳 이상의 지방자치단체에서 존재하였다. 하지만 후버 대통령 이후 1933년 3월 4일, 대통령에 취임한 루즈벨트는 취임과 동시에 스탬프화의 발행을 금지하였다. 이 금지 조치의 배경에 무엇이 있었는지 살펴보면 정부는 고용 창출에 도움이 되는 한에 있어 스탬프화의 발행 유통을 용인하는 자세를 취했었지만, 하버드 대의 교수 스프레이그(Sprague)가 '미국의 화폐제도를 너무나도 과하게 민주화시켜 제어 불능으로 만든다'는 의견을 정부 내에 침투시켰기 때문이다. 아는 것처럼 미국의 불황에 대한 루즈벨트가 채택한 정책은 중앙집권적인 뉴딜이었다. 그러나 이후에도 지역화폐의 이상은 사라진 것이 아니다. 다음 장의에서는 그 점에 대하여 설명하고 후반에서 다른 고찰로 넘어갈 것이다.

스위스 프랑과 병행하여 유통되는 화폐 비어

논리가 아니라 실제 논증으로서 게젤의 화폐론의 한 측면을 직접 보여주면서 지금도 진행하는 지역화폐가 있다. 스위스에서 스위스 프랑과 병행하여 넓게 유통되고 있는 '비어(WIR)'다. 이것은 프라이겔트(Freigeld), 즉 이자가 붙지 않는 화폐라는 게젤의 사상으로부터 영감를 받아 출발하여 오늘날까지 65년의 역사를 갖는다는 점이 흥미롭다. 비어는 스위스 프랑으로 움직이고 있는 대기업 및 정부의 경제활동의 규모에 비교하면 소규모적인 범위에서 유통되고 있는 것에 불과하다. 하지만 그것을 발행하는 WIR은행은 중소기업 및 서비스업에 있어서 의지가 되는 자생적인 기업 금융기관으로서 착실하게 스위스 경제의 한 축을 담당하고 있다. 왜 이러한 화폐가 스위스에 탄생한 것인지 이를 좀 더 자세히 살펴보면 1933년대 전반에 스위스 경제는 전 세계적인 대공황의 영향을 받아 불경기에 빠졌다. 이러한 시기에 경제의 활성화 방책을 찾고 있던 사람들 중에 링크라는 협동조합의 창시자였던 워너 짐머맨과 폴 엔즈, 두 사람이 있었다. 그들은 식물 영양, 체육, 환경 보전에 관심이 있는 사람들이었으며 게젤의 구상에 주목하여 이러한 화폐를 통하여 연결되는 기업의 조합을 만들기로 하였다. 이러한 생각에 의해 탄생한 것이 1934년 10월 16일 취리히에서 창설된 WIR 경제 링크 협동조합이었다. 이자가 붙지 않는 신용 대출이라는 점에서 매력을 느끼는 사람들이 많아져 1935년 가입자 수는 1,700명이 되었고 같은 해 말 3,000명을 돌파할 정도로 크게 늘었다. 스위스 정부는 이 조합을 금지하지 않고 은행법을 적용하는 방향을 제시하였다. 조합 측도 이것을 수용하여 조직을 재편했다. 회원은 크게 늘었지만 제2차 세계대전은 스위스 경제에도 큰 타격을 가져왔다. 그 결과 1945년에는 회원이 624명까지 줄어 한때 폐지 위기까지 직면하였다. 하지만 착실한 경영으로 위기를 극복해 1960년 회원 수 12,567명까지 회복했으며, 1980년에는 24,227명까지 증가하였다. 전원은 법인 회원이며 WIR시스템에서는 개인 회원은 인정하지 않는다. 이상과 같은 역사를 갖는 WIR경제 링크는 1997년 7월 1일, WIR은행으로 개칭되었다. 현재에는 8만 명 이상의 회원을 갖는다. WIR 회원이 되기 위해서는 두 가지 방법이 있다. 재화 혹은 서비스를 가맹자의 누군가에게 팔아서 대가를 WIR로 받는 것이 하나이고 다른 하나는 WIR로부터 신용대출을 받는 것이다. 1 WIR은 1 스위스 프랑과 같게 고정되어 있다. WIR 은행에의 지불은 WIR로 이루어져야 한다. 스위스 프랑은 가치의 척도이며, WIR은 지불수단이란 관계로 되어있다. 이런 의미에서, WIR은 상호 신용과 명목화폐의 하이브리드 형태라고 말할 수 있을 것이다(이수연, 2014). 이자가 붙지 않는 화폐라는 점에서 오늘날의 WIR은 창시 당초와 똑같은 원리로 운용되고 있지만, 업무상의 경비가 들기 때문에 차입에 관해서는 이자율이 0일 수는 없다. 하지만 차입 이자율은 연율 1.75%이며 스위스 경제 안에서는 굉장히 낮은 이자율이다. 이처럼 스위스 전토에 확산된 가맹자 간의 WIR이 순환되고 있다.

스위스 바젤의 경우를 살펴보면 라인 강의 양 측에 발달된 마을에서 국제공항을 프랑스의 생루이와 공동으로 사용하고 있다. WIR 은행의 창립은 앞에서 본 것처럼 취리히에서 시작되었지만 오늘날의 WIR 은행은 점포를 취리히와 베른, 루체른, 장크트갈렌, 바젤에 가지고 있다. 그리고 바젤 점이 모든 본사 기능을 하고 있다. WIR에서의 거래에 있어서 중요한 것은 가맹자 전원에게 배포된 명부 및 상품 카탈로그라고 말할 수 있는 리스트이다. 두꺼운 리스트에는 은행을 중심으로 한 회원 리스트와 레스토랑, 호텔 등의 제3차 산업에 속하는 회원 리스트의 두 개의 책이 있다. 이것을 보는 것으로 어떤 회사라면 어떠한 품목에 대하여 WIR로 거래 가능한가를 알 수 있다. 어떤 레스토랑이 스위스 프랑 없이 WIR로 식사가 되는지도 알 수 있다. 호텔 숙박에서도 마찬가지이다. 단지 WIR을 100% 비율로 받는 사업자가 전부가 아니라 50% 혹은 그 외의 비율로 하고 있는 곳도 있다. 이러한 두 책의 리스트로 볼 수 있는 업종은 거의 모든 분야에 걸쳐 있으며, 스위스 경제의 축약도가 여기에 있다. 그런 반면 스위스에 단기간밖에 체재하지 않는 여행자에게 있어서는 WIR가 스위스 프랑과 병행하여 전국 유통되고 있다는 것은 알기 어려울지도 모른다. 왜냐하면 WIR 시스템에는 화폐가 있는 것이 아니라 카드와 통장만으로 운용되기 때문이다. 만약 스위스가 유로에 가맹하게 되면 그 경우에는 가맹에 동반하여 스위스법이 어떻게 개정되는가에 따라 달라진다. 개정의 방향이 스위스 국내에서는 WIR의 존속을 허가하는 것이기 때문에, 예를 들어 1WIR=1유로와 같은 비율을 결정하고 종래처럼 WIR의 틀은 존속할 예정이다. 이처럼 스위스의 일반 은행과 같은 업무를 겸용할 준비는 진행되고 있으나 결국 가맹이 불발됨에 따라 그대로 존속되었다.

3. 세계 각지의 새로운 지역화폐

WIR는 스위스에게 있어서 병행화폐제도(Parallel Currency System)가 옛날부터 확립되어 있다는 것을 제시한 것이지만 1980년대가 되어 그것과는 별도의 새로운 발상에 기초한 지역화폐 혹은 병행화폐가 세계 각지에서 지속적으로 탄생되기 시작하였다. 그 지리적 범위는 유럽, 북미 대륙뿐 아니라 오스트레일리아, 뉴질랜드, 아르헨티나 등 거의 세계적이라고 말할 수 있는 여러 지역에서 이루어지고 있다. 여기에서는 그러한 것들 중 몇 개를 취급하여 각각의 특징을 비교한다.

영연방, 프랑스, 독일 등의 LETS 방식의 지역화폐
1983년, 캐나다의 브리티쉬 콜롬비아 주 밴쿠버 섬에서 지역교환 거래시스템(Local Exchange Trading Sysytem)의 시도가 시작됐다. 영어의 두문자를 취하여 LETS라고 부른다. 조지아 해협에 닿고 있는 코목스 밸리라는 작은 도시가 바로 그 지역이었다. 제창자인 마이클 린턴(Micahel Linton)은 작은 해안을 끼고 코목스 밸리에 있는 커트나라는 마을의 자영점주였다. 린턴은 당시 실업자가 많았던 이 지역에서는 무언가 새로운 것을 강구하지 않으면 장사가 되지 않는다고 느꼈다. 그리고 캐나다 달러를 매개하지 않고 생산물 및 서비스가 교환 가능하다면, 예를 들어 소득 수준이 낮더라도 충분하게 생계가 성립하는 지역사회가 가능할 것이라고 생각하였다. LETS는 정기적으로 회보를 발행하고 그 안에서 누가 어떠한 생산물 및 서비스의 제공을 행하고 누가 그것을 구매했는가를 표로 만들어 멤버에게 알려준다. 각 멤버는 이 정보에 기초하여 상호 연결을 취하여 대가의 교섭을 행한다. 여기서는 '그린달러'라는 독자의 계산 화폐를 사용하고 있다. 그린달러에 의한 거래가격이 결정되고 실제로 거래가 이루어지면 그 결과는 LETS의 사무소에 보고되어, 각 멤버의 계정에 기록된다.

밴쿠버 섬에서 시작된 이 시스템은 온타리오 주의 대도시 토론토 등에서도 시도하는 사람들이 출현하였지만 캐나다 국내에서는 그렇게 크게 확산되지는 못했다. 영국에도 LETS에 관심을 갖는 사람들이 출현하여 1985년 노포크의 그룹이 만들어졌지만 크게 관심을 주지 못했다. 그런데 오스트레일리아 및 뉴질랜드 등 이러한 국가에서는 확산이 시작되었다. 오스트레일리아의 경우 퀸즈랜드 주에 멜라니라는 작은 마을에서 1987년 최초의 LETS 그룹이 탄생하였다. 그 제창자는 캐나다에서 LETS를 보고 자신들의 마을에의 도입을 생각했다고 한다. 더 나아가 다음 해인 1988년에는 시드니 교외의 블루마운틴을 포함하는 4개의 지역의 그룹이 탄생하였다. 시드니 올림픽에 의해 활황을 누리고 있던 오스트레일리아

의 경제였지만 당시의 오스트레일리아의 경기 후퇴에 동반한 실업자의
속출, 공공 서비스 수준의 저하라는 문제가 있었다. 이것 때문에 LETS를
통해 이러한 문제를 대처할 수 있지 않을까 하는 기대가 높아져서 1990
년대에 들어와 그룹의 수는 급격히 늘었다. 뉴질랜드의 경우도 상황은
비슷하다. 1987년 뉴질랜드는 경제 위기에 의한 불안감이 확산되던 때였
다. 이러한 사회 배경 아래 1989년 과거의 노동조합 운동가였던 빌 브래
드포드(Bill Bradford)가 오클랜드에 LETS를 탄생시켰다. 그때 그는 작업장
을 잃고 자기 자신의 존재가치를 측정할 방법이 없는 한 실업자가 스스
로의 존엄을 찾을 수 있도록 LETS가 도움이 된다고 생각한다고 하였다.
그린달러로 상호 간의 거래를 행하는 LETS 그룹이 각지에서 속출하고
그 수는 1991년까지 40곳에 달했다. 그 단계에서의 참가자 총수는 약
3,000명이었다. 그렇게 큰 인수는 아닌 것처럼 생각될지 모르지만, 이것
은 뉴질랜드 총인구의 0.1%에 해당하는 수이며 실제로 무시할 수 없는
크기라고 말할 수 있다. 따라서 처음에는 아주 소수의 사람들의 관심사
밖에 없었던 LETS이었지만 1990년대에 들어가면 옥스퍼드를 시작으로
하는 각지에서 각각의 지역특성에 맞는 형태를 취하여 급속하게 확산되
기 시작하였다. 그룹 단위로서는 70명 정도부터 200명 정도의 것이 대부
분이고, 말하자면 얼굴이 보이는 범위에서 정리되고 있는 경우가 시스템
이 지속적으로 유지되는 형태이다. 참가의 동기에 대해서는 개개인 다양
하지만 지역 진흥, 환경 보전, 페미니즘을 시작으로 그룹별로 추구하는
것도 다양하다. 프랑스에서는 SEL(지역 교환시스템, System d'echange local의
약칭)의 이름으로 보급되기 시작했다. 당시에는 도시에서 확산되었던 영
국의 경우와 달리 프랑스의 경우 농촌지역인 남서부의 아리에 주 현 미
르보아 거리에서 1994년에 발족되었다. 1996년에 50개소였던 SEL의 수

는 1997년에는 225곳이 되었고, 1998년에는 321개소까지 확대되었다. 동서 통일 후의 독일에 있어서도 교환 링크라는 이름 하에서 LETS 방식의 지역화폐 시스템을 창출하는 그룹이 증가하고 있다. 최근에는 아르헨티나 등에도 똑같은 그룹이 계속해서 탄생하고 있다.

자선활동 형태의 지역화폐, 미국의 타임 달러

미국 워싱턴 특별구의 변호사인 에드거 칸(E.S.Cahn)은 1980년대 초에 병원에 입원했을 때 미국 내에서 시행되는 자선 활동의 형태에 의문을 갖기 시작했다. 그는 자선이 의미가 있는 것은 당연하나 '가진 자가 갖지 못하는 자에게 행하는 상하 관계'이며, 타인으로부터의 조력을 필요로 하지만 실제로는 이러한 관계를 가지고 싶지 않다고 생각하는 사람도 많이 있을 것이라고 생각하였다. 그리고 개척시대의 미국을 돌아보고 개척민 사이에서 상호부조가 융성하였던 것을 다시 한번 생각하였다. 거기에는 금전의 주고받음을 매개로 하지 않는 농기구의 대출로 전형적으로 보이는 만남이 있었던 것은 아닐까라는 생각에서 시작되었다. 칸은 한국의 두레와 같은 상호부조를 알고 있지 못하였으나 이러한 두레나 품앗이 등의 방법이 미국 내 커뮤니티를 활성화시켜 문제점을 회복할 수 있는 방안이라고 생각하였다. 그는 사회 차원에서도 무언가를 매개로 사람과 사람이 연결될 수 있다고 생각하였으며, 빈부의 차에 관계없이 노예제 사회가 아닌 이상 모든 사람이 갖고 있는 '시간'에 주목하였다. 그 시간을 주고받는다면 각 사람이 필요로 하고 있는 것을 모두 충족할 수 없으나 부분적으로는 가능할 것이다. 반면에 칸은 자선활동에 대해서도 생각을 하고 있었다. 자선활동은 그것이 무상의 행위이기 때문에 자선이지만, 어떤 형태이거나 그것을 평가하거나 기록해야 한다는 입장이었다. 하지만 그는 이것 또한 다른 방식으로 바꾸어야 한다고 생각했다. 금전적으로는 무상이어야 하더라도 무언가의 평가가 있으므로 어디가 잘못되었는가와 같이 평가가 있는 것으로 원래의 자선활동 등을 일체 할 생각이 없었던 사람이 하게 될지도 모른다는 생각이었다. 이는 '도움이 필요한 사람을 돕고, 그 활동이 시간을 저축해 보상을 받을 수 있어 자선활동에 참가하는 사람이 늘면 사회 전체로서는 결코 나쁜 것은 아니지 않는가'라는 아이디어로 발전하였다. 이러한 고민의 결과로 시작된 것이 '타임 달러'라는 자선활동 노동의 호혜를 용이하게 하는 제도이다.

지폐 발행을 동반하는 뉴욕 주 북부의 이타카 아워(Ithaca Hours)

미국 뉴욕 주 북부의 이사카 시에서는 이사카 아워라는 지역화폐가 지역 내의 재화 및 서비스 교환에 일정한 역할을 하고 있다. 이것은 은행 계좌상의 화폐가 아니라 지폐이므로 이것에 의해 사용하기 쉽다는 장점이 있으며 시내와 교외에서도 크게 보급되었다. 미국 정부는 1991년 걸프전을 일으켰다. 반면 코넬 대학의 마을로서 알려진 이 작은 시에서는 실업자가 많았다. 이러한 상황에서 연방의 막대한 돈이 전쟁에 쓰이는 것에 대하여 폴 글로버(Paul Glover)라는 저널리스트는 회의감을 느꼈다. 그는 이를 극복할 방안 중 하나로 이전부터 LETS에 관심을 가지고 있었지만 그 한계와 운영상의 복잡함을 느끼고 있었다. 여기서 한계란 자신이 제공 가능한 것, 자신이 원하는 것에 대해 LETS의 멤버가 되지 않으면 알 수 없다는 점이다. 번잡함이라는 것은 사고자 하는 품목과 팔고자 하는 품목을 LETS 사무국의 컴퓨터를 통해 자신의 PC에서 보지 않는 이상 알 수 없으며, 거래에 참가하는 것도 불가능하다는 점이다.

따라서 글로버는 참여하는 사람을 확산시키기 위해 전자 정보에 전면적으로 의존하지 않고 끝내기 위해서도 지폐를 발행하는 쪽이 좋다고 생각하였다. 그리고 제공 희망 품목과 입수 희망 품목은 시민에게 배포하는 신문에서 공개하는 것으로 하였다. 이렇게 탄생한 것이 이사카 아워라는 지역화폐다. 이사카 시에 있는 톰프킨 지역의 평균적인 시급인 10달러로 고정되어 있다. 지폐는 인쇄가 기본적이며 이것으로 이 시스템에 참가하고 있는 가게에서 쇼핑을 한 경우 지불이나 개인 간의 재화, 서비스를 주고받는 데 사용할 수 있다. 가맹점은 400곳에 이르고 대부분은 식료품점과 잡화점이다.

이러한 성공의 이유는 이사카 시의 특색에서 찾아볼 수 있다. 미국 농업이라고 하면 대규모적 기계화 농업이 먼저 머리에 떠오른다. 그러나 뉴욕 주 북부는 예외로 소규모 농가가 많다. 이사카 시 주변은 소규모의 유기농법을 취급하는 농가가 많았으며, 이를 이사카 아워를 활용하여 마을 전체에 지원해 지역 농업과 환경을 지킬 수 있었던 것이다. 이러한 토양 위에서 탄생한 이사카 아워는 시내에서 물건과 서비스의 교환이 활발하도록 돕고 교외 유기농산물의 생산자로 시내의 소비자를 연결시키는 역할도 하고 있다. 그리고 이러한 시도는 이사카 뿐만의 것이 아니다. 캘리포니아 주의 버클리 시에서 '브레도'라는 이름의 지역화폐가 사용되는 등 이사카 아워와 운영의 방식이 기본적으로 같은 지역화폐가 유통되고 있는 지역이 이밖에도 몇 개 더 있다.

감가하는 것으로 지역 복지를 증진시키는 토론토 달러

1998년 12월 5일, 캐나다 온타리오 주의 토론토 시에 있어서 토론토 달러라는 새로운 화폐가 등장하였다. 그리고 지역사회에 넓게 침투하기 시작하였다. 지폐의 유무라는 점에서는 토론토 달러 역시 독자적인 성격을 갖는 지역화폐이다. 과거에 노스 요크시의 명물시장으로 알려지고 노스 요크시 구, 토론토 시를 포함하는 약 6개의 시가 합병하여 새로운 토론토 시가 만들어졌을 때 그 시장이 되었던 멜 라스토만 자신이 이것을 강하게 지지하였다. 청년 시절에 폴라니에게 배우고 그 후 노년기의 그의 협력자가 되었던 토론토 대학의 경제학자 에이브러햄 로드스팅도 이것을 지지하고 있다. 이 토론토 달러를 살펴보면 그것을 캐나다 달러로 환금하려고 하면 90센트밖에 되지 않는다. 그 차액 10센트는 이 시스템을 운영하는 협회에 유입되고, 지역사회의 복지와 소규모 창업 시도의 융자 등에 사용된다. 이것을 보기 쉬운 식으로 나타내면 다음과 같다.

토론토 달러 등식
캐나다 달러 100 = 토론토 달러(명목 100, 실질 90)
+(지역진흥 복지기금 10)…

토론토 달러는 다운타운의 쇼핑명소인 세인트로렌스 마켓을 구성하는 다수의 소매점에서의 쇼핑에 사용할 수 있는 것과 함께 취지에 찬성하는 의원들과 변호사 사무실 등에서도 캐나다 달러와 마찬가지로 사용할 수 있다. 캐나다 달러를 대표하는 도시은행의 하나인 캐네디안 임페리얼 상업은행(통칭 CIBC)도 이 시도에 호의적이며, 캐나다 달러와 토론토 달러의 교환 업무를 행하는 창구를 설정하고 있다. 지폐를 갖는 시스템은 앞에서 서술한 대로 지폐가 되면 위조의 위험이 따른다. 토론토 달러는 캐나다 달러를 인쇄하는 곳과 같은 인쇄소에서 인쇄되고 있다. 즉 국민화폐로서의 캐나다 달러가 위조하기 어려운 것과 같은 수준으로 위조가 어렵다는 것이다. 화폐가치가 명확한 비율로 감가된다는 의미에서 볼 때 이 토론토 달러는 현대의 브락테아테라고 말할 수 있을 것이다.

공적인 부분을 활발하게 하는 화폐

여기서 환경문제에 눈을 돌려보면 기존의 환경 경제학 및 환경 행정에 있어서 다양한 환경 문제의 해결을 위한 정책으로 직접 규제, 탄소세의 제안으로 대표되는 환경세, 오염물 배출권 시장, 국제간에서의 공동 실시의 제안으로 대표되는 국제정치적 수단 등이 논의되어 왔다. 하지만 금융론 및 화폐론에서 환경문제를 검토한 작업은 적어도 한국에서는 이때까지 거의 없었다. 현대 사회 안에서는 돈이 순환하는 것으로 경제 활동의 대부분이 성립하고 있다는 것을 생각하면, 이것은 조금 부자연스러운 것이라고 말할 수밖에 없다. 환경 파괴적인 활동에 투하되는 돈도 돈이 있다면 역으로 환경 보전을 위한 돈을 쓰려는 방향도 있을 수 있으므로 화폐, 금융론적으로 환경 문제를 접근하는 것도 중요하기 때문이다.

최근 전 세계적인 경제 불황이 지역에까지 미치면서 각 지자체들은 공공사업의 재정 지출을 확대해 지역경제 활성화를 도모하고 있다. 하지만 기존의 사업을 보면 환경 파괴적인 공공산업이 많았기 때문에 지금 공공사업을 점점 진행시킨다 하더라도 환경을 보전하는 방향으로의 국민적 합의는 얻기 어렵다. 그렇다면 어떻게 하면 좋은가. 여기서 공공이라는 단어의 의미를 살펴보고자 하지만 적어도 경제 문제를 논하는 경우에는 공적인 부분과 지역의 공동체를 나누어 생각하는 쪽이 좋다. 무로타(室田, 1979)는 경제사회를 공적인 부분, 공동체 부분, 민간의 복합체로 나눌 것을 제안하였다. 여기서 공적인 부분이란 중앙정부에서 보이는 공권력, 혹은 공공 부문이다. 민간은 사적 이익을 추구하는 사적 부분, 다른 말로 민간 부문이다. 통상의 거시 경제학 및 미시 경제학의 이론에서는 경제가 마치 이러한 공적인 부분과 민간으로만 구성되어 있는 것처럼 이야기하지만, 이는 현실의 경제를 잡아내지 못한다. 공동체, 혹은 영어로 commons라는 의미에서의 공동체 부분 없이 경제사회는 잘 작동하지 않는다. 공적인 부분과 민간만의 세계에서는 사람들은 살 수 없다. 복수세대 가족과 지역사회라는 울타리 안에서 사람과 사람의 연결이 명확하게 존재했던 시대에는 이러한 자신이 공동체 부분에 있었다. 경제학은 그동안 이러한 연구는 사회학자에게 맡기면 된다는 입장을 취해 왔다. 하지만 핵가족화의 연결선상에서 고령사회가 도래하여 노인의 독거생활이 증가하고, 대도시 근방의 주택단지에 있어서는 알지 못하는 사람들 사이에 지역적 연결이 희박해지는 현재의 사회 상황을 확인하면 공동체 부분이 빈약하다고 말할 수 있을 것이다.

이러한 시대에서 현재의 경제학은 반대로 공동체 부문을 어떻게 재구축해갈 것이냐 하는 새로운 과제를 담당해야 한다. 최근 세계 각지에 일어나는 지역화폐의 시도를 생각할 때 우리나라 역시 국가 권력만이 발행하고 관리하는 국민화폐와는 다른 화폐의 유통으로 환경을 보전하며 지역사회의 재생을 이뤄내려는 시도는 현실적이라고 판단된다. 예를 들어 산림을 가꾸려고 해도 국유림이나 사유림이나 오래된 임업 불황에 때문에 산림 육성에 필요한 여러 노력이 결여되어 있는 지역이 많다. 황폐한 산은 자연재해를 일으키기 쉽다. 임업 문제가 그 범위에 머물지 않고 언제부터인지 환경문제가 되어버렸다. 하지만 삼림을 육성하는 작업은 당장 이익이 생길 가능성이 없는 활동이다. 그렇기에 볼런티어 활동에 기댄다 해도 무상의 볼런티어에게만 의존해서는 실제적인 작업은 그렇게까지 진전되지 않는다. 이러한 현상에 있어서 지역화폐가 중요한 역할을 할 수 있는 것은 아닐까.

외국 환율 시장을 통해 글로벌적인 투기의 수단으로도 사용되고 있는 법정화폐와 달리 별개의 지역화폐의 발행과 유통을 법적으로 허용하는 것에 의해 공동체적인 여러 부문이 새롭게 재생된다면 환경 파괴적인 공공사업 또는 공적 사업에 거액의 세금을 투자한다는 우를 범하지 않더라도 사회 전체가 활기 띨 수 있을 것이다. 그리고 지역화폐만의 가능성을 한정하지 않고 스위스의 WIR처럼 국민화폐와 병행하여 유통되는 다른 하나의 화폐를 구상해보는 것도 의미가 있다.

21세기형의 지역 병행화폐를 향하여

비어 및 뵈르글은 국가 권력에 의해 아주 단시간 안에 종식되었지만, 지역경제의 진흥에 있어서 훌륭한 성과를 올렸다. 본장에서 게젤-케인즈 방정식이라고 이름 지어진 공식은 이러한 역사에 비추어 볼 때 대량실업 시대에 투자 및 소비를 촉진시키고 고용을 늘리는 방향으로의 금융정책의 형태를 명시하는 하나의 표현으로 앞으로도 이론적이며 실천적 의미를 가질 것이다. 예를 들어 우리나라 경제의 현황을 볼 때 0.1~0.5%라는 초저금리시대가 벌써 오랫동안 이어지며 신규 투자는 활발하지 않다. 소비도 늘어나지 않는다. 정부는 공공사업을 벌여 경기회복을 노리지만 5% 전후의 실업율은 그렇게 간단하게 해소될 것 같지 않다. 이러한 상황에서 기존 정책들의 효과를 기대하기는 힘들다. 반대로 현대의 한국 경제는 지금까지 벌여온 공공투자와 민간투자, 소비는 더 이상 대량으로 필요로 하지 않는 구조가 되었다는 견해가 타당할 것이다. 눈앞에 있는 한국 사회는 도로 건설 등 인프라 확충이나 자동차 및 가전제품 대향 생산 등을 대규모적으로 벌일 것을 요구하지 않는다. 이러한 의미에서 토론토 달러의 등식은 시사할 점이 많다. 화폐의 감가를 주장하고 있는 점에서 토론토의 경우는 게젤-케인즈의 방정식과 공통이라고 말할 수 있지만, 이 두 개의 식이 추구하는 것은 필연적으로 같은 것은 아니다. 토론토 달러는 캐나다 달러와의 관계에서는 감가한다. 그 감가상각 분은 지역 사회의 복지로 충당되지만 국내 총생산의 성장에 공헌할 것인지는 보장할 수 없다. 하지만 캐나다, 미국, 우리나라와 같이 벌써 물질적인 면에서 포화되어 있는 경제사회에 있어서 요구되는 것은 '살기 좋은 지역사회'이다.

따라서 다음과 같은 화폐의 창출을 검토해보는 것도 의미가 있다. 즉 감가분이 환경 개선을 향한 여러 활동을 위한 원초적 자금의 일부가 되는 화폐이다. 이러한 환경 화폐는 한 종류일 필요는 전혀 없다. 지역성을 특히 중시할 필요가 있는 경우에는 다수의 지역에 각각 지역화폐를 유통시키면 좋고, 법정화폐와 병행하여 전국으로 유통하는 광역 환경화폐를 구성해도 좋을 것이다. 법정화폐만 의존해서는 지속 가능한 경제를 전망할 수 없는 시점에서 법정화폐를 보완하는 21세기의 화폐와 금융 시스템이 요구되고 있다고 생각한다.

4. 영국의 지역화폐들

스코틀랜드의 병행화폐의 존재

하나의 국민국가에 한 종류의 법정통화라는 제도는 절대 보편의 법칙이 아니다. 1844년 영국은 「잉글랜드 은행 특허장 조례」에서 '1국 1통화

제도를 지향해야만 한다'고 언급했다. 빌 조례라는 약칭으로 알려져 있는 이 법률은 영국은행에 특별한 지위를 보장하였다. 하지만 통화 발권 은행의 신설을 금지했을 뿐 기존 은행은 독자의 은행권을 꾸준히 발권 하였다. 그 체제는 지금도 존속되고 있다. 21세기 초 현재의 영국에서는 범용성이 높은 잉글랜드 은행권 외에도 지역성이 강한 일곱 종류의 은행권도 합법적으로 유통되고 있다.

스코틀랜드는 Royal Bank of Scotland, Bank of Scotland, Clydesdlae Bank 등 세 개의 은행이 각각 독자적으로 은행권을 발행하고 있다. 앞의 두 개 은행의 본거지는 에든버러, 세 번째 은행의 본거지는 글래스고이다. 제1차 세계대전 직전에는 이러한 독자의 합법통화를 발행하고 있는 은행이 여덟 개였지만, 그 후 흡수합병 등으로 지금은 위에 언급한 세 개의 은행만 남았다. 이 은행들은 잉글랜드 은행권의 보유고를 넘지 않는 범위 내에서 독자의 발권이 인정되고 있으며 각각 1파운드는 영국의 1파운드와 같다. 그렇다고 『화폐발행의 자유화』(하이에크, 1976)에 있어서 하이에크가 주장하려 하는 통화 발행의 국가 독점 폐지와 자유화가 스코틀랜드에서 실현되고 있다는 것은 아니다. 때문에 영국 파운드와 이름은 다르지만 실체는 그것과 동일한 은행권이 세 종류 있다는 것에 불과하다는 주장도 가능하다. 하지만 영국 파운드를 사용하는 것도 가능하지만 그것과는 별개의 세 종류의 은행권도 많은 사람들의 신뢰를 얻어 유통되고 있다는 사실을 어떻게 설명하면 좋은지 살펴보면 이러한 스코틀랜드의 은행권은 잉글랜드 및 웨일스에서는 통화로서의 효력이 약간 약해진다. 그렇다면 그것은 스코틀랜드의 내부에서 순환될 수밖에 없다. 그러한 제약은 보는 각도에 따라서는 스코틀랜드 경제의 발전을 스스로 억누르는 것이라고 말할 수도 있다. 하지만 역발상도 가능하다.

즉 이러한 제약은 만약 그것에 활발한 지역 내 순환이 없다면 잉글랜드 경제의 강함에 억눌려질 수밖에 없는 스코틀랜드 경제에 있어서 반대로 이점이었다는 견해가 그것이다.

로열 스코틀랜드 은행권, 스코틀랜드 은행권 및 클라이스테르 은행권의 발행고 합계는 1997년 17억 1,800만 파운드였다. 1983년에 약 6억 5,000만 파운드, 1985년에 약 7억 파운드와 비교하면 십수 년 사이 대폭 성장한 것이다. 역외에 유출되는 것 없이 스코틀랜드의 기업 및 가계 사이에서만 순환하는 이러한 세 은행의 은행권에 관하여 외환거래 기간이 어느 정도 유효화되어 있으며, 정기적으로 교환되어지고 각각 그것을 발행한 은행으로 환원되어 간다. 소액의 지폐도 있지만 현재 가장 많이 사용되고 있는 것은 각 은행의 20파운드 화폐라고 한다. 영국에서는 「1844년 잉글랜드 은행 특허장 조례」가 지금도 효력을 가지고 있기 때문에 발권은행을 새로 설립하는 것은 불가능하다. 하지만 이 세 개의 은행은 그 조례 설립 이전부터의 관행을 권리로서 보유하고 있는 것이다. 잉글랜드 은행이 발권하는 지폐는 잉글랜드와 웨일스에 있어서만 법화인 것이다. 여기서 법화란 강제적인 통용력을 갖는 통화라는 의미이다. 그렇다면 영국을 구성하는 다른 두 개의 지역, 스코틀랜드와 북아일랜드에서는 어떻게 되어 있는가를 보면 스코틀랜드에서는 세 종류의 지방은행권이 통용하고 있고, 북아일랜드에서도 네 종류의 지방은행권이 통용되고 있다. 따라서 영국 은행권은 이러한 두 개의 지역에서는 법화일 필요가 없는 것이다. 단지 잉글랜드 은행이 발행하는 코인은 영국 전체의 법화로서 무제한적인 강제 통용력을 갖는다.

필 조례와 영국, 아일랜드 통화사

대륙 유럽의 12개국에서는 각각 독자의 국민통화를 폐지하고 국경을 넘어서는 유로화 하나로 통일하였는데 왜 영국에서는 한 개가 아니라 8종의 은행권이 지속적으로 유통되는 것인지 확인해볼 필요가 있다. 그 점을 생각하기 위해 영국의 은행사를 간략하게 되돌아보고자 한다. 여기에는 이에 대해서는 필연적으로 잉글랜드의 역사도 관계되고 있다. 영국에 있어서 근대적인 의미에서의 은행이 처음 창설된 것은 1694년이며 잉글랜드 은행이 그것이다. 유럽 전체를 보면, 벌써 그 이전부터인 1609년에는 암스테르담 은행이, 1656년에는 스웨덴 은행이 각각 창립되었다. 암스테르담 은행이 민간인에 의한 것인데 비해 스웨덴 은행은 정부의 밀접한 관여하에서 만들어졌다. 잉글랜드 은행의 경우는 국책적 성격이 강하고 민간의 주식발행 은행으로서 런던에 설치되었다. 그다음 해인 1695년에는 스코틀랜드 왕국의 수도 에든버러에서 스코틀랜드 은행이 창립되었다. 유럽 최초의, 그리고 세계에서도 최초의 국가로부터는 독립된 개인의 출자에 의한 민간자본의 은행이었다. 그런데 잉글랜드 왕국은 스코틀랜드를 자신들의 지배하에 놓기 위해 계획을 지속하였다. 그리고 결국에는 1707년 스코틀랜드의 국왕과 잉글랜드의 국왕 사이에 연합조약이 성립하였으며 그것에 의해 스코틀랜드 의회는 소멸되었다. 이렇게 정치적 독립성을 잃게 된 스코틀랜드이지만 스코틀랜드인은 벌써 자유주의적인 은행경영이 특징으로 오늘날에 이르기까지 그것을 자랑스럽게 생각하고 있다. 1727년에는 로열 스코틀랜드 은행이 에든버러에서 창립되었으며 그 후에도 새로운 은행 창설이 지속되었다.

반면 아일랜드는 옛날부터 이 섬에 살고 있던 것은 잉글랜드, 웨일스, 스코틀랜드의 경우와 마찬가지로 켈트계 부족이었다. 432년에 도래했다고 하는 성 패트릭이 크리스트교를 확산시켜 그 후 가톨릭이 강한 지역이 되었다. 하지만 노르만인도 이 섬에 관심을 나타내며 진출했기 때문에 선주자와 신참자 사이에 전쟁이 자주 일어났다. 17세기가 되면 영국의 제임스 1세는 얼스터 지방의 영국 국교회 및 장로파 교회에 귀의하는 프로테스탄트를 다수 입적시켜 아일랜드의 지배를 본격화하였다. 1801년에는 아일랜드 의회가 폐지되고 아일랜드는 그레이트 브리튼 아일랜드 연합왕국의 일부로 들어갔다. 이러한 정치 상황에서 1824년 로잔 은행이 창립되었다. 이처럼 잉글랜드, 웨일스, 스코틀랜드, 아일랜드에서 지속적으로 창설된 은행의 대부분은 스스로 은행권을 발행했었지만 이러한 은행권은 민간의 경제활동에 있어서의 윤활유와 같은 것으로 국가가 관리하는 것은 아니었다.

1833년 이해의 입법으로 잉글랜드 은행권은 영국의 법화로서 정해졌다. 그렇다 하여 이것은 다른 은행이 발권하는 것을 배제하는 것은 아니었다. 보다 구체적으로는 런던보다 65마일 이상의 지방에서의 주식 발권 은행의 설립은 인정되었다. 1836년에는 아일랜드의 벨파스트에서 얼스터 은행이 창립되었지만 기존에 본 것처럼 이 은행도 오늘날에 이르기까지 발권 은행으로 존속하고 있다. 1838년 5월 7일에는 오늘날에 클라이스텔 은행의 전신인 Clydesdale Banking Company가 글래스고에 본점을 두고 에든버러에 유일한 지점을 갖는 발권은행으로서 창립되었다. 하지만 통화발행권을 잉글랜드 은행에 집중시키려는 정치가들의 의향도 강력하여, 1844년에는 영국은행 특허장 조례가 제정되었다. 이것은 보수당인 토리당의 정치가 Sir Robert Peel(1788~1850)를 수반으로 하는, 말하자면 제2차 필 내각 하에서 제정되었기 때문에 필 조약이라고 약칭된 것이다. 정식 명칭은 An Act to regulate the Issue of Bank Notes, and for giving to the Governor and Company of the Bank of England certain Privileges for a limited Period(7&8 Vict. c.32)이다. 이것은 잉글랜드 은행을 발행부와 은행부로 기능을 분할하고 은행권 발행을 일정액 이상 전액 정화(正貨) 준비 제도로 하는 것을 결정하였으며 더 나아가 영국 은행 이외의 은행에 은행권 발행액에 제한을 부과하는 것이었다. 그리고 이 조례는 신규로 설립된 은행이 독자의 은행권을 발행하는 것을 금지하였다. 단지 기존의 발권은행은 종래 그대로 은행권 발행의 관습을 없애지는 않았다. 이 점을 스코틀랜드에 대해 조금 자세히 살펴보면, 이 1844년의 법률의 입안자들은 당시 19개였던 스코틀랜드의 발권은행을 설득하여 발권을 일원화시키지는 못했다. 단지 위에서 본 것처럼 발권은행의 신설은 금지하였다. 더 나아가 다음 해 1845년의 입법 조치에 의해 스코틀랜드의 은행에 대해서는 전례가 없는 제약이 부과되었다. 즉 발권에는 금본위제와 같이 그 금액에 응하는 금 준비가 요구된다는 것이다. 왜 이러한 엄밀한 제한이 설정되었는가 하면 그것에 의해 스코틀랜드의 은행이 영국으로 진출하는 것을 예방하려 한 것이다. 1845년 말에 스코틀랜드에 있던 은행 중 발권하고 있었던 것은 17개의 은행이었지만 1850년부터 1878년 사이에 그 수는 10개로 줄었다. 그 이후는 합병이나 합병을 위장한 사실상의 도산이었다. 이처럼 그 후에도 발권 은행의 수는 감소했지만 없어지지는 않았다. 이것이 스코틀랜드에 있어서는 21세기 초에서 오늘날에 이르기까지 8종의 은행권이 유통되는 법적 근거이다. 그리고 1999년에 스코틀랜드는 독자의 의회를 회복하였다. 다음으로 아일랜드에 주목하면, 19세기 후반의 상황과 20세기에 들어서도 아일랜드인의 민족의식은 끊이지 않고, 제1차 세계대전 중인 1916년, 그들의 일부는 나중에 이스터 봉기라고 불리는 무장봉기를 일으켰다. 이 봉기 자체는 영국군에게 진압되었지만, 지도자의 총살 등으로부터 아일랜드인 사이에서는 이전보다도 민족감정이 높아져, 독립을 주장하는 신페인당의 영향력이 확산되었다. 그리고 이 당의 지도 하에 1919년 더블린에서 제1회 아일랜드 국민의회가 개최되었다. 하지만 아일랜드 북부의 프로테스탄트는 가톨릭 중심의 아일랜드를 원하지 않았고 그 결과 북아일랜드는 연합 왕국 내에 머물게 되었다. 그리고 1922년, 북아일랜드를 제외한 남부지역이 아일랜드 자유국으로서 연합왕국으로부터 독립했다. 단지 이것은 완전한 독립이 아니라 영연방 내의 자치령으로서의 독립이다. 아일랜드의 자유국 내의 5개의 은행은 각각 스스로의 이름으로 은행권을 발행하는 권리를 확보했다. 반면 연합 왕국 내에 머물렀던 북아일랜드의 중심도시는 벨파스트지만 거기에 본점을 갖는 Belfast Banking Company는, 1923년 아일랜드 자유국 내에서의 사업을 전부 중단하고 지점 전부를 지금 아일랜드 자유국의 은행이 되어버린 로열 아일랜드 은행에 매각하였다. 정치적으로 영국으로부터 독립한 이상 경제적 자립을 시도해야 하는 아일랜드에서는, 독립국으로서의 통화를 어떻게 할지 의논하였다. 그 결과 1927년, 과거와는 대폭적으로 다르지 않은 제도의 노선을 정하는 형태로 아일랜드 통화법이 성립되었다. 이 법은 의논을 지속하는 장으로서 통화위원회를 발족시켰다. 검토 결과는 중앙은행을 설립하는 것으로 하여 1941년 중앙은행법이 제정되었다. 그리고 자치령으로서 출발한 아일랜드 자유국이었지만, 1938년에는 아일랜드 공화국으로서 영연방 내의 독립국이 되었다. 1949년에는 연방으로부터도 탈퇴하였다. 통화 발행권에 관한 상기의 법은 1956년 12월 31일 이후 중앙은행만이 권리를 갖는 것으로 정해졌다. 그리고 동법 성립의 다음 해인 1957년 예정대로 아일랜드 중앙은행이 창설되었다. 이렇게 하여 아일랜드 공화국은 1957년부터 중앙은행의 은행권만을 통화로 하는 국가가 되었다. 그 후의 아일랜드에 대해서는 아는 것처럼 유로 창설의 움직임에 관하여 1992년 국민투표에서 마스토리 히트 조약에 찬성하였다. 그리고 1999년 1월 1일에 유로 탄생에 참가하여 2002년 1월 1일 이후 자국 통화를 포기하였다. 이에 비하여 다시 영국을 보면, 1921년, 잉글랜드에 있어서 West Country Bank of Fox, Fowler & Co.가 로이즈 은행과 합병한 것에 동반하여 민간 은행에서 발권을 행하는 것은 잉글랜드와 웨일스를 통틀어 소멸했다. 1946년, 노동당 내각이 잉글랜드 은행을 국유화하였다. 하지만 다른 은행까지 국유화하는 것은 아니었다. 그리고 스코틀랜드와 아일랜드의 발권은행이 과거와 마찬가지로 독자의 은행권을 계속 발권하는 것이 허용되었다. 잉글랜드 은행권을 포함하여 전부 여덟 종류의 은행권의 유통을 인정하고 있는 영국이 가까운 미래에 파운드를 폐지하고 유로를 채용할 경우, 스코틀랜드의 세 종류, 북아일랜드의 네 종류의 은행권은 어떻게 되는지 주목할 필요가 있다.

맨 섬과 화폐의 역사

영국 pound-sterling 권에 있으면서 독자의 정부통화가 법화로서 유통되고 있는 국가가 세 개 있다. 그중 하나가 영국과 아일랜드 사이에 있는 맨 섬이다. 맨 섬은 이후 설명할 채널 제도의 고지 및 저지와 병행하여 기간투자자 사이에서는 tex heaven으로 알려져 있지만 왜 이러한 세 개의 섬이 tex heaven으로서의 지위를 누릴 수 있는지 그 역사적 배경이 알려져 있는 것은 아니다. 여기에서는 맨 섬의 역사를 되돌아보면서 독자의 정부통화 제도를 도입하는데 이른 경위를 명확히 하고자 한다. 이

작은 섬 자치구에서는 지금 법인세율 0% 가 진행되고 있으며 저 세율의 배경에는 정부통화의 발행이 있다. 2006년에는 금융업을 제외한 전 업종의 기업에 관하여 법인세율을 0으로 시행하였으며 금융업에 대해서도 법인세율은 10%대를 유지하는 곳이 있다. 아이리시 해에 떠 있는 작은 섬 자치구인 맨 섬이 바로 그것이다. 맨 섬에서는 독자의 정부 통화가 유통되고 있다는 것에 그 이유가 있는 것 같다. 영국에 지리적으로 가까울 뿐만 아니라 역사적으로도 영국과의 연결이 깊은 맨 섬에서는 잉글랜드 은행권이 그대로 사용되었다. 하지만 다른 쪽에서 국내 경제의 일부는 영국 파운드와 등가인 정부통화의 유통에 의해 이루어졌다.

맨 섬은 잉글랜드, 웨일스, 스코틀랜드, 북아일랜드, 아일랜드 공화국의 어느 것으로부터도 거의 같은 거리에 있다. 고대의 이름으로 Monapia 섬이라고 말하고 면적은 572평방km이고, 최고봉은 Snaefell 산(621m)이다. Snaefell은 스칸디나비아 계통의 단어로 설산을 의미한다. 572평방km라 하더라도 금방 어느 정도 크기의 섬인지 상상하기가 쉽지 않다. 멕시코 난류가 흐르는 섬이기 때문에 경도가 높은 곳에 비해서는 겨울에도 극한이 되지 않는 온대 기후를 가지고 있다. 정치적으로는 영국 왕실의 직할지이고, 영연방에 속해있다. 하지만 영국, 즉 연합 왕국에는 속하지 않는다. 그리고 Tynvald라는 이름의 의회가 영국 의회로부터 독립된 입법권을 가지고 있다. 2001년 약 10만 6천 명을 기록했다. 수도는 섬의 동해안에 있는 더글러스이며 거기에는 2만여 명이 살고 있다. 인구 1인당 GDP는 영국과 거의 같은 높은 수준이며 2002년 8월의 실업률은 0.5%보다 낮다.

맨 섬의 통화사를 보면 16세기에는 피혁을 일정한 형태로 작은 토큰이 코인처럼 활용되었다. 16세기 후반에는 권위 있는 유력자가 피혁 통화를 일정 한도 내에서 발행해도 좋다는 법률이 만들어졌다. 17세기 말에는 유럽대륙으로부터 네덜란드의 코인이 맨 섬에 유입되었다. ducatoon이라는 코인이다. 여기에 맨 섬 사람들은 duck(e)toon이라는 애칭을 붙였다. 이후 영국의 코인도 들어왔다. 하지만 그것을 위조하는 자가 적지 않았다. 그것은 당시의 맨 섬에 있어서 심각한 문제였다는 것은 1646년 틴바르트 의회가 영국의 코인의 위조를 중개로 하는 법률을 정한 것으로부터 알 수 있다. 영국 및 다른 유럽 국가에 있어서, 그리고 맨 섬에 있어서도 17세기는 각종 다양한 토큰이 통화로서 유통되었던 시기이다. 맨 섬의 경우 그러한 토큰 중 가장 보급된 것은 유력한 상인인 마레가 발행한 것이었다. 당시 맨 섬 정부는, 이렇다 할 확실한 통화정책이 없던 방면 모든 토큰을 비공식으로 취급했다. 그리고 1679년 틴바르트 의회는 많은 토큰을 위법으로 하였다. 하지만 머레이 페니라는 이름으로 일정의 신용을 얻고 있던 머레이 토큰에 대해서만 위법 취급으로부터 제외시켰다. 머레이 페니는 맨 섬의 역사상 처음으로 QUOCUNQUE JERCIS STABIT 전설에 나오는 삼본족(triskekes 혹은 three legs of Man)을 집어넣은 코인이었다. 나중에 설명하는 20세기 후반부터 21세기 지금에 이르는 맨 섬의 정부통화에는 삼본족이 묘사되어 있지만, 통화의 디자인에 그것을 집어넣는 맨 섬의 전통은 머레이 페니에 기원을 갖는 것이다.

1660년대부터는 아일랜드 계통의 반페니 코인이 맨 섬에 유입되기 시작하여 합법적인 통화가 되었다. 이후 1690년대부터는 영국의 제임스 2세 하에서 주조된 코인도 유입되었다. 그것은 반 페니와 1/4 페니의 코인으로서 유통되었다. 이러한 상황에 대하여 Lord of Man이 되었던 다비 백장은 맨 섬의 공적인 통화를 발행할 필요를 느꼈다. 따라서 그는

1708년 그 주조를 영국의 왕립제조국에 의뢰하였다. 그런데 당시에 조폐국장은 만유인력을 발견한 뉴턴이었다. 왜 뉴턴이 그러한 판단을 했는지 알 수 없지만, 결론부터 말하면 그는 맨 섬을 위해 코인을 주조하는 것을 거부했다. 따라서 다비 백작은 1709년 다른 주제소에서 독자적으로 코인을 만들었다. Lord of Man의 칭호는 1736년 제2대 앗솔 공이었던 머레이에게 계승되었지만 머레이 역시 맨 섬 독자의 코인의 발행에 열심이어서, 1758년에 있어서의 발행고는 1페니화와 반 페니화를 합쳐 총 400파운드였다. 이러한 코인은 앗솔 공(Atholl Dukes)을 의미하는 약자인 AD가 각인되어 있었다.

그런데 영국은 앞에서 언급한 맨 섬의 밀수 경제를 방치하지만은 않았다. 즉 영국 정부는 재투자법이라는 법률을 만들어 그 법률하에서 1765년 7월 11일, 영국 왕 조지 3세가 7만 파운드로 이 섬을 사들였다. 앗솔 공의 맨 섬 매각에 동반하여 영국은 이러한 무역을 금지하였다. 그 결과 밀수업자들은 활동 거점을 채널 제도로 옮겼다. 채널 제도에 대해서는 다음에 설명하도록 하고 이후에 맨 섬에 대해 살펴보면 1793년 런던의 정부는 제4대 앗솔 공을 이 섬의 총독으로 임명하였다. 하지만 섬 주민의 잉글랜드 세력에의 반발 등에 의해 그의 맨 섬 통치는 잘되지 않았다. 따라서 그는 1829년에는 앗솔 공 백작가가 아직 섬 내에 가지고 있던 몇 개의 권리 전부를 41만 7천 파운드로 영국 왕실에 매각했다. 여기에 동반하여 당시의 그레이트 브리튼 아일랜드 연합 왕국의 국왕이었던 조지 4세가 Lord of Man이 되었다. 1863년에는 영국 왕이 주도한 Mr.Henry Lock, 나중에는 Lord Lock이 이 섬의 총독으로 임명되었다. 그리고 1866년 맨 섬에 재정 자주권을 임명하였다. 군사는 매년 일정액의 파운드를 영국에 지불하는 것으로 국방과 외교만 영국에게 위임하는 체제가 만들어졌다. 이처럼 군사나 외교 이외에는 맨 섬의 자치가 인정되어 하나의 독립국에 가까운 체제가 만들어졌다. 이후 맨 섬이 영국 왕실의 속령(The Crown Dependency)으로서 존속해 왔다. 영국의 일부가 된 적은 한 번도 없다. 속령은 있지만 거의 완전한 자치가 인정되고 있고, 독자의 법률과 의회를 가지고, 현장에는 독자의 정부통화와 우편제도를 가지고 있다.

Quarmby(1994)에 의하면 조지 3세의 통치 시대(1760~1780)의 잉글랜드에서는 1페니와 반펜스의 코인만 발행되었으며 이에 따라 잔돈이 만성적으로 부족했다. 이러한 통화 부족은 맨 섬에 있어서도 마찬가지였다. 2대 앗솔 공에 의한 코인 발행은 위에서 말한 시기 이후에 정지되어 새로이 발행되게 된 것은 1786년이다. 그 해에 1페니와 반페니의 동화가 발행되었다. 그것에 있어서 다시 삼본족의 디자인이 영국왕 조지의 초상화와 함께 사용되었다. 그리고 같은 것이 1798년과 1813년에 발행되었다. 하지만 이러한 코인만으로는 당시의 맨 섬의 경제 활동이 요구하는 통화 수요를 만족할 수 없었다. 그 불편함을 해소하려는 생각으로부터 발권 기능을 갖는 은행으로 '아일 어브 맨 은행'의 창립을 시도한 사람들이 있었다. 하지만 실제로 사업을 개시했는지는 명확하지 않다. 1788년 1월 2일자에 쓰여 있는 미발행의 5파운드 지폐가 알려져 있는 것뿐이다. 어쨌든 19세기로 이전하는 시대에, 코인만 아니라 지폐를 통화로서 사용하려는 움직임이 맨 섬에서 나타났다. 실제로 사업을 전개한 은행으로서는 1802년 5월, 아일 오브 맨 뱅킹 컴퍼니가 섬의 남부의 거리 캐슬 타운에 창업한 것으로 알려져 있다. 이 은행에는 잉글랜드 은행권, 로열 스코틀랜드 은행권에 의한 예금 잔고를 넘지 않는 범위에서의 발권이 인정되었다. 그 시대의 일이지만 맨 섬에는 다수의 상점

혹은 상회가 카드 머니를 발행하기 시작했다. 간단한 통화 대용이었다. 가장 빠른 것으로 1805년에 Edward Gawne이라는 실업가가 발행했다고 알려져 있다. 이후 은행가 George Quyle이나 George Copleand 등도 카드 머니를 발행하였다. 하지만 그러한 카드 머니는 자금이 뒤받쳐지지 않을 뿐 아니라 위조도 쉬웠다.

19세기 초기의 맨 섬에서는 화폐의 감가가 현저했다. 거기에 더하여 위조된 은행권이 돌아다니고 상술한 카드 머니가 남발되어 그 카드 머니도 간단하게 위조 가능하다는 혼란에 빠졌다. 어떤 사람은 자기가 만든 자칭 은행권으로 친구들에게 지불을 끝마치는 경우가 가능하다면 단지 그것만으로 그 사람은 은행가라고 이름을 내세울 수 있는 상황이었다.

발권은행의 탄생

이렇게 혼탁한 통화 사정을 우려하여 섬 내에 존재하는 유력자들은 1815년 8월 모여서 맨 섬 의회에 대하여 카드 머니의 규제를 요구하는 청원을 했다. 단시 맨 섬의 총독인 제4대 앗솔 공 역시 사태를 우려하고 있었다. 그 결과 1817년에는 Bankers Notes Act of Tynwald가 제정되었다. 결국 20실링보다 소액의 카드 머니와 다른 지폐는 폐지되었다. 새롭게 지폐를 발권하고자 하는 자는 의무적으로 면허를 취득해야 했다. 면허의 유효기간은 1년이며 20파운드가 부과되었다. 1년 면허이기 때문에 갱신을 위해서는 매년 20파운드를 지불해야만 했다. 1파운드보다 소액의 지폐나 카드는 이후 발행 정지되고, 기존에 유통되던 것은 1817년 10월 1일까지 태환되어야 한다고 결정되었다. 그리고 면허는 발행고에 응하여 동산 및 개인자산의 형태로의 담보를 전제로 하여 부여된다 정해져 있었다. 물론 이것은 발권자가 은행권의 소지자의 지불 불능에 빠졌을 때의 담보였다. 그리고 이 법률이 그 후 맨 섬에 있어서 은행의 기초가 되었다. 면허료 20파운드는 Clerk of the Rolls의 손을 통하여 도로정비기금으로의 입금이 된다고 정해져 있었다.

그런데 이 입법 이전 1815년에 창립된 은행으로서 Douglas & Isle of Man Bank가 있었다. 그것은 해운업 등으로 재산을 모은 멩크스 사람인 Henry Holmes가 세 명의 자식과 합명 회사로 창립한 은행이었다. 이 은행은 1817년 틴바르트 법이 성립하면 바로 발권의 면허를 취득하였다. 발권은 1파운드 지폐로 되어, 허가액이 1만 2천 파운드였다. 창업자가 1826년에 죽은 후, 은행업은 자식들에게 승계되었다. 이 은행은 1853년 일단 폐업할 때까지 30만 장의 은행권을 발행하였다. 1826년에는 더글러스에서 Isle of Man Bank가 창설되어 이는 1836년에는 특수회사로 개조되었다. 여기에 동반되어 은행명은 Isle of Man Joint Stock Banking Company로 변경되었다. 어떤 것도 발권은행이었다. 1836년에는 더글러스의 본점, 잉글랜드의 리버풀에 지점을 갖는 은행 Isle of Man & Liverpool Joint Stcock Banking Company가 창설되어 1파운드 지폐를 1만 파운드 발행하는 면허를 얻었다. 하지만 은행으로서의 영업성적은 늘어나지 않아 2년 만에 폐업하였다. 하지만 주식 투자에 관심이 있는 사람들이 결속하여 1838년에는 Isle of Man Commercial Banking Company를 만들었다. 이 은행은 1842년에 발행 면허를 얻어 1파운드 지폐로 1만 350파운드를 발행하였다. 1847년에는 맨 섬의 은행으로서는 처음으로 5파운드 지폐의 발행도 허가되었다. 그런데 1840년까지는 다음과 같은 교환 비율에 문제가 있었다. 즉 14 멩크스 펜스가 1 영국 실링이라는 교환 비율의 문제다. 보다 구체적으로는 시가지에서는 주로 영국 12펜스가 1실링, 농촌에서는 멩크스가 사용되고 있어 혼란이 많았다.

따라서 틴바르트 의회는 1840년 5월, 이 문제를 해소시키기 위해 양 화폐를 등가로 하는 법률을 제정하였다. 하지만 그렇게 하면 1실링에 대해 2펜스의 손실이 되므로 사람들 사이에 불만이 높아져 더글러스에서는 작은 폭동이 일어나 물건을 도둑질하였다. 새로운 제도의 이점이 시간이 흘러 이해되고, 그 법률은 1840년 9월 20일에 발효되었다. 당초에는 호평으로 보였던 Isle of Man Commercial Banking Company이었지만 결국 영업 부진에 빠져 1849년에는 폐쇄되었다. 이러한 상황을 이전부터 지켜보던 스코틀랜드의 글래스고 은행인 시티 오브 글래스고 은행은 같은 해에 그 영업 기반을 계승하는 것으로서 맨 섬에 지점을 내었다. 위에서 본 것처럼 맨 섬의 오래된 이름은 Monapia이지만 거기에 둘러싸여 있는 맨 지점의 이름을 Mona 은행으로 정했다. 이 새로운 이름은 캐슬 타운, 램지, 필에 지점을 두고 맨 섬에 있어서 본격적이고 근대적인 은행 영업을 개시하였다.

이상과 같은 역사 후 1860년대 처음을 볼 때 맨 섬에 있어서 은행업의 주요한 담당자는 더글러스 앤 아일 오브 맨 은행 및 모나 은행 등 두 개의 은행이었다. 하지만 영국에서 1862년 회사법이 제정되면 새 은행 설립의 분위기가 맨 섬에도 전해졌다. 그리고 유한 책임 회사의 형태를 취한 새로운 은행 설립의 움직임도 보였다. 그 실마리의 하나로 더글러스 앤 아일 오브 맨 은행이 아주 수 주간뿐이었지만 1875년에는 예금 인출에 응할 수 없게 된 창구를 폐쇄했으며, 합병 등에 의한 은행업의 강화가 의논되었다. 유력자들은 총독에게 진언하여 맨 섬을 기초로 하는 은행 설립에 관한 입법 조치를 요구하였다. 그 결과 1865년의 틴바르트 데이(7월 5일)에는 의회에서 Compnay Act 1865, 즉 1865년 회사법이 가결되었다. 이것을 받아서 1865년 11월 1일 더글러스에서 아일 오브 맨 뱅킹 컴퍼니 리미티드가 운영을 개시했다. 발권에 대해서는 그 11월 중에 1파운드 지폐 5,000매가 유통 과정에서 사용되었다. 같은 해 캐슬 타운과 램지에 지점이 개설되었다. 다음 해 2월에는 필에도 지점이 설치되어 예금고가 순조롭게 늘어났다. 1874년에는 보드 세인트 메리, 1894년에는 에린, 1895년에는 램지에 지점이 설치되었다. 이 은행은 본점이 있는 더글러스에도 몇 개의 지점을 개설하였다. 이 은행의 경영은 그 후에도 순조롭게 20세기를 맞이하게 되었다(1925년에는 창업 60주년을 축하하고 다음에 1926년에는 은행명을 아일 오브 맨 뱅크 리미티드로 개명하였다).

정부통화와 현재의 맨 섬

첫 번째로 1865년에 아일 오브 맨 뱅킹 컴퍼니로서 창업하여, 1925년에 은행명을 아일 오브 맨 은행으로 변경한 은행의 통화가 있었다. 그것 외에 발권 인가 순으로 살펴보면 먼저 1919년에 발권이 인가된 로이드 은행이 있었다. 그리고 1929년에 맨 섬에 진출하여 얼마 안 되어 발권 업무를 행하였던 버클리 은행이 있고, 1928년에 발권이 허가된 마틴스 은행이 있었다. 따라서 전후 맨 섬에서는, 섬 내의 은행과 영국 은행의 맨 섬 지점이 발행하는 네 개의 다른 은행권이 사용되었다. 거기에 더해 잉글랜드 은행권도 통용되었다. 이러한 전후의 통화체제를 확인하는 것으로, 1955년 통화 및 은행권법이라는 법률이 의회를 통과했다. 이것은 영국 내에서, 혹은 잉글랜드와 웨일스 내에서 법화가 되어있던 코인 및 은행권, 그리고 잉글랜드 은행의 은행권은 맨 섬에 있어서도 법정화폐였다. 그와 동시에 1817년 틴바르트법 제 4조에서 말하는 은행권도 맨 섬의 법화라는 것이 재인식되었다. 여기에 영국 내에서 법화가 되어있던 통화라 하면 잉글랜드 은행의 은행권과 코인뿐이기 때문에 왜 이처럼 복잡한 표현 방법을 하는가 하는 의문이 생길 것이다. 영국의 스코틀랜드와 북아일랜드에 있어서는 잉글랜드 은행 이외의 은행도 독자적인 은행권을 계속해서 발행하고 있었고, 지금도 그렇기 때문이다. 이러한 형태로 전후 통화체제가 확립된 것처럼 보였던 맨 섬이지만 얼마 있지 않아 커다란 전환기가 도래하였다. 그 시작은 영국의 메이저 은행에 의한 아일 오브 맨 은행의 흡수합병이다. 그 전사에 대해서는 1920년 런던에 거점을 가지는 대은행인 내셔널 프로빈셜 & 유니온 뱅크 오브 잉글랜드가 아일 오브 맨 뱅킹 컴퍼니를 흡수하려고 한 것이다. 제1차 세계대전 중에 영국의 은행업은 반대로 성장하였으며 종전을 맞이하여 흡수합병을 통해 영업규모를 보다 확대하는 움직임이 활발하게 나타났다. 그 움직임이 맨 섬에도 영향을 끼친 것이다. 하지만 멩크스 사람들이 설립한 유래 있는 은행을 그대로 유지하고자 하는 의향이 당시 맨 섬에는 굉장히 강했었다. 그리고 이 은행의 영업성적은 순조롭게 늘어나고 있었다. 그렇기 때문에 영국 은행으로부터의 은행을 이 은행은 거부했다. 1926년에는 은행명을 아일 오브 맨 은행이라 개명하고 1930년대 전반의 세계 대공황에 있어서도 경영이 흔들리지 않고 30년대 후반이 되어서 맨 섬 경제가 상승을 시작하면서 앞에서 언급한 지점망에 대해 다수의 지점을 만들어 지점의 총 수는 10개가 되었다. 제2차 세계대전은 이 은행에게 곤란을 가져다주었다. 젊은 남자 은행원은 병역의 의무를 지게 되어 없어지고 외환에 대한 통제가 생겨나고 의류를 배급제로 할 필요로부터 이 은행은 그를 위한 쿠폰권의 발행 업무를 담당하게 되었다. 하지만 전후의 회복은 빨랐고 다글라스 시내의 지점 수를 늘렸으며 다른 거리에도 지점을 개설하였다. 이처럼 내부적으로는 문제가 없는 아일 오브 맨 은행이었지만, 1960년대 여름, 합병을 위한 외부로부터의 유혹이 있었다. 즉 당시 영국에 있어서 빅5의 하나인 내셔널 프로빈셜 뱅크가 아일 오브 맨 은행에 132만 파운드를 제공한다는 조건으로 합병을 제안한 것이다. 1920년대에 비슷한 제안이 있었을 때에는 이 은행은 그를 거부하였다. 하지만 그로부터 40년이 지나 영국과 맨 섬에 있어서 은행업의 형태가 크게 변화하고 맨 섬에 있어서도 살아남기 위해서는 새로운 설비투자 등에 의해 경영 형태가 쇄신될 필요가 있었으며 은행 단독으로 그것이 가능한가라는 의문이 있었다. 반면 1865년 창업이라는 오래된 역사를 가지고 맨 섬 최대의 기업으로서 착실히 경영을 전개해 왔던 맹크스의 은행이 영국 은행에 흡수된다는 것에는 주주, 고객, 틴바르트 의회 등 관계자 사이에서는 심리적 저항이 강했다. 이에 대해 1833년 창업의 내셔널 프로빈셜 은행은 기존의 채널 제도의 8개의 점포의 지점을 내고 있고 off show와 경영에 굉장히 열심이었다. 그리고 경영 규모 등의 면에서 합병이 유리하다는 것을 아일 오브 맨 측에 꾸준히 설득하였다. 결국 1961년 봄 합병이 결정되었다. 단지 이사회 안에는 맹크스 사람들의 이사회를 설정하여 맨 섬에서의 경영은 그 아래에서 독립이 가능한 형태의 합병이었다. 섬 내에서의 사업에 대해서는 아일 오브 맨이라는 명칭을 변경하지 않고 그대로 사용하게 되었다. 이에 반해 기계 설비의 혁신, 여성 행원의 대폭 증가, 지점의 개축 등이 조치가 이루어지고 지점 수도 증가했다.

　그런데 이처럼 아일 오브 맨 은행의 자본관계가 근본적으로 변화하는 시기에 틴바르트 의회에서는 통화를 어떻게 할 것인가가 논의되었다. 아일 오브 맨 은행이 영국 은행의 산하에 들어가 버린 지금, 만약 그 상태라면 맨 섬에서 발권 업무를 담당하는 은행은 전부 영국계 은행이 된다. 즉 통화에 관한 맨 섬의 독자성은 완전히 소실된다. 이에 대하여 맨 섬 내외에서의 이와 같은 상황을 종합적으로 판단할 때 정부통화의 도입으로 맨 섬의 정치경제적 자립성을 계승해야 한다는 판단이 생겨났다. 단지 그러한 자립을 위해서 은행권은 폐지해야만 했다. 그리고 1961년 맨 섬 정부통화법, 약칭 1961년 틴바르트법이 제정되었다. 이 법률이 의회를 통과(1961.5.16.)하며 맨 섬 내의 상업은행이 보유하고 있던 은행권 발행 면허는 전부 무효가 되고, 1961년 7월 31일 이들 은행에 의한 발권은 정지되었다. 이에 대신하여, 7월 3일 5파운드 지폐, 10파운드 지폐, 10실링 지폐가 정부통화로서 발행되었다. 그 발권 실무는 아일 오브 맨 은행이 정부를 대행하였다. 표면적으로는 젊은 엘리자베스 여왕의 초상이 인쇄되어 있었다. 뒷면에는 맨 섬 내의 역사적 배경의 몇 개가 각각 인쇄되어 있었다. 1970년대 전반에는 50펜스 지폐가 발행되어 종래의 10실링 지폐를 대신하게 되었다. 거기에 Fifty Nes Pence라고 인쇄되어 있다. 1972년의 디자인 쇄신의 경우에는 1812년 이후 발행되지 않았던 10파운드 지폐가 도입되었다. 1983년에는 처음으로 50파운드의 고액지폐가 발행되었다. 반면 아일 오브 맨 은행을 보면, 내셔널 프로빈셜 은행에 흡수되었다고는 해도 섬 내에서는 상대적으로 자립 된 경영체이며 1965년에는 창립 100주년 축하행사가 이루어졌다. 그 시점에서는 예금 총액은 1,000만 파운드에 달하고, 종업원 수도 143명이라는 규모에 도달했다. 그리고 수년 후에는 내셔널 프로빈셜 은행은 웨스트민스터 은행과 합병하고 내셔널 웨스트민스터 은행이 되었다.

이 신은행의 일부가 된 아일 오브 맨 은행은 맨 섬이 갖는 세제 면에서의 유리성을 어필하는 등 영국으로부터의 비즈니스 유치를 진전시켜 해운업과 보험업을 상대로 융자를 개하는 등 한 지방의 작은 예금은행이라는 원래의 이미지와는 다른 경영으로 전환하였다. 또한 맨 섬 전체의 경제에도 활력을 부여하는 존재가 되었다. 2000년, 내셔널 웨스트민스터 은행은 로열 스코틀랜드 은행 그룹(RBS)에 흡수되었다. 2001년 이 RBS는 500만 파운드를 투자하여 아일 오브 맨 은행의 강화를 시도했으며 이에 섬 전체를 아우르는 지점망이 정비되었다.

Ⅳ.
지역화폐운동과 인천의 경험

1. 진화하는 지역화폐
: 지역화폐운동과 사회적경제 그리고 지역경제 활성화

지역화폐가 가진 잠재력

　세계적인 경제위기 하에서 지역경제를 지역 차원에서 활성화하기 위해 세계의 많은 도시에서 지역화폐운동의 열기가 뜨겁게 달아오르고 있다. 우리나라도 2000년대 이전에도 시민사회를 중심을 지역화폐운동이 있었고, 가장 최근인 2018년부터 지역화폐가 전국 지자체에서 지역경제 정책수단으로 전면에 등장하였다. 2020년 '코로나 19'라는 변수로 인해 전 세계 경제 그리고 각 국가의 경제 침체가 장기화되고 있다. 우리나라도 이러한 흐름에 벗어날 수 없었고, 지역경제 나아가 서민경제의 침체는 현재까지 이어지고 있다. 2020년 재난지원금을 전 국민에게 지원하였을 때 지역화폐 정책을 펼친 지자체에는 재난지원금을 신용카드 대신 지역화폐를 선택하여 받을 수 있도록 하였다. 즉 지역화폐가 현시점에서 우리나라에서 지역경제와 상당부분 연결되어 있다는 것을 방증하고 있다.

니시베 마코토(西部, 2006)는 지역화폐(Local Currency)에 대한 정의를 '통합형 커뮤니케이션 미디어'로 규정하였다. 여기서 말하는 미디어로서의 기능에는 지역경제 활성화를 목적으로 하는 화폐적 측면의 '경제 미디어(Economic Media)'와 지역 커뮤니티의 활성화를 목적으로 하는 언어적 측면 '사회·문화 미디어(Social Media)'라는 이중적 특성을 가지고 있다고 정의하였다.

이러한 이중적인 특성은 단순한 '돈'이나 '통화'가 아니라 말 그대로 유연하고 섬세한 다양성을 표현하는데, 즉 '화폐적'인 것과 '언어적'인 것의 두 가지 측면의 융합정도에 따라 다양하게 나타날 수 있다는 것이다. 만약 어느 한 쪽이 다른 한쪽에 비해 더 많이 포함하더라도 이중적 특성 중 어느 한 가지가 사라지는 것은 아니며, 바로 이러한 이중적 특성으로 인해 지역경제의 활성화와 커뮤니티 활성화라라는 서로 다른 목적을 동시에 달성할 수 있는 가능성이 열리게 된다(니시베 마코토, 2006).

〈표 4-1〉 지역화폐의 이중적 특성

통합형 커뮤니케이션 미디어		
측면	화폐적 측면 (경제 미디어)	언어적 측면 (사회·문화 미디어)
목적	지역경제의 활성화 (자율·순환)	커뮤니티(교류, 커뮤니케이션)의 활성화
기능	자주발행·운영관리 지역 내 한정 유통 무이자	신뢰·협동 협동적 생산소비자 언어적 표현·전달
형태	보완·긴급통화 (스탬프지폐, LETS)	상호부조쿠폰 (타임 달러, 에코머니)
영역	시장	非시장(커뮤니티)

(출처: 니시베 마코토(2006, p. 14) 인용)

또한 니시베 마코토(2006)에서 지역화폐의 목적을 아래와 같이 6가지
로 설명하고 있다.

① 신뢰를 바탕으로 한 다자간 상호교환 지향
② 지역화폐를 통한 역내(域內) 순환에 의해 지역경제의 자율적인 성장 확립 및 인
   플레이션이나 실업 문제를 해결
③ 제로 내지 마이너스 이자에 의해 신용창조, 투기, 독점적 자본축적을 저지하고
   재화나 서비스의 거래를 활성화
④ 개인의 복지·병구완, 구원 등의 비시장적 서비스를 다양한 관점에서 평가하는
   틀을 제공하고 그것들이 활발하게 이루어지도록 함
⑤ 노동, 소비, 복지, 환경에 관한 다양한 비정부조직(NGO)이나 비영리조직(NPO)
   의 활동을 서로 연결하기 위한 이념이나 틀을 제시함
⑥ 사람들에게 단순히 안정감이나 일체감을 주는 데 그치는 것이 아니라 사람들 사
   이에 협동과 신뢰 관계를 구축하여, 화폐교환으로 일원화하는 의사소통을 다양
   하고 풍부하게 함[11]

(자료: 니시베 마코토(2006, p. 53) 인용)

6가지 목적 중에서 크게 경제적 목적(①~③)과 공동체적 목적(④~⑥)으
로 구분할 수 있으며, 시장적 요인과 비시장적 요인으로 구분할 수 있다.
이러한 6가지의 목적에서 각 지역의 상황에 맞는 융합을 통해 지역화폐
의 성격은 다양하게 나타날 수 있다.

지역화폐의 장점과 필요성은 다음과 같다. 첫 번째, 지역화폐는 이자
가 붙지 않는다는 것이다. 대게 돈을 빌릴 경우 이자와 함께 상환해야
하지만, 지역화폐에는 이자 부담이 따르지 않기 때문에 지역의 사업자
들에게 큰 도움을 준다. 법정화폐는 이를 가진 자와 가지지 못한 자 간
의 빈부격차를 심화시키지만 지역화폐 시스템하에서는 이와 같은 양극

---

11) 물론 법정화폐도 국가와 국민 간의 신뢰 관계를 통해 가치를 교환한다는 측면에서는
   동일하다고 볼 수 있다. 그러나 지역화폐는 여기서 더 나아가 협동과 지역성이 결합하여
   결과적으로 공동체의 강화하는 것도 포괄한다는 점에서 법정화폐와 가장 큰 차이를 보인다.

화 현상이 발생하지 않으므로 지역사회의 안정성을 확보할 수 있다.

다시 말해서 법정화폐는 화폐자체가 투기나 매매의 대상이 되어 사람들에게 커다란 피해를 줄 수 있는데 비해, 이것이 원천적으로 봉쇄되어 있어 역으로 안전한 경제의 확립을 가능하게 한다. 여기서 이자가 붙지 않는다는 의미는, 계좌에 남겨진 지역통화가 이자에 따라 증식하지 않는다는 것이다. 이러한 특징은 지역화폐에는 물건과 물건, 물건과 서비스의 교환수단인 결제기능만 가지고 있기 때문이다.

두 번째, 지역경제 활성화를 뒷받침할 수 있다. 지역화폐는 이자가 없으므로 저축에 의한 이자발생을 기대할 수 없기 때문에 지역 내 소비를 촉진시키게 된다. 이것은 법정화폐와 달리 지역 내 소비로 인해 구매력이 상승함에 따라 결국 지역경제 활성화를 유도하는 길을 열어주는 것이다. 같은 물건이라 할지라도 다른 지역에서 사지 않고 자신이 살고 있는 지역에서 사게 되면 당연히 자신이 속한 지역의 상업과 경제가 번성하게 된다.

더 나아가 지역화폐는 지역 외에서 사용하는 것은 불가하다는 점에서 지역 내 자금 유출을 방지하는 효과를 기대할 수 있다. 법정화폐는 국민경제의 안에 있는 한 보편성을 지니고 이윤을 위하여 자기증식을 하는 것을 본성으로 하고 있기 때문에 빈곤한 지역에 유입하는 경우도 있으나, 일단 투입하여 이윤 창출이 발생하지 않게 되면 자연히 빠져나간다. 이러한 속성으로 인해 빈곤한 지역이 자금의 부족에 허덕이며 빈곤에서 빠져나가는 것이 불가능한 것은 그러한 이유에서이다. 빈곤지역의 경제 활성화를 실현하기 위해서는 투입된 자금이 빠져나가지 않고 해당 지역에 머물러 순환하는 것이 필요하다. 그러기 위해서는 자금이 빠져나가는 출구를 플러그로 막는 것인데, 이렇게 출구를 막는 사고방식을 적용한 시스템이 바로 지역화폐인 것이다. 『Balancing Europe for Sustainability』은 이점에 대해 다음과 같이 언급하고 있다. 현재, 선진국세계의 거의 모든 분야에서 행해지고 있는 거래활동의 수준은, 화폐가 밖으로부터 얼마나 들어오는가와, 얼마만큼 재차 나가는 가에 따라 결정되어 있다. 혹시 유출량이 유입량보다 많다면, 화폐의 부족이 일어나서, 지역주민이 외부자원 없이 서로를 위해서 할 수 있는 것이 가능한 일조차 이루어지지 않고 남겨져 버린다(Anon, 1996).

여기서 말한 화폐로는 지역사회 밖에 있는 '외부사람이 발행한' 국민통화가 있기 때문에 이러한 장애를 뛰어넘어서 지속가능한 지역경제로 향하는 지역사회의 첫걸음은 자기 자신의 통화제도를 만드는 것이다. 지역경제가 활성화하는 데는 외부에서 유입되어 온 화폐(자금)가 다시 밖으로 도망 나가는 것이 아니라, 해당 지역에서 순환하는 것이 필요하다. 그렇지 않으면 화폐는 일시적으로 통과하는 것으로는 재화도 서비스도 고용도 일시적으로밖에 창출되지 않는다. 지역화폐의 한 종류인 LETS는 이것을 더욱 진행시켜서 화폐의 외부로부터의 유입뿐 아니라 내부에서도 만들어 내고자 하는 시스템이다.

셋째, 새로운 인간관계 형성 혹은 공동체 회복이다. 법정화폐는 단순히 재화를 사고하는 행위 또는 저축을 통한 자본축적과 같이 차가운 관계로 수렴하는 데 반해 지역화폐를 해당 지역 주민이 사용함으로써 생산자와 소비자 더 세분화 하자만 학생, 노인, 주부, 상점주인 등 평상시 단조로운 관계를 가질 수밖에 없는 사람들 간 새로운 인간관계 형성에 가능성을 열어둠으로써 자본주의 중심의 삭막한 현대사회에서 점차 상실되어 가는 '지역'이라는 '공동체'에 대해 다시 한번 생각할 수 있는 여지를 남긴다. 예를 들어 프로야구에서 자기 지역팀을 응원하는 팬들끼리 유대감을 갖는 것처럼, 지역화폐를 통해 그동안 간과해왔던 자신이 살고 있는 지역에 대한 관심을 다시금 생각할 수 있는 것이다. 이러한 세 번째 이유가 지역화폐가 가지고 있는 가장 근본적인 함의를 내포하는 셈이다.

1980년대 이후 지역 통화는 북미지역, 유럽 지역에서 세계로 퍼져 나갔다. Seyfang & Longhurst의 조사 결과에 따르면, 전 세계적으로 3,418 지역화폐가 있는 가운데, 유럽(68.3%)과 북미지역(9.8%)이 전체의 75% 이상을 차지하고 있다. 이외 아시아(16.6%), 남미(2.7%), 오세아니아(1.7%), 아프리카(0.9 %)이다. 지역화폐의 시행 건수는 대체로 유럽·북미의 선진국에서 활발하며 개발도상국에서 확대하는 경우는 적다.

〈표 4-2〉 유형과 지역에 따른 지역화폐의 구성비율

(단위 : 건, %)

유형	시간단위형		LETS형		시장경제형		물물교환형		구성비율	
지역	시행	비율	시행	비율	시행	비율	시행	비율	시행	비율
유럽	1,037	44.4	1,263	54.1	35	1.5	−	−	2,335	68.3
아시아	390	68.7	45	7.9	133	23.4	−	−	568	16.6
북미	266	79.4	39	11.6	15	4.5	15	4.5	335	9.8
남미	−	−	−	−	60	64.5	33	35.5	93	2.7
오세아니아	34	58.6	24	41.4	−	−	−	−	58	1.7
아프리카	31	100	0	100	−	−	−	−	31	0.9
합계	1,727	51.4	1,371	40.1	243	7.1	48	1.4	3,389	100

(출처 : Seyfang & Longhurst(2013) 기초로 작성)

구조의 비율은 시간 단위 형은 51.4%, LETS 형은 40.1%, 시장경제형은 7.1%, 물물 교환형은 1.4%였다. 또한 유럽과 북미 지역의 커뮤니티 통화(시간단위형과 LETS형태)의 총 수는 전체의 3/4(76.3 %) 이상을 차지하고 있다. 1980년대 이후의 지역화폐의 확산을 개관하면 다음과 같이 될 것이다. 지역화폐의 선구자라고 할 수 있는 LETS는 1983년에 캐나다에서 시작하여 전 세계적으로 1,300건 이상 시행하였다. 시간단위형(타임달러)은 1980년에 출현한 후 1,700건 이상 시행하여 LETS보다 많았다. 이러한 커뮤니티통화는 유럽과 북미지역에서 많이 시행하였으며 대게는 선진국을 중심으로 확산되었다. 일본의 경우는 LETS형과 타임 달러형에 에코머니형을 더한 형태를 대체로 커뮤니티 화폐라고 불린다. 반면 시장경제형태의 지역화폐의 시행은 적으며, 전 세계에서 243건 정도이다. 시장경제형태의 지역화폐는 1991년 미국 뉴욕 주 이타카시에서 시작하였으며, 2,000년대 이후로는 영국 브리스톨파운드, 독일 킴가우어 등이 있다.

현대의 지역화폐와 1930년대 스탬프지폐의 공통된 목적은 지역경제의 활성화였다. 스탬프지폐는 1930년대 미국에서 발생한 대공황의 영향으로 지역경제 침체를 극복하는 것을 목적으로 하였다. 유럽에서는 지역화폐 활동은 법정화폐 제도를 대체하는 의도가 아니라 임시 비상통화라는 평가였다. 1930년대의 유럽 각지의 스탬프 지폐는 모두 시장경제형태의 보완화폐였다. 1980년대 이후 시장경제형 지역화폐의 실시목적은 커뮤니티화폐보다는 1930년대 시도하였던 스탬프지폐에 가깝다. 시장경제형 지역화폐는 커뮤니티라는 특정 사람들 간의 호혜관계를 전제로 하는 것이 아니라, 법정화폐가 그렇듯이 낯선 사람끼리도 서로의 요구에 따라 재화와 화폐를 주고받는 관계이다. 그러나 1980~1990년대의 커뮤니티화폐는 커뮤니티 재생을 1차 목표로 하고 있는 것이 많았다. 1930년대의 스탬프화폐에 커뮤니티 재생은 원래부터 가능한 것으로 알려졌지만 1970년대 이후의 지역화폐 가운데도 공동체 재생에 한정된 채

지역화폐 본래의 사업 목적을 드러내지 않았다. 1930년대 지역화폐 본래의 목적은 지역경제의 활성화이다. 커뮤니티화폐와 시장경제형 지역화폐는 모두 보완화폐라고 할 수 있지만, 결국 '무엇을 보완하고 있는가'에 따라 달라진다.

커뮤니티화폐의 주목적은 커뮤니티 재생이며, 커뮤니티 내에서 재화와 화폐를 서로 교환함으로써 상호부조를 촉진하는 효과와 부차적으로는 참가자 상호 간의 친밀함을 높이는 효과가 있다. 따라서 커뮤니티화폐는 사회적 연대를 보완하면서 시장경제형 가치관으로 평가하기 어려운 교환을 촉진한다. 즉 거래영역의 보완이다. 이에 반해 시장경제형의 지역화폐는 시장경제형의 거래량 그 자체를 촉진한다. 즉 교환기능의 보완으로 바라볼 수 있다.

사회적경제와 지역화폐 그리고 지역경제

앞서 살펴봤듯이 대부분의 지역화폐는 두 가지 목표를 가지고 있는데, 평등과 참여, 자조를 기반으로 한 공동체의 구축과 지역 내 고용과 소득 증진과 같은 지역경제의 활성화를 목표를 가지고 있는 것이 일반적이다. 그러나 각 유형의 지역화폐는 지역이 처한 상황에 따라 지향하는 바가 다르기도 하고, 유통원리도 차이가 있어서 각각의 장단점들을 가지고 있다. 최근 발전하고 있는 지역공동체 경제로서의 사회적경제 활동도 사실 공동의 사회·환경적 목표 하에 지역에 처한 사회적 문제 해결을 통해 공동체 경제를 구축하고, 고용과 경제적 개선을 목표로 지역경제를 활성화하는 데 목적을 두고 있다(조복현, 2020).

이러한 사회적경제 주체의 활동은 지역화폐와 동일하거나 매우 유사한 목적을 가지고 있는 것이다. 따라서 사회적경제와 지역화폐를 활동이 서로 결합하여 지역화폐가 사회적경제의 유통수단으로 기능과 역할을 공고하게 구축한다면, 양자의 목표달성의 상승효과와 더불어 새로운 지역화폐, 사회적경제 또는 지역경제의 새로운 방향을 제시하는 것이 가능하다.

우리나라의 사회적경제는 중앙정부의 정책과 지원으로 인해 단기간에 매우 급속한 양적 증가를 이루었다. 그러나 여전히 사회적경제 조직에 몸담고 있는 구성원들은 자금조달 문제, 판로 개척 어려움, 네트워크 구축 미흡, 사회적경제에 대한 인식 부족과 더불어 지역 공감대 부족으로 인해 한계에 봉착하고 있는 실정이다. 더욱이 중앙정부의 적극적인 지원으로 인해 정책자금 의존적인 사회적경제 조직이 양산되어 정책지원 종료된 후 사업을 정리하는 사례도 적잖게 나타기도 하였다. 이로 인해 사회적경제 영역이 정부지원에 의존적이라는 비판이 나오기도 한다. 그러나 이러한 비판이 있다고 해서 사회적기업, 마을기업, 마을공동체 더 나아가 자활기업 등과 같은 사회적경제 조직에 대한 지원을 아예 없앨 수는 없다. 사회적경제조직은 기본적으로 이들 조직이 활동하고 있는 지역을 기반으로 하면서 동시에 지역의 사회문제를 해결하고 나아가 지역의 공동체 회복과 동시에 지역경제에 기여하는 것을 목적을 가지고 우리가 살고 있는 지역을 풍요롭게 해주는 긍정적인 역할을 하는 조직으로 바라볼 수 있다. 그렇다면 이러한 사회적경제 조직이 처한 어려움을 지역화폐와 결합한다면 지역을 더욱 풍성하게 해줄 수 있는 가능성이 열리게 된다. 즉 사회적경제 주체들을 중심으로 지역화폐 시스템을 구축하고 지역화폐의 사용을 활성화한다면 사회적경제의 여러 문제 해소에 크게 도움이 될 것이다.

사회적경제 조직 구성원들이 지역화폐 사용에 적극적으로 참여하여 이를 확대, 재생산을 통해 생산자와 소비자 거래 연계 확대, 생산자 간 연계와 상호 거래 확대를 통해 소비자와 생산자 나아가 생산자 간 상호 이해와 협력을 통한 네트워크 확대를 통해 정보를 공유하고 증대한다면, 사회적경제 조직의 항상적 애로점인 판로 및 네트워크 그리고 공감대 형성에 크게 기여할 수 있다.

또한 지역화폐 시스템이 신용기능을 갖도록 구축되면, 사회적경제 조직들의 자금조달에도 도움을 줄 수 있을 것이다. 이처럼 적절한 지역화폐시스템의 구축은 사회적경제로 구성되는 지역공동체 경제의 발전에 매우 중요한 요소로 작용할 수 있다(조복현, 2020).

그렇다면 사회적경제조직과 지역화폐 그리고 지역경제와 연결지어 볼 때 수평적 호혜관계와 상호부조의 촉진을 맞추고 있는 레츠, 아워즈, 타임뱅크보다는 스위스 비어, 영국 브리스톨파운드, 독일 킴가우어, 프랑스 소탕트와 같은 법정화폐와 교환하고 있는 지역화폐의 형태가 적절한 시스템으로 보인다. 우리나라도 1998년 초기 레츠와 같은 지역화폐 운동이 전개되었지만, 최근 지역화폐의 양상을 보면 지역경제 활성화에 초점을 둔 지역화폐 발행으로 변화였다. 달리 말한다면 그만큼 지역 간 경제적 불균형이 심화하고 있다는 것과 지역을 기반으로 하는 영세 중소상인 그리고 중소기업이 어려움은 더욱 가중되고 있다는 것을 방증하고 있다고 볼 수 있다.

Jérôme Blanc(2011)은 1980년대 이후 지역화폐의 유형을 4세대로 분류를 시도하기도 하였다. 1세대 지역화폐로 상호주의 원칙을 우선으로 하는 레츠가 가장 대표적이며 1983년 캐나다에서 시작된 이후로 영국, 미국, 일본 호주 등으로 확산됐으며, 우리나라에는 1998년 '미래를 내다보는 사람들 모임'에서 미래화폐란 이름으로 거래가 시작되었다. 레츠

〈표 4-3〉 지향점에 따른 주요 지역화폐 비교

	레츠	아워즈	타임뱅크	비어	킴가우어	브리스톨 파운드	소낭트
가치평가 기준	시간	시간	시간	신용발행 법정화폐	법정화폐	법정화폐	신용발행 법정화폐
실물화폐 존재여부	×	지폐 발행	×	×	지폐 발행	지폐 발행	×
화폐 형태	계좌거래	계좌거래 지폐	계좌거래	계좌거래 신용카드	계좌거래 지폐	계좌거래 계좌거래	계좌거래 신용카드
법정화폐로의 환전	×	×	×	가능	가능	가맹점만 가능	×
기타	적자 한도 존재		적자 한도 없음	대출 가능			
지향점	수평적 호혜관계와 상호부조			지역경제의 자립과 활성화			

(출처: 이수연(2014) 인용)

는 2012년 기준으로 전 세계 1,412개 41.3%를 차지하며, 유럽지역에서 상대적으로 많이 시도하였다.

2세대 대표적인 지역화폐로는 1986년 미국에서 시작된 타임 달러로 1세대를 대표하는 레츠와 마찬가지로 상호주의를 원칙으로 한다. 2012년 기준으로 11개 국가 1,715개 프로젝트가 이루어졌다. 타임뱅크는 레츠와 달리 지방정부와 밀접히 연결되어 있는데, 영국에서는 타임뱅크 거래에 대해 조세를 면제하고 수당계산에서도 제외하는 등의 지원을 하지만, 국가화폐화의 연계는 없다(이내준·이호, 2020).

3세대로 지역화폐로는 미국 뉴욕 이타카(Ithaca)의 Paul Glover에 의해 이타카 아워(Ithaca HOURS)로 시작한 지류형 지역화폐이다. 이후 2000년대 독일의 킴가우어, 브라질 파우마스, 미국 버크쉐어, 영국의 이행화폐 등으로 발전하였으며, 2012년 기준 6개국에서 243개의 프로젝트가 진행

〈표 4-4〉 1980년 이후 지역화폐 구분

세대	주요 사례	유형	원칙	개요
1세대	LETS(캐나다) Trueque(아르헨티나) SEL (프랑스)	대부분 커뮤니티	상호주의 우선	대외 경제 활동에 대한 아주 작은 개방성
2세대	Time Banks(미국) Accorderie(캐나다)	커뮤니티	상호주의 우선 : 지방 정부와 밀접하게 연계	지방 정부와의 빈번한 파트너십
3세대	Ithaca Hours(미국) BerkShares(미국) Regiogeld(독일) Palmas(브라질)	보완화폐	시장 우선	지역 기업 포함, 지방 정부와의 파트너십 관심
4세대	NU(네덜란드) SOL (프랑스)	대부분 보완화폐	정부 및 상호주의에 대한 연계가 있는 시장 우선	소비자 책임 또는/ 및 경제 활동 방향 및 기타 목적을 지향하는 복잡한 계획과 협력 필요

(출처: Jérôme Blanc(2011), p.9. 인용)

되었다(니시베 마코토, 2006, 이내준·이호, 2020).

4세대 지역화폐는 네덜란드 NU, 프랑스 SOL, 케냐에서 시도하였던 Eco-Pesa가 있다. 이들 지역화폐는 전자화폐 형태로 스마트카드와 테블릿을 이용하여 사용한다. 인천e음 카드의 경우가 스마트 폰 어플과 연동되고, 지류식이 아닌 체크카드 형태로 사용되고 있는데, 이는 3세대와 4세대 중첩된 성격을 가진다.

그렇다면 지역화폐와 사회적경제 나아가 지역경제와의 효과적인 시스템을 구축하기 위해서는 결국 지역화폐를 유통이 활발하게 유도할 수 있는 시스템을 구축하는 것이 매우 중요하게 자리 잡을 수밖에 없다. 국내외 지역화폐의 시도하고 유지하는 데 큰 문제가 되었던 부분은 거래영역의 확장, 참여자의 확대, 신뢰의 확보, 사용의 편의성, 유통의 안정성 등 한계로 비롯된다. 마찬가지로 사회적경제에서 활동하는 조직들도 지역화폐와 유사한 어려움을 겪는데서 비롯된다. 그렇다면 이러한 어려움을 극복하거나 최소한 개선할 수 있다면 지역화폐 그리고 사회적경제 조직의 지속성을 담보해 낼 수 있다. 물론 지역경제의 지속가능성을 담보해 내려면 지역경제의 영향을 미치는 산업, 금융, 고용 등 여러 부문의 고려가 필요한 것이 사실이지만, 지역경제의 지속가능한 발전을 구축하는 데에도 일정 부분 긍정적인 요소로 작동 가능하게 된다.

2. 인천 지역화폐운동의 역사와 개요

우리나라 지역화폐운동의 역사는 1996년 녹색평론을 통하여 처음으로 레츠형 지역화폐가 국내에 소개되었다. 소개된 이후 1998년 5월에 '미래를 내다보는 사람들'(약칭 미내사)에서 FM머니가 도입되었고 FM은 Future Money의 약자로 미래 화폐란 의미를 가졌다.

인천의 지역화폐는 1998년 인천지역정보네트워크 인디텔에서 운영하는 '인디텔 레츠'가 임종한 선생에 의해 추진되었으며 인천지역정보네트워크 인디텔은 인천지역화폐추진위를 구성하여 지역화폐를 추진하기도 하였다. 시민단체인 평화와 참여로 가는 인천연대(이하 인천연대)가 1998년 준비를 시작하여 1999년 5월에 도입한 뒤 본격적인 거래는 1999년 9월에 운영을 시작하였다.

그 후, 2008년 인천에서는 인천의제21실천협의회 시절(현 지속가능발전협의회)에서 지역화폐협의회를 구성하여 추진하기도 하였다.

아래의 표는 당시 국내 지역화폐를 도입한 현황이다.

〈표 4-5〉 1999년 9월 당시 국내 지역화폐운동 운영 현황

운영단체	지역화폐명	도입시기	회원수
미래를 내다보는 사람들	미내사 FM	1998년 5월	350
출판사 '민들레'	민들레교육통화	1999년 1월	70
중앙대 부설 종합사회복지관	기술도구은행	1999년 2월	340
서울 서초구청	서초품앗이	1999년 2월	290
녹색연합 출판사	작아장터	1999년 3월	70
대구 중구청	지역통화	1999년 4월	500
평화와 참여로 가는 인천연대	나눔	1999년 5월	80
서울 송파구	송파품앗이	1999년 8월	90

(출처: 류은하, 2000)

　　인천의 지역화폐 과정을 보면 1998년 '인디텔 레츠', 1999년 '나눔'과 2008년 인천의제21실천협의회의 지속가능한 소비분과를 중심으로 지역화폐를 의제로 결정한 후, 2009년 인천시에 '인천지역화폐최종보고서' 지역화폐활성화 정책제안서가 제출되었고 2010년 지역화폐 활동가 양성과정 및 후속 모임을 인천지역화폐협의회 구성하면서 지역화폐 홍보책자(만화, 일반대중용)를 발간해 지역사회에 배포하였다. 2011년 정보, 활동 교류 및 지역화폐 소개활동 진행을 진행하며 지역화폐를 테마로 마을만들기사업 지원도 하였다.

　　2009년 인천에서는 레츠형 지역화폐가 여러 곳에서 실험에 들어갔으며 2011년 10월 6일 전국 지속가능발전 전국협의회 '지역통화섹션'에서 워크숍을 개최하고 아래의 사항을 결정하게 된다. 지역통화 운동단체들은 네트워크를 꾸려 ▲단체 간 정보 공유 및 교류 ▲계정 관리 프로그램 공유 ▲단체 간 거래시스템 개발 ▲교육과 활동가 프로그램 공동 개발 시행 ▲공동체 활동 프로그램 공동 개발 ▲정책 개발 및 제안 ▲연구자

네트워크(컨설팅/조사연구사업/전문가 양성) 등을 하기로 했다. 단체명은 '한국지역통화운동네트워크(준)'으로 정하고 당시 지속가능도시연구센 터 소장을 임시대표로 선출한 뒤 준비위원으로 한밭레츠, 살래품앗이, 서초품앗이, 서울건강가정지원센터, 서울시 복지재단, 인천지역화폐협 의회(권순실), 홍동 마을활력소로 하여 진행되었다. 2011년 11월 9일일 한밭레츠에서 진행한 1차 모임은 서초품앗이, 과천품앗이, 서울 e복지 재단, 대전의제21, 한밭레츠, 살래품앗이, 인천지역화폐협의회, 서울건 강가정지원센터가 참석하였다.

인천지역은 지역화폐 발전방안에 대한 설문조사를 인천의제21 녹색 경제와 지속가능한 소비분과에서 진행하였으며 2009년 9월 28일에서 10 월 7일까지 진행되었다.

인천의 지역화폐들을 소개하면 아래와 같다.

인천연대 '나눔'

인천연대 지역화폐는 1998년 말 인천연대 김성진 본부장이 본부회의 에서 처음 제안하여 시작하였다. 당시 최주영 사무국장은 지역화폐가 무엇인지도 모르고 시작했던 것 같다고 당시를 기억하고 있었다. 그런 데 당시 몇몇 분들이 이 사업에 많은 품과 물건들을 내놓으면서 작지만 활성화가 되었고, 당시 인천연대 기관지인 '평화와 참여'라는 잡지를 통 하여 '나눔'통화의 거래는 회원들에게 알려지고 홍보되고 회원 가입을 하는 구조였다.

당시 인천연대에 지역화폐 나눔과 관련하여 학위 논문을 작성하기 위 해서 계명대학교 학생들이 직접 와서 조사를 하고 쓴 논문을 보면 이런 내용이 나온다.

"지역통화 운동의 정신이 그런 거잖아요. 돈 없이도 살 수 있다는 것, 그게 내가 갖고 있는 재주가 있고 그 재주를 필요로 하는 사람이 있는데, 그 사람이 돈이 없다는 이유로 그것을 못 해주는 이런 부분을 해소해 줄 수 있는 거잖아요. 기본적으로 서로 신뢰할 수 있는 관계가 아니면 이 시스템은 불가능하죠. 인천연대의 경우 이미 어느 정도의 공동체적 의식 이 형성되어 있는 가운데 도입하는 것이고 지역화폐 자체만으로 공동체 를 만들겠는 것은 아니니까 우리 정도면 해 볼 수 있겠다고 주위에서 제 안도 하였고, 저도 필요성을 인식했죠(류은화, 2000)."

1999년 인천연대 회원 소직지인 '평화와 참여' 창간준비 9호인 5월에 발행된 기관지를 보면 '아름다운 지역공동체 인천 지역통화 시스템 '나 눔'으로 초대합니다'라는 소개란이 있다. 이곳을 보면 발기인과 회원이 되어 달라는 홍보성 소개란이며 이 시스템을 레츠형으로 한다고 나와 있고, 1나눔은 1원과 동일한 가치를 가진다고 되어 있다. 또한 나눔 회 원등록은 회원 1인의 추천을 받아 3천 원을 회비로 내고 가입하게 되어 있었다.

등록과 동시에 제공(요청)할 물품, 서비스 조건 등을 사무국에 등록하 고 자신의 계정에 +3000나눔이 기록되는 것을 되어 있다. 물건 거래의 목록 등 한 달에 한 번 우송되는 소식지를 열람할 수 있고 소식지에는 회원들이 제공(요청)할 물품과 서비스의 전체 목록, 현금과 지역통화 '나 눔'의 비율, 연락처 등을 망라되어 있었다. 이 소식지에는 회원들의 계정 상황을 알 수 있고, 컴퓨터 통신과 인터넷으로 볼 수 있다고 되어 있다.

거래는 소식지를 보고 필요한 물품과 서비스를 확인하고 제공자(구매 자)에게 전화를 걸어 현금과 나눔의 비율, 거래내용 등 조건을 확인 후 거래를 하고, 거래 후에는 사무국에 전화를 걸어 구매자의 계정에서 제

〈그림 4-1〉 인천연대 소식지와 나눔 거래현황

공자와 거래 나눔을 통고하였다. 계정이체는 나눔 사무국에서 거래만큼 구매자의 계정에서 제공자의 계정으로 옮겨가고 거래 나눔의 1%가 운영비로 사용되었다. 이 공간을 통하여 '지역통화시스템 나눔 공동체 운영규칙'을 만들어서 운영하였다. 2000년 2월호를 보면 신규 회원 12명이 가입했으며, '나눔 체험기'를 소개하고 있었다. 당시 두 딸의 어머니인 최인경(32) 씨는 '나누면서 쌓이는 적금'이라는 제목으로 체험기를 실었다.

"난 처음 나눔에 가입하는 것에 대해 고민이 많았다. 결혼 후 아이 낳고 살림만 한 나로서는 내놓을 만한 품앗이가 하나도 없었다. 그러다가 주부인 내 입장에서 물건을 싸고 믿을 만한 곳에서 살 수 있고, 치료도 받을 수 있다는 것이 마음에 들었고, 점점 회원이 늘어나고 다양해지면 나도 무언가 할 수 있는 일이 생기지 않을까 해서 가입하게 되었다. 살림을 하는 동안 나는 이렇다 할 만한 적금 통장 하나 마련하지 못했다. 하지만 이제는 아니다. 내 품앗이의 일부가 나눔 계좌에 은행의 적금처럼 차곡차

곡 쌓여가는 것이다. 살림을 하는 사람은 알 것이다. 이 기분을... (중략) 마지막으로 바라는 것이 있다. 내가 살고 있는 지역에서 지역통화시스템 나눔이 알려지고 거래가 활성화되어 웬만한 것은 돈 없이도 구입하고 쓸 수 있는 곳이 되었으면 하는 것이다(평화와 참여 소식지 2000 2월로 '나눔' 체험기)."

우리는 체험기에서 알 수 있듯이 99년 5월에 시작하여 9개월 정도 흐른 시점으로 품앗이라는 개념으로 회원을 이해하고 있고 나아가 치료도 받을 수 있다고 되어 있다. 기관지의 나눔 목록에는 건강, 강습, 상담, 먹거리, 몸단장, 문화, 사진, 생활용품, 아동, 외국어, 입거리, 컴퓨터, 집수리, 탈거리, 대여 이렇게 10가지 대분류로 품목을 분류했다. 세부적으로 보면 건강에는 약국과 치과, 안마, 의료봉사가 있었고, 강습에는 피아노, 영어, 노래, 컴퓨터, 과외, 기타, 메이크업 등이 있었고, 상담에는 독서상담, 세무상담, 아동미술지도 상담이 있었다. 먹거리는 케이크/피자, 요리해주기, 음식도우미가 있었고, 몸단장에는 메이크업, 미용, 마사지, 웨딩이벤트가 있었다. 문화로는 축가, 피아노 반주, 글씨 써주기, 답사, 붓글씨, 그림 그려주기가 있었고 사진에는 비디오와 사진 촬영이 정말 다양한 품목들이 있었다. 품목은 대략 96개의 품목이 나와 있었고 2월의 거래 금액은 54만 9천 원 정도가 발생했다. 회원은 80명 정도이다. 2월은 회원이 11명이 늘어 91명의 회원이 되었고 131만 9천 원으로 나타났고, 3월은 15명이 더 늘었다. 6월에는 회원증이 발급되기도 하였다.

언제 이 사업이 중단되었는지 정확하지 않지만, 인천에서 시민단체를 중심으로 진행한 최초의 지역화폐다.

이웃사랑품앗이 '사랑'

2005년 3월에 도입한 이 지역화폐의 명칭은 '사랑'이다. 이웃사랑품앗이는 이웃사랑교회, 인천평화의료생협, 인천생협, 굴포천살리기시민모임이 주축이 되어 협동적 삶의 실천을 통한 더불어 살아가는 도시공동체를 만들고, 도시사회에 증가하는 환경파괴와 급속한 고령화로 야기되는 실업 문제와 사회복지 및 의료비 부담 증가 등 지역사회의 제반 문제를 해결하기 위하여 도입되었다. 조합은 무엇보다 한 사람의 이익에 국한하지 않고 소외와 차별이 없는 협동의 정신을 바탕으로 건강한 지역공동체를 만들기에 노력하며 공동체 속에 실업, 가난, 질병, 장애로 고통받는 사람이 없도록 사람에 대한 사랑과 헌신을 나누고자 하였으며 나아가 인간만이 아니라 자연과 교감하는 삶의 방식을 개발하고 실천함으로서 자연과 조화롭게 공존하는 삶을 영위하는 것을 목적으로 했다. 설립 목적에도 '상호협동의 정신을 바탕으로 조합원과 지역주민의 삶의 질을 유지 증진하기 위한 지역품앗이 활동을 실시하고 조합원 모두의 문화적 경제적 개선을 도모함을 목적으로 한다'고 되어 있다. 또한 지역공동체와 경제생활 전반에서 자연과 조화를 이루도록 노력하고 있다. 회원 규모는 500~1,000명 규모이다.

이들은 주로 나눔장터 운영과 품앗이 학교 운영을 통하여 생활교육이나 평생학습, 창업을 위한 작업교육 등과 사회적기업, 일공동체 등 대안경제 주체의 발굴 및 육성활동을 주요 사업으로 하고 있다. 이웃사랑품앗이는 어려운 점으로 지역에서 품앗이에 대한 시민들이 이해가 적어 자발적인 참여를 이끌어내는 것이 어렵다고 했다. 또 초기 과정에는 상근 인력이 품앗이에 대한 교육과 매개 작업을 지속적으로 해야 지역사회에서 품앗이 활동이 유지될 것이라 판단했으며 도시에서 품앗이 문화를 만들어 가는 것이 중요하고 시급한 과제라고 하였다.

　이웃사랑품앗이는 지역 내 단체 연대의 성격으로 지역 주민과 함께하려고 시도한 지역화폐로 이 화폐 또한 언제 중단되었는지 기억하는 사람이 없었다.

강화도 밝은마을 '보은'

　밝은마을은 강화에서 마리학교와 백일학교 등 대안교육과 생명축제 같은 문화사업을 하는 사단법인이다. 몇 년 전부터 공동체화폐를 내부에서 사용해 왔는데 특이한 것은 우리나라 옛 전통인 화백회의와 공동체화폐를 접목하였다는 점이다.

　2006년부터 축제 때 부분적으로 '여성의전화' 등 30~40명의 회원들과 실물화폐형으로 추진되던 사업을 2010년에 3~4개월 동안 회원들 대상으로 계정방식으로 추진되었으나 2011년 10월 중단되었다. 평가로는 중심활동 세력이 미약하였으며 생활에 필요한 물자를 제공할 가맹점을 조직하지 못하였다는 평을 받았다. 보은은 밝은마을 상근자와 마리학교 학생들을 중심으로 운영하였다. 학생들도 적극 참여하다 보니 대안화폐가 조금은 놀이처럼 애용되기도 하였다. 또한 대안교육을 받는 학생들이 대안화폐를 사용하면서 대안의 삶에 대해 더 깊게 이해하는 계기가 되기도 하였다고 한다.

　가입절차는 가입비는 1천 원 또는 물품 두 점이다. 거래 단위는 은혜를 갚는다는 뜻의 '보은'이고, 거래는 계정방식으로 이뤄지는데, 보은을 얻은 회원이 사무국에 보고하도록 되어 있었다. 보은은 레츠형 지역화폐로 사업을 함께 했던 이광구 씨는 "당시 지역화폐의 붐과 함께 실험적으로 추진되어진 사업으로 단단하게 준비하고 시작하지 못한 것에 대한 아쉬움이 남는다"고 밝혔다. 이 씨는 강화도에서 새로운 시도로 대안학교 학생들을 대상으로 지역 대안학교인 산마을학교에서 학생 대상 강좌를 3학기 진행하였으며, 지역화폐 활동을 정상적으로 운영하지는 못했지만 지역 내에서 추진은 매우 의미 있는 경험으로 남았다고 하였다.

인천여성노동자회 희망품앗이 '씨앗'

일을 해도, 생활은 가난에서 벗어날 수 없는 일하는 여성들의 조건을 당사자 스스로들이 대안을 마련하고자 2008년 5월 인천여성노동자회 상근자 중에 품앗이 활동을 전담할 담당자를 선정하고, 품앗이 활동의 공유와 활동 범위, 그리고 어떻게 시작할지에 대한 논의를 진행하며 이뤄졌다. 논의 과정에서 품앗이 활동의 주체 세우기, 활동에 대한 공유 전달체계 등을 통해 회원들과 함께 진행하였는데 때로는 느리고 더디게 진행되었다. 조직 내적 영향, 회원의 품 계발 혹은 연계, 실질적인 생활의 보탬, 삶의 질을 돈(국가통화)이 아닌 가상화폐로 가능하도록 하는 지역자원 연계사업 등이 여러 가지 과제인데 이는 품앗이 활동이 확대됨에 따라 일어나는 지역의 사회경제그룹화에 대한 고민이기도 하였다. 이에 대하여 인천여성노동자회의 품앗이활동을 5월에 추진한 뒤 발대식은 그해 7월에 하였다.

활동의 취지는 '여성노동자회'와 함께하는 대부분의 여성들은 아무리 열심히 일해도 가난을 벗어나기가 힘들었으며, 일자리 제공과 물품이나 의료서비스 등 복지제공도 빈곤여성들이 스스로 개입하여 만들어가기 힘든 부분이 많았다. 따라서 희망품앗이 활동은 서로에게 필요한 물품 및 서비스, 자원을 시장에서 화폐를 통해 구입하는 방식이 아니라 각자가 가지고 있는 재능 나눔과 지역사회 자원연계를 통해 소비지출을 줄이고 서로에게 부족한 부분을 채워 '나눔과 희망의 공동체'를 일구어 나가는 취지에서 시작하였다. 이러한 활동은 소비 지출을 줄임으로서 생활비를 줄이는 활동방식으로 서로의 재능을 나눔으로서 서로에게 도움을 주는 협동 활동과 회원들 간의 품을 나누면서 정을 나누는 활동 이를 통하여 공동체를 활성화시키는 활동으로 추진되었다. 이렇게 활동의 취지와 목표를 정하고 지역화폐를 명칭을 그 취지와 목표에 맞게 '씨앗'이라고 정했다.

희망품앗이 지역화폐 '씨앗'은 평생 벌어도 부족하기만 한 이 돈을 우리가 직접 만들어서 사용하면 어떨까 하여 이 돈의 이름을 '씨앗'이라고 했다고 한다. 씨앗은 종이돈을 만들어 주고받는 것이 아니고 통장만 하나 있으면 거래가 가능한 형태의 레츠형 지역화폐로 설계되었다. 사람들이 자신의 가진 재능, 내놓을 수 있는 물품 혹은 빌려줄 수 있는 물품을 등록하고 서로 거래하는 전형적인 레츠형 방식이었다. 거래할 때 서로 가격을 합의한 후 통장에 쓰면 되었으며 씨앗을 벌은 사람은 +로 씨앗으로 산 사람은 -로 계정을 작성하였다. 거래통장 발행은 1계좌 1가구로 하여 70가구가 처음 시작하였다. 가입 축하의 의미로 '1천 씨앗'을 지급하여 거래 활성화를 위한 종자 역할을 하도록 하였다. 이후 여성노동자회는 인터넷 카페(cafe.daum.net/iseed)'를 개설하여 거래 품목과 거래를 알 수 있도록 했으며 소식지를 통하여 홍보하기도 하였다. 현재 카페는 운영이 중단된 상태다.

2008년 사업 초기는 회원들이 활발히 참여하였다. 같은 해 말에는 회원이 110명이 넘을 정도였다. 2008년만 총거래 건수가 454건 정도가 있었고 거래 품목, 재능이 다양하게 거래되었다고 한다.

희망품앗이 씨앗의 가입방법 및 절차는 이웃과 나누기 위한 첫 번째 준비는 바로 마음을 여는 것으로 가입하시는 분이 자신의 소개를 가입 신청서와 함께 작성하였다. 소개하기 방식은 방문, 전화, 다음 카페에 가입신청서 작성 등이었으며 내용은 주고받을 수 있는 '품'과 연락처를 등록하고, 거래하고 싶은 품목이나 연락처가 바뀌면 사무실에 알리거나 방문, 전화, 카페를 이용하거나 문의하기도 했다. 또 거래하고 싶은 회원과 직접 연락해 상의하여 거래도 하였으며 거래 후 서로 확인하고 통장에 기록하였다. 계정의 통장 정리는 장터에서 거래 내역을 보고하거나 카페에 각 개인의 계정현황을 알 수 있도록 하여 운영하였다. 활동에 대하여 공유하거나 전달하는 방식은 소식지와 공개강좌를 통하여 이루어졌다. 소식지는 월 1회 발행하여 품앗이 회원 및 제 단체에 우편으로 발송을 하였다. 소식지의 내용은 장터공유, 공지사항, 교육내용게재(우리가 만들어 쓰는 돈), 함께하는 글(좋은 글 등), 소감나누기 등이다.

지역화폐와 관련하여 공개강좌는 연 2회 정도 지역화폐에 대하여, 순환과 공생을 위한 지역경제 만들기의 내용을 이루어졌다. 품앗이 장터는 자원교환이 이루어지는 공간으로 재활용의 거래는 주로 옷, 교복, 신발 등이고 품목으로 농산물 및 가공품(가맹점)으로 두부, 순두부, 계절용 가공품, 순무, 고구마가루분, 김치, 짱아지, 호박고구마, 유정란 등으로 장터가 열렸다. 내가 필요한 품목에는 밑반찬, 머리염색, 커트, 아이숙제 봐주기, 아이돌보기, 집안청소 등이 요구가 있었고 내가 할 수 있는 모든 재능으로 나온 품목이 매듭 가르치기, 밑반찬, 옷 수선, 아이돌보기, 수지침, 발맛사지, 운전, 심부름, 커피메이커, 집안행사 음식만들기, 운동친구, 힘들 때 같이 술 먹고 놀아주기, 머리미용 등이다. 희망품앗이 '씨앗'의 주체를 세우기 위해 '지기'를 두어 회원을 조직하고 운영하는 역할을 담당하였다. '지기회의'라는 명칭으로 매달 진행을 하였는데 인천여성회의 자조모임 단위에서 1명씩 자원자로 구성하고 장터지기는 거래관리, 편집지기는 소식지 기획 및 발행, 회원지기는 씨앗소통으로 재능개발과 공지사항 전달 등의 역할을 구분하였다. 또한 교육주제를 개발하여 희망품앗이 활동에 대한 인식향상을 위해 소식지 기재, 월례회 교육(우리가 만들어 쓰는 돈마무리: 지기, 회원 간에 전체공유)을 진행하기도 하였다. 회원들이 참여하는 공동체 경험은 만찬모임으로 기후에 따라 실내 혹은 야외(공원)에서 장터와 함께 진행하고, 회원들의 요구 시도·농 프로그램을 진행하기도 하였다. 또한 점심 혹은 간식 만찬을 열기도 하였다. 회원들이 역량강화 프로그램으로 '회원 품 개발 및 연계'로 회원 스스로의 요구에 의한 소모임으로 5인 이상을 구성하고 품, 재능으로 운영되는 모임에 강사역할 하는 회원에게 '씨앗'을 지급하기도 하였다. 소모임으로 지역역사 바로알기(등산반)은 이야기와 역사가 있는 지역 순례를 월1회 정도 진행하였고 천연생활용품 만들기(강좌)는 EM만들기, 허브비누, 천연화장품 등, 춤-동아리는 월2회 10명, 여행(날개) 동아리는 회원19명, 건강강좌는 발마사지, 수지침 초보 따라잡기 등, 영화모임은 품앗이 장터가 있는 날에 진행을 하였다. '씨앗'은 이러한 활동을 통하여 인천여성노동자회 정회원의 자조모임, 실업대책본부 여성상조회, 부평지역자활센터 자활상조회, 가정관리사협회 등으로 구성되어 별도로 운영하였다. 자조모임의 경계 해소는 조직단위별로 모임이나 강좌로 진행하였던 것을 재능, 품을 매개로 소모임들 재구성되면서 자조모임을 뛰어넘어 조직이 재구성되어지고 새로운 관계가 형성되는 경험을 하였다고 한다. 그리고 회원 확대와 자조모임 소통은 재능을 가지고 있는 이가 품앗이 회원에 가입하고 재능 중심으로 모임이 꾸려지면서 이후 인천여성노동자회 회원으로 가입하게 되는 경로가 만들어지기도 하였다고 한다. 소모임은 자연스러운 회원 활동으로 자리 잡아가고 효과가 있었으며 무엇보다도 자조모임간의 소통이 회원들 안에서 이루어지고 있어서 사업이 끝나도 사람들이 흩어지지 않고 지속적으로 자신들의 삶의 질을 만들어 갈 수 있는 효과가 있었다고 한다. 지역화폐가 단순히 여성노동자회 안에 머무르는 것이 아니라 회원들의 품, 재능으로 운영되는 품앗이는 재미있고 새로운 경험을 하게 되었고 실질적으로 일정 정도 가계에 보탬이 되기도 하였지만, 생활방식을 바꾸어 나가는데 많은 시간과 노력이 요구되어진다는 것을 경험하게 되었다.

이들은 사회적경제 영역의 확대로 지역사회의 지역화폐 또는 사회적 경제조직과 연계한 활동을 추진하기도 하였다. 조직 내부 사업의 변화와 회원들의 참여가 줄어들면서 희망품앗이 '씨앗'에 대한 운영방안을 논의하게 되었다. 논의 결과 2014년 장터를 중심으로 진행되었던 희망품앗이 활동은 장터 운영을 중단하고 회원들이 필요시 자발적으로 운영하는 것으로 조직적 결정을 하였다. 이후 공간을 활용하여 나누고자 하는 물품을 전시하면 필요한 사람이 거래하는 소박한 방식으로 현재까지 운영되고 있다.

박명숙 회장은 "희망품앗이 '씨앗'은 가난한 여성노동자들이 우리 생활에 필요한 것을 우리가 갖고 있는 물품이나 재능을 서로 나눔으로써 해결하고자 했던 활동이었다"며 "이러한 활동의 주체는 자발적으로 참여한 지기들이 중심이 되어 운영하였고 회원들이 적극적인 참여가 더해졌다"고 말했다. 이어 "이러한 활동은 거래량 이상으로 여성노동자들이 만나고 서로에게 힘을 북돋아 주는 공동체 활동이었으며, 우리만의 활동이 아닌 사회적 경제 활동을 확장시켜 나가고자 하는 노력으로 이어졌다"고 덧붙였다.

인천평화의료생활협동조합 '평화'

인천평화의료생협은 지역주민이 출자, 운영, 이용하는 곳이다. 의원, 한의원, 가정간호사업소, 건강검진센터, 노인복지센터, 치과(설립준비) 등 다양한 사업소를 운영하고 있다.

평화의료생협은 2006년 장기발전위원회에서 인천평화의료생협의 비전으로 지역화폐 논의를 '자치적이고 협동적인 지역공동체를 건설한다'는 목표를 가지고 '녹색가게운영과 지역화폐운동'을 진행하였다. 2007년부터 사업계획에 희망엄마 중심으로 희망장터 월 1회 개최하였고 이웃사랑품앗이에 참여하였으나 활성화되지는 못하였다. 2010년 사업계획에 지역화폐운동을 다시 포함하여 추진하면서 의료생협 이사회 산하에 지역화폐추진위원회를 꾸려 추진하였다. 기존의 경험을 기반으로 건강의 영역을 넘어 일상생활 속에서 소통과 협동의 정신을 실천하자 직원모임, 소모임, 대의원 지부모임에서 품앗이 놀이와 품앗이 만찬 등을 진행하였다.

지역 차원의 지역화폐 추진을 위한 '인천지역 지역화폐협의회'를 강화여성의전화, 밝은마을, 배다리 문화공동체, 인천여성노동자회, 참좋은품앗이, 콩세알도서관, 푸른생협, 인천평화의료생협가 구성하여 정기적 회의를 하며 홍보책자도 공동 발행하였다. 그러나 지역화폐에 대한 관심을 유도하기는 하였으나 체계적인 운영이 되지 못했다. 2011년에는 성장하는 의료생협 만족스러운 조합원이라는 슬로건 하에 지역화폐도 중점사업으로 선정되고 지역화폐위원회로 변화를 시도하여 사업소에 지역화폐를 적용하기로 사업을 추진하였다. 그리고 2011년 2월 부평구청에서 마을기업 육성사업 신청공문 접수 후 〈나와 이웃을 살리는 작은 기업 인천평화LETS〉를 신청하여 선정되면서 구체적으로 추진되었다.

사업내용은 ①친환경물품(천연비누, 천연화장품, 친환경수세미 등) 지역화폐 거래, ②재활용품이나 품을 지역화폐로 거래, ③책, DVD, 재활용구 등 대여를 하는 사업을 추진하였다. 그 후 지역화폐위원회를 중심으로 실무자를 뽑고 매장을 계약하여 2011년 6월 25일 평화나눔가게를 개장하게 된다. 이 가게는 마을기업으로 지역에 산재해 있는 각종 자원(향토·관광·문화·자연자원 등)을 활용한 다양한 비즈니스를 주민 필요에 의해 주민주도로 개발하여 수익도 내고 일자리도 창출하는 사업으로 추진하기도 하였다.

평화레츠의 사업의 운영 규칙은 단위는 '평화'로 하며, 1평화는 1원으로 한다. 자원봉사는 1시간당 2,000평화로 하며, 거래시 상한선은 50,000 평화로 하며 -50,000평화는 거래가 중지된다. 수수료는 거래가의 10%로 하며, 홈페이지를 통한 거래도 수수료는 같다. 수수료를 납부하지 않거나 지역화폐 원칙에 어긋나는 행위 시 지역화폐위원회에서 거래 중지나 회원 탈퇴를 강제할 수 있다. 거래 금액 및 수수료를 매장 위탁 물품은 현금 80%와 지역화폐 10%, 수수료 10%로 거래를 하도록 정했으며 개인 물품 위탁 거래 시에는 현금 50%와 지역화폐 50%로 거래하고 거래 금액의 10%를 현금으로 수수료를 징수하도록 하였다. 가맹점 판매 물품은 가맹점 특성에 따라 가격을 현금과 평화레츠의 비율을 정하도록 하였으며 나눔 가게 제작 물품은 현금 80%에 지역화폐 20%, 기증 물품은 현금 50%와 지역화폐 50%를 사용하도록 규칙을 정했다. 거래 시 발생하는 현금은 월 1회 정리 계좌 입금을 원칙으로 하였고 위탁 후 15일 이내에 판매되지 않은 물품은 15일간의 연장 판매가 가능하며, 연장기간에도 판매가 이루어지지 않은 경우 되가져 가거나 기증 할 수 있도록 하였다. 그리고 연장판매 기간 종료 이후 되가져 가지 않으면 위탁 물품은 인천평화LETS에 귀속하도록 하였다. 의류는 평화 나눔 가게에서 지역화폐 '평화'로만 일괄 구입 후 현금 50%와 지역화폐 50%로 판매를 하였고 책, DVD, 의료기 대여사업도 하였다. 의료기 대여는 3개월 대여, 1회 한하여 연장 가능하며 지역화폐로 사용하고 도서대여의 기간은 1인 3권 1주일 간이며 1회 연장이 가능하고 권당 500평화를 사용하도록 하였다. DVD 는 1편당 1박 2일로 정하고 500평화로 하였다.

위의 사업을 인천평화의료생협사업소의 운영위원회, 이사회의 통과 후 시행하였으며 회원 관리는 회원으로 가입서 작성 시, 받고 싶은 물건 이나 품, 나눌 수 있는 물건이나 품을 작성하도록 권유하여 회원 관리 자료로 활용하였다. 회원공동체로 품앗이 만찬, 품앗이 놀이를 지부 모임이나 소모임에서 우선 하도록 하였으며 기타로 회원의 날, 소모임, 품앗이 만찬은 월 1회 개최하였고 동 행사 시 자원봉사자를 알리고 희망자 모집하여 운영하였고 회원의 날, 품앗이 만찬, 품목별 장터(반찬, 주방용품, 가방..) 통해 접근성 떨어지는 회원에게 다양한 접근 기회 제공하였으며 전체 의료생협 조합원의 재활용 물품 기부 요청과 함께 평화 레츠 회원 가입, 거래 유도로 분기별 1회씩 하도록 유도하였다.

2011년 9월 말로 회원가입자 수는 130명의 거래 실적이 있었다.

〈표 4-6〉 평화레츠 거래현황(2011.06~09)

월	거래건수	지역화폐	현금거래	거래금액
6월	130건	260,800평화	624,000원	884,800원
7월	123건	236,400평화	544,600원	781,000원
8월	92건	281,000평화	399,000원	680,000원
9월	164건	779,000평화	2,143,000원	2,922,000원
합계	509건	1,557,200평화	3,710,600원	5,267,800원

배다리 생활문화공동체 「띠앗」 '품'

'띠앗'은 형제, 자매들 사이 우애를 말한다. 배다리는 인천 오래된 마을 중 하나이다. 인천 여러 곳이 개발 문제로 시끄럽지만 배다리 동네도 8차선 산업도로, 구도심 재정비촉진사업 등 개발 문제로 시끄러웠다. 배다리는 헌책방 골목, 옛 골목길, 영화·창영초등학교, 여선교사기숙사 등 인천 사람들의 애환과 오랜 문화가 있는 곳이기 때문에 동네 주민, 상인 그리고 배다리를 아끼는 사람들이 개발에 반대하며 모임을 꾸리면서 자연스럽게 생겨났다.

지역화폐를 서로에 대한 이해와 배려, 나눔과 고유의 미덕이 넘치는 동네를 주민들이 주체가 되어서 살맛 나는 동네를 만들어가기 위한 목적이라고 하고, 이렇다 할 직장이나 돈벌이가 없어도 저마다가 지니고 있는 경험과 재주, 역량을 가지고도 서로가 도움을 주고받는 관계 속에서 어느 정도 생활이 가능한 관계를 만들어 가는 것을 지향하며 만들었다고 한다.

지역화폐 띠앗의 '품'은 2007년 '스페이스 빔' 차원에서 한국문화예술위원회 비영리전시공간지원사업에 지역통화를 실시계획안에 넣고 신청하여 선정된 과정이 있었다. 이어 2008년 '배다리를 지키는 인천시민모임'에 제안을 하고 스페이스 빔 주관하에 준비와 사례 및 자료조사 스터디 등을 하기로 결정하였다. 이후 그해 8월에 성남아트센터 탐방과 후 배다리 지역통화 본격 추진을 결정하고 준비위원회 구성 및 준비작업을 하여 '배다리 생활문화공동체'에서 지역통화 단위 명칭 공모를 통하여 9월에 '띠앗'을 지역통화 사업명칭으로 하고 '품'을 지역통화 단위 명칭으로 결정하여 추진하였다. 준비를 하면서 '카페 개설[12]'도 하였고 그해 10월에 출범식을 하였다.

주민, 이웃들이 스스로 돈 없이도 서로 도우며 살아가는 나눔과 공유가 있는 마을공동체를 만들기 위해 '품'이라는 지역통화를 만들고 모임을 하였다. 그래서 '띠앗'은 배다리 주민, 동네 주민, 근처 이웃, 배다리를 아끼는 사람이 그 대상이었고 1품은 1원으로 환산되는 레츠형 지역화폐이다.

'띠앗'은 매월 월 모임을 통해 동네를 위한 행사로 김장담그기, 마을잔치 등과 텃밭 만들기, 친환경적 생활문화 나눔, 벼룩장터를 열었다. '품'은 동네 상점들과의 거래나 교류보다는 주로 회원들 사이 나눔과 도움 거래를 주로 하였다.

당시 '띠앗' 모임의 운영위원장이었던 이대원 씨는 "'띠앗' 모임과 지역화폐 '품'에 대해서는 구도심인 배다리를 좋아하는 사람들과 서로 협동하는 마을의 가치를 좋아하는 사람들이 힘을 합쳐 한번 해보자고 하여 추진된 사업"이라고 한다. 3~4년 정도 추진된 사업으로 기억하고 있었고 이대원 씨는 '품'이 당시 지역화폐 흐름에 실험정도로 했다고 소회하고 있었다. 그러면서 품이 실천적으로 성과가 거의 없다고 하면서 조금은 아쉬운지 다시 하면 전망을 가지고 단단히 마음먹고 해야겠구나 하는 반성을 하게 된다고 한다. 띠앗의 품은 지역을 기반 중심으로 활동가가 주축이 되어 운영하였고 가치를 좋아하는 소수의 사람들이 추진하였지만 실험에 그쳤다.

이 씨는 "그래도 인천에서 실험된 지역화폐가 단체 중심의 내부형 지역화폐라면 띠앗의 품은 지역을 기반으로 추진한 매우 의미 있는 레츠형 지역화폐운동이었다"고 밝혔다.

---

12) https://cafe.naver.com/baedarimoney 현재 개방되고 있지만 활동은 미미한 상태.

동네야 놀자 '아름'

인천시 부평구 원적산 아래를 뫼골(山谷)마을이라고 부른다. 산곡·청천동 뫼골은 원도심으로 도시 개발이 낙후된 지역이었다. 뫼골마을에는 예전부터 공부방과 청년회 등에서 모임과 활동을 했던 사람들이 많았다. 이들이 참여해 동네축제 '동네야 놀자'를 만들었다. 비정규직이나 일용직 노동자가 많은 사는 동네이며 '동네야 놀자'라는 축제는 바로 지역주민들의 소통의 공간이며 어울림의 장이였다. 부평구 뫼골마을에 동네야 놀자 사무실 안 '착한가게'에는 잡동사니 같은 물건이 많았다. 네 사람들은 아무렇지 않게 1천~2천 원씩 주고 아무렇지 않게 가져다 썼다. 이것은 다른 사람에게는 소용이 없지만 나에게 꼭 필요한 물건이기 때문이다. 이것이 바로 2009년 3월에 만든 '아름'이라는 지역화폐를 만드는 토대가 되었다. 돈으로 매긴 품으로 물건을 살 수 있거나 품을 준 사람에게 품을 요구할 수도 있었다. 당시 지역화폐를 유통한 목적은 지역공동체와 대안경제를 목적으로 시도하였다고 한다.

주로 지역 내 단체를 기반으로 만들었으며 전반적으로 여성의 참여가 높았다고 한다. 참여 인원은 대략 연 100~300명(실제 활동인원은 30~40명) 정도가 되었으며 지역화폐에 대한 지역주민들의 이해가 부족하여 실제 생활과 연결하여 가정 경제에 실제적인 도움이 될 수 있는 다양한 품이 있어야 하는 데 참여가 적극적이지 않아 애를 먹었고 실제 사용의 불편함도 있었다. 정서적으로는 이웃과 정(情)까지 지역화폐로 계산하려니 시작 단계에서 불편하였다고 한다. 사무실의 착한 가게의 수익금은 홀몸노인들의 밑반찬과 난방비로 사용하였고, 남는 회비와 후원금은 한 달에 5만 원씩 학생 10명의 용돈으로 내놓았다. 더 많은 나눔을 퍼트리기 위해 리폼기술이 있는 회원이 리폼교실을 열기도 하였다. 이렇게 버려지는 의류와 전자제품, 생활용품을 수리해 다시 쓰는 기술을 알리는 교육 프로그램도 운영하였다.

동네야 놀자 사무국장인 이용우 씨는 한 인터뷰에서 레츠형 지역화폐 '아름' 활성화되지 못하고 중단된 이유를 이렇게 밝혔다. "지역화폐는 달 란트가 다른 사람들이 해야 하는데 이곳 뫼골마을은 비슷한 형편의 사 람들이 살다가 보니 나누어야 할 달란트와 품목이 비슷하여 수요자와 공급자가 다양한 달란트를 가지고 있어야 소통이 되는데 그렇지 못하여 활성화가 어렵구나 하는 생각을 했습니다." 그래서 동네야 놀자의 '아름' 인 레츠형 지역화폐는 낙후되고 비정규직 노동자들이 많은 마을이 특색 으로 아직은 안 맞는 사업이라는 결론에 도달하여 결국 접었다고 했다. 그것뿐 아니라 도시 재개발로 인하여 어려워지기도 하여 지역에 필요한 봉사로 지역의 사람들과 어울리는 활동으로 전환했다고 한다.

지금은 아름이라는 지역화폐는 없지만 그래도 마을공동체 사업은 지 속되고 있으며 아이들에게 주던 용돈은 '동네장학회'를 만들어서 지금도 추진되는 사업이다. 또한 당시 리폼기술을 가진 회원이 만든 동아리는 2012년 마을기업 '리폼맘스'를 만들어 공동체 기업으로 운영하고 있으며 도시개발로 인하여 지금은 백운역 방면으로 이전하였다고 한다.

다살림레츠 '토리'

연 1회의 총회, 월례회 등을 통해 정기적인 모임을 갖고 공동체 사업 을 추진하고 있었다. 이곳에서 공동체 활성화 사업으로 2009년 3월에 지역화폐(화폐단위: 토리)를 도입하였으며, 인천지역의 대표적인 지역화 폐 활용사례로 소개되고 있다. 인터넷 카페의 일일거래장을 개설하여 회원들 간 중고물품들을 지역화폐인 '토리'로 거래하고 있었다. 주민들이 가진 재능목록을 작성하고 품앗이를 통해 주민들의 재능을 마을에 기부하고 있었다. 다살림레츠는 비슷한 시기의 레츠와 다르게 노동력 평가에서 품앗이 한 시간을 1만 토리로 책정한 것은 시간당 노동력을 매우 높게 평가하였다.

나눔과 돌봄 배움의 지역공동체를 지향하는 다살림레츠는 먼저 이웃과 나누기를 위한 마음을 여는 가입서를 작성하여 스스로 자기를 소개해야 한다. 하는 일, 거래하고 싶은 품목, 연락처를 적어 회원 가입을 하고 다음카페나 밴드 게시판을 이용하거나 사무국에 문의할 수 있다. 거래하고 싶은 이웃과 직접 연락하여 서로 상의하여 거래하여도 무방하였다. 거래 후 카페 게시판을 통해 거래일자, 거래자, 거래내역, 거래액수를 알리고 토리를 주는 사람이 알리는 것을 원칙으로 하고 서로 상의하여 알린다. 보고된 거래를 바탕을 사무국에서 정리하여 각 개인이 자기의 계정현황을 알 수 있도록 했다.

거래 품목으로 먹을 거리, 입을 거리, 집안일, 핸드메이드, 돌봄과 교육으로 품목을 나누고 먹을 거리에는 엄마손맛 밑반찬, 고향의 농수산물, 지역에서 생산되는 로컬푸드, 입을 거리로는 작아서 못입거나 안입는 옷, 신발, 가방이 있고 집안일로는 청소, 수리, 컴퓨터 등이 있고 핸드메이드에는 천연화장품, 천연비누, 뜨개질이 있으며 돌봄과 교육에는 생태교실, 마을 배움터, 심리상담, 학습지도, 품앗이생활강좌, 독서 모임 등이 있었다. 그러나 2017년 이후 활동이 미미한 상태로 보이며 모임은 유지되어 활동은 하지만 레츠 거래는 거의 없는 것으로 파악되었다. 다살림레츠는 지역기반 공동체화폐로 마을만들기사업과 결합하여 지역화폐를 활용한 사례이다. 이는 지역화폐를 마을만들기에 활용한 새로운 실험으로 평가할 수 있다.

푸른두레생협 '송이'

푸른두레생협은 조합원 휴면 노동을 끌어내어 조합원 간의 협동을 이루고 나아가 지역사회에 기여함과 동시에 자신의 잠재된 능력을 계발하기 위하여 푸른두레생협 내에서 운영을 목적으로 기획되었다고 한다. 2009년에 시작하였으며 '송이'는 안전한 먹을 거리를 생산하는 농민, 자연, 이웃과 더불어 살아가고자 하는 감사와 노력의 가치를 담는 의미로 정해졌다고 한다. 지역화폐'송이'로 생활재를 살 수 있고, 생산지 견학이나 강좌 참가비로 사용할 수 있으며 '송이'는 재활용 가게 '녹색가게-햇살'에서도 사용 가능한 상태이다. '송이'는 각 위원회 활동비, 회보의 원고료 등 조합원 활동비로도 지급되는 특징이 있으며 1송이=1원의 가치를 지니고 있다. '송이'는 살림가치를 확산하기 위한 우리의 활동이며, 단순한 교환의 차원을 넘어 상호신뢰와 지역의 공동체적 연대의식을 만들어 가기 위한 첫걸음이라고 소개하고 있었다.

푸른두레생협은 생협 내에서 운영을 목적으로 기획하였지만 향후 발전방향에 대하여 소규모 품앗이 그룹들이 통합되어 운영할 수 있게 만드는 것은 전산시스템의 통합이 중요하다고 판단하고 있다. 또 전산시스템으로 통합할 수 있는 전제조건으로 지자체가 지역화폐 유통의 플랫폼을 만들어야 하며, 시민사회와 지자체가 지역공동체에 힘을 쏟는다면 현재나 미래에 활동하고자 하는 많은 품앗이 공동체는 더 늘어나고, 지역 내 서비스업체나 판매점들의 가입도 활성화 될 것으로 판단하였다. 이러한 활성화를 바탕으로 노인복지나 지역아동센터 등 복지사업에 품앗이 활동이 결합되어 궁극적으로 지자체단위의 공동체로 발전하는 중요한 기반조성으로 전망하고 있었다.

거래 규모는 2009년 시작 당시는 6건에 13만 원 정도였으나 2018년에

는 204건에 1,613만 원, 2019년에는 261건에 2,297만 원, 2020년에는 157
건에 1,961만 원 이상의 거래가 발생하였다. 푸른두레생협 내의 유통되
는 지역화폐이지만, 2009년 이후 유통되고 있는 몇 안되는 지역화폐라
는 점에서 매우 소중하게 다가오는 지역화폐이다.

연수품앗이 '냥'

연수품앗이는 2011년 1월에 문을 열어 연수구 내 탑피온 건물에 위
치하고 있다. 직원은 2명에 예산은 1,000만 원 정도이며 주로 홍보비로
지출한다. 운영 주체는 연수구청이고 민간은 운영위원회로 구성하여
운영하고 있었다. 2011년 11월 당시 회원은 480명의 개별 가입자들이
며 가맹점은 문방구, 빵집, 한의원 등 20곳이 가맹점으로 등록되어 있
었다.

이 사업은 2010년 구청장이 영국의 에든버러 연수 방문 이후 지시사
항으로 연수품앗이 사업을 추진하였다. 사업 추진 시작은 자원봉사의
활성화 방안(인센티브 조사)을 기본 방향으로 하였으며 이후 담당 공무원
과 연수구자원봉사센터에서 파견된 직원들이 다른 지역들의 사례를 조
사해 문을 열었다.

연수품앗이의 기본 목표 및 방향은 지역공동체 형성 및 나눔문화 확
산 저소득 계층의 사회·경제활동 활성화로 주관 부서도 주민생활지원과
에서 담당을 하고 있었다. 연수품앗이는 지역화폐의 형태 중 전형적인
형태로 법정화폐가 없어도 사람들이 물품과 서비스를 교환할 수 있는
연대에 바탕을 둔 자립적 생활방식의 LETS(레츠) 형태로 운영하였다.

운영방식은 전체적으로 대전한밭레츠의 운영사례와 유사하며, 화폐
단위를 냥(=원)으로 하고 품(노동, 서비스)의 가치를 최저임금을 감안 1시

간에 5,000냥으로 하였다. 물건의 가치는 공급자가 값을 정하는 것이 원칙이나 공급자와 수요자 쌍방의 합의를 우선으로 하여 운영하였다. 모든 거래는 사무실에 보고하여 회원들의 장부계정을 +, -하여 관리하는 레츠형 시스템이었다.

당시 언론기사를 보면 '120여 명의 주민이 참석한 이번 교육은 지역화폐제에 대한 이론교육, 품앗이 놀이학교 체험, 연수품앗이 홈페이지를 활용한 거래요령 등 품앗이 활동에 필요한 내용으로 진행되었다. 고남석 연수구청장은 "지금까지의 '자원봉사'가 누군가에게 일방적으로 도움을 주는 형태라고 한다면, 앞으로는 '주지만 나도 받을 수 있다. 받지만 나도 무엇인가 줄 수 있다'라고 하는 새로운 내용의 '자원봉사활동'으로 나갈 필요가 있다"면서 "특히 '받지만 나도 그들에게 무엇인가 줄 수가 있다'는 인식은 저소득층으로 하여금 스스로 자존감을 높이고, 지역 공동체 일원으로서 관계를 새롭게 형성할 수 있는 계기가 될 것"이라고 말했다.

연수품앗이의 장점은 지자체에서 지역사랑상품권 형태의 지역화폐가 아닌 레츠형태의 지역화폐사업을 시도한 것은 아주 우수해 보였으며 당시 서초와 대구 등의 사례에서 찾을 수 있었다.

기존 민간 주도의 지역화폐기관들의 문제점인 상근자, 재정, 사무소 및 기반시설이 갖추어져 있으며, 관에서 직접 운영하여 행정적 지원 등 장점을 가지고 있었다.

행정기관이 갖는 신뢰성이 바탕이 되어 주민들에게 회원 가입과 설득이 용이하나 레츠 형태는 지역 주민들의 공동체와 밀접한 연관이 있으므로 회원확대 및 가맹점 조직화에 한계가 존재하였다. 자체적으로 가지고 있는 교육실을 활용하여 다양한 교육프로그램을 진행하고 있으며

〈그림 4-2〉 연수품앗이 회원교육

(출처: 연수구청, 2012년 9월 20일 교육)

(천연비누, 야구교실, 전통체험) 활성화 단계는 아니지만 새로운 시도를 통해 활성화를 위한 노력을 진행하고 있었다.

그러함에도 불구하고 연수품앗이의 단점은 행정기관이 주도하면서 주민들의 자발적 참여보다는 관리적 요소가 중요하게 작용하며, 회원들의 확장 및 활성화의 한계를 지니고 있었다. 연수품앗이의 시작이 사회복지적(소외계층의 재정적 지원과 혜택)요소로써 지역공동체, 나눔의 활성화 측면이 바탕이 되어 있고, 담당 부서도 주민생활지원과에서 시행하는 사업인 조건이라 지역경제 활성화 및 상인들의 참여 부분은 중요하게 고려할 수 없는 한계가 있었다.

당시 가입한 20개의 가맹점은 담당 직원의 인맥을 바탕으로 하여 가입을 받았으며 대부분 10% 수용률(지역화폐와 현금의 비율)이 저조한 편이며, 거래 시 대부분 번거롭게 인식하고 있었다고 한다. 상인들의 특성상 이득보다는 나눔과 공동체를 위한 지역화폐의 목적이기에 많은 수의 상인이 참여하기 어려운 조건으로 판단되었다고 한다.

지역 시민사회 단체와의 연계 및 소통이 이루어지지 않아 일부 단체들과 연계를 가지고 있었으며, 대부분 행정기관과 연계된 단체로서 단체 차원에서 주체적으로 나서기 어려운 상황이 단점으로 남았다.

인천 레츠형 지역화폐 경험에 대한 소고

인천의 지역화폐는 대부분 레츠형 지역화폐로 시작되었고 소개한 11
개의 지역화폐 외에도 참좋은생협 '품', 실행여부가 미미한 콩알품앗이
'콩알', 만월산마을사업단이 있었다. 이 밖에 지역경제 자립형의 강화도
'강화사랑상품권', 서구 연심회의 '동네사랑상품권'까지 16개 정도의 지
역화폐가 운영되었다.

인천지역에서 지역화폐는 마을기반형 지역화폐와 주로 단체 내부의
지역화폐로 구분이 가능하며 지역화폐가 '품앗이 활동'으로 표현이 많이
되는 것을 보면 2000년 초반 서울의 e-품앗이와 연계되었던 것으로 분
석된다. 당시 지역화폐운동의 한계를 평가한 것을 살펴보면 "지역화폐
가 활성화되려면 지역 내 주민들이 이에 대한 충분한 이해와 공감을 얻

〈표 4-7〉 인천시 레츠형 지역화폐 현황

단체명	화폐명칭	도입(예정)시기	이용자수(연간)
인천지역정보네트워크	인디텔 레츠	1998	?
인천연대	나눔	1999	80~100명
이웃사랑품앗이	사랑	2005	500~1,000명
강화 밝은마을	보은	2006	40~50명
인천여성노동자회	씨앗	2008	100~300명
인천평화의료생협	평화	2010	200명 이하
배다리생활문화공동체 '띠앗'	품	2008	100명 이하
동네야놀자	아름	2009	100~300명
다살림레츠	토리	2009	190명
연수구	냥	2011	480명
푸른생협	송이	2010~11	100명

(출처: 인천지역화폐최종보고서(2009) 재수정)

어 내어야 한다. 많은 시민을 대상으로 품앗이 활동을 알리기 위한 지속적인 홍보와 캠페인 등이 상설화되어야 한다. 품앗이 활동에 참여하는 기업체, 교육기관, 의료기관 등에 일정 부분의 세제 감면 혜택을 주거나, 정부의 금융지원 시 우대해 주는 방안도 검토해 볼 수 있다. 품앗이 활동에 참여하는 '품앗이 서비스 제공자' 우수 활동가들에게는 다양한 인센티브제 도입이 필요하다"라고 평가하고 있다.

따라서 지금도 운영되는 단체와 경험한 단체들이 있기 때문에 향후 지역경제 자립형의 인천e음 사업에 레츠형 지역화폐를 민간 주도로 할 수 있도록 지원하고, 지역경제 활성화와 공동체 확대의 두 마리 토끼를 잡는 방향 제시가 필요할 것이다.

3. 지역경제 활성화의 모범, 인천지역화폐 '인천e음'

인천에서 지역경제 활성화의 지역화폐 시작은 강화군이 될 것이다. 그러나 강화군의 경우 지자체장의 의지에 따라 폐지되었고 이는 마중물 같은 실패이기도 하다. 그리고 또 다른 실패의 교훈은 인천 서구에는 이미 실험적인 지역화폐가 존재했다. 서구의 상인공동체인 연심회가 2015년 12월 1일에 발행한 '동네사랑상품권'이 바로 그것이다. 서구 연희·심곡·공촌동 지역을 중심으로 소상공인이 발행한 상품권은 한계가 있었다. 그런 상황에서 서구의 미래를 구상하던 이재현 구청장은 취임 이전부터 연심회 상인들과 만나 지역화폐에 관한 지식과 의견을 나누며 밑그림을 그렸다. 이후 서구청은 기존 '동네사랑상품권'과 전국의 지역화폐를 찾아 분석하고 보완하여 서구만의 지역화폐 모델을 찾기 위해

연구하고 준비했다. 연심회와의 초기 소비시장 분석은 보다 발전된 미래형 지역화폐를 만드는 풍요로운 밑거름이 되었을 뿐만 아니라 강한 실현 의지의 근거가 되었다.

지역경제 활성화 유형의 지역화폐가 소상공인들에게 도움을 주고자 인천시가 2018년에 인천e음의 전신인 인처너카드(전자상품권)를 만들면서 강원도에 이은 광역단위의 지역화폐가 만들어졌다.

인천에서 지방정부기관의 지역화폐제도를 정책적으로 도입한 사례는 2011년 연수구청이 공동체 중심의 지역화폐인 레츠형으로 품앗이 화폐 '냥'을 도입하였다. 2014년 12월 강화군에서 인천지역에서 최초로 지역경제 활성화를 중심의 지역화폐 '강화사랑상품권'을 발행하였다. 강화도 내 가맹점에서만 사용하여 침체된 지역경제와 전통시장의 소상공인을 살리고자 추진되었던 강화사랑상품권은 2018년 7월 22일까지 총 190억 9,900만 원 상당의 상품권을 발행하고 중단되었다. 약 4년간 연간 50억 원 이상 규모로 발행되었음에도 지자체 장의 의지에 따라 폐지되고 말았다.

서구 상인조직인 연심회의 사례는 이후 인천e음이 발행되고 서로이음이 발행되는 과정에서 토대가 되었고, 이러한 실패의 경험은 현재 전국 최우수 모범 지역으로 인정받은 계기가 되었다.

2016년 서구의 연희심곡상인연합회가 시작한 서구의 민간단위 소상공인업자를 중심으로 한 '동네사랑상품권'의 경험은 '서로e음' 성공의 기반이 되었다고 해도 과언이 아니다. 서구의 서로이음의 성공에 당시 장영환 이사장과 김남녕 사무국장의 노고는 서구의 지역화폐 서로e음 백서에 잘 나타나 있다. 연심회 동네사랑상품권의 배경에는 청라신도시의 새로운 상권형성으로 구도심상권의 쇠락과 소비력 유출이 주변으로 계속 심화 되고 있었고 청라 홈플러스, 롯데마트 각종 유명메이커, 대형마트가 청라에 입점을 시작하였으며 청라지역의 신세계복합쇼핑몰의 소식은 상인들의 단합으로 나타나 서구의 민간단위 소상공인업자를 중심으로 '동네사랑상품권'을 인천시 참여예산으로 사업으로 선정되어 민간주도로 시작하게 되었다. 연희검단상인협동조합의 다양한 실험은 민간유통업자들이 협동조합을 만들어서 지역경제와 열악한 소상공인보호를 위한 정책으로 지역화폐를 도입하였고 협동조합상인들이 꿈꾸는 가치는 '동네사랑상품권'이 지역네크워크의 기반을 구축하여 판매실적보다는 지역네크워크(상인가맹업소 + 동네사랑상품권 소비자회원) 형성의 절실함을 배우는 과정이었다. 나아가 조합의 상인들은 지역화폐를 통하여 동네경제가 살아나는 만큼 수익금을 지역으로 다시 환원시키는 시스템을 구축하여 지역공동체에 대한 자부심과 애향심을 만드는 과정의 지역화폐를 설계하였다. 이것은 지금의 서로이음의 다양한 플랫폼 콘텐츠의 밑거름이라고 해야 할 것이다. 협동조합의 상인들은 가치마케팅을 통한 지역주민(소비자회원) 참여 확산과 착한소비 즉, 지역 내(연희심곡공촌)에서 우리네상품권 소비자회원이 소비한 만큼 그 매출의 0.5%를 지역사회에 환원함으로 지역공동체의 발전 기여라는 방향은 이후 '서로e음'의 기부문화 설계로 나타나게 된다. 당시 동네사랑상품권은 서구의 상인연합회, 사회복지시설과 평화복지연대, 여성회 등 중심으로 서구의 민간단위 지역화폐인 '동네사랑상품권'의 협의회 구성에 참여한 경험적 과정이 누적되어 있어서 서로이음의 민관협의회를 구성하는 토대가 되기도 하였다. 위의 실험은 '서로e음' 민관운영위원회 구성과 운영에 있어서 참여자들의 경험과 이를 받아들이는 서구청의 신뢰에 의한 독립적 운영의 기틀이 되었다고 판단된다.

인천e음

본 저자도 공동연구원으로 참여한 인천대학교 경제학과 양준호 교수팀의 인천e음을 분석한 자료를 검토하면 2018년부터 2019년 9월 30일까지 결제 횟수 및 총 결제금액, 그리고 증감률 비교를 살펴보면 결제 횟수는 4,500만 건이며 총 결제금액은 9조 8,265억 300만 원으로 나타났다.

2018년 6월부터 2019년 3월까지는 100% 내외의 증감률로 나타났으나 2019년 4월부터 증감율이 442% 증가하고, 5월에는 1,054% 증감률로 나타나는데 이는 서구에서 서로e음의 출시효과로 파악되었다. 인천의 GRDP는 2017년도 기준 88조 5,473억 원으로, 약 89조 원에 달하며, '인천e음'의 2019년 1월부터 9월까지의 발행량인 9,823억 원은 GRDP의 1.1%에 달하는 규모이다. (구)인처너 카드의 경우 2018년 6월부터 2018년 12월까지 총발행량이 약 3억 1천만 원이며, 이는 GRDP의 약 0.0004%로 '인천e음'의 발족이 인천 지역화폐 규모성장에 매우 큰 역할을 하였음을 알 수 있다.

'인천e음'은 2019년 5월을 전후로 매우 급속도로 성장하여 9월 말 현재 9,800억 원 규모로 유통되어 한국 지자체가 도입한 지역화폐 중 가장 큰 규모로 인천 내에서 유통되었다. 인천e음'의 현황을 세부적으로 살펴보면 2019년 9월 말 기준 결제 총금액(캐시백 결제 포함) 9,800억 원을 돌파하였고 이는 2018년 6월 (구)인처너카드 대비 2019년 9월 '인천e음'의 총 결제금액은 약 12만 배가 증가한 규모이다. 또한 2019년 1월 '인천e음'으로 전환 직후와 비교할 때, 결제 총 금액은 약 1,660배 증가한 수치이다. 증감률의 경우 (구)인처너카드는 초기 2개월 이후 그 증가세가 급격히 하락한 반면 '인천e음'의 경우 발족 이후 지속적으로 급격한 증가세를 보이고 있으며, 특히 2019년 4월에 442%, 5월에 1,054%의 증가율을 보이고 있었다. 결제금액의 증감률은 2019년 5월이 1,054%로 나타났지만 결제금액의 최고는 7월에 2,739억 6,462만 1,880원을 기록하였다. 따라서 당시 2019년 7월 최고의 결제금액을 기록하고 조금 감소한 것으로 나타나고 있으며, 결제 규모가 안정화 단계에 들어선 것으로 보였다.

인천의 '인천e음' 전자화폐를 1번 이상 결제한 기록이 있는 가맹점 수를 파악하니 9만 9,152개 가맹점으로 파악되었으며 가맹점 수를 보니 남동구, 서구, 부평구, 미추홀구, 연수구 순으로 파악되었다. 따라서 총 결제금액에 가맹점 수를 산술 평균하여 분석하였더니 약 991만 578원을 '인천e음'으로 결제했음을 알 수 있었다.

업종별 결제 횟수를 살펴보면 유통업영리, 학원, 병원, 의원, 약국, 일반음식점, 음료식품에서 주로 결제가 이루어지고 있었다. 유통업영리의 결제건수 비중은 약 29.38%이며 결제금액 비중은 약 15.06%로 결제건수 비중에 비하여 결제금액이 작은 유통업이라 할 수 있다. 학원의 결제건수 비중은 약 0.70%이나 결제금액 비중은 약 8.36%로 결제건수의 비중에 비하면 금액의 비중은 매우 높은 것으로 나타났다. 병원, 의원, 약국의 결제건수 비중은 약 7.74%, 결제금액 비중은 약 12.55%로 나타나 결제건수 대비 결제금액의 비중이 높은 것으로 나타났다. 일반음식점의 결제건수 비중은 28.56%, 결제금액 비중은 약 26.56%로 나타나 일반음식점의 결제건수와 결제금액의 비중이 비슷하게 나타나고 있었다.

음료식품의 결제건수 비중은 약 8.29%, 결제금액 비중은 약 5.97%로 나타나 결제건수 대비 금액이 비중은 작은 것으로 나타났다. 결제건수와 결제금액의 비중은 업종별 제품단가의 차이로 단가가 낮은 업종은 결제건수는 많으나 결제금액의 비중이 낮고 단가가 높은 업종은 결제건수는 적으나 결제금액의 비중은 높은 것으로 나타났다. 유통업영리와 수퍼마켓, 편의점, 유통업 비영리의 거래건수와 거래금액을 합치면 2,100만 건에 2조 1,695억 700만 원으로 1회 거래 시 1만 35원을 결제한 것으로 나타났다. 업종별 분류를 보면 일반음식점업, 유통업, 병원·의원·약국, 학원 등 생활밀착형 형태의 업종에서 '인천e음'이 사용된 것으로 파악되었다. 따라서 '인천e음'은 결제건수와 결제금액을 분석한 결과 유통업영리 부문에서 많이 사용한 것으로 분석되었다.

또한 유통업영리의 경우 주로 수퍼마켓과 편의점에서 결제가 이루어지고 있는데, 그 규모가 각각 약 425억 원, 200억 원에 달하였다. 특히 이 부문은 결제건수 비중이 결제금액 비중보다 높은데, 이는 유통업영리 부문에 대해 인천 시민들이 보다 소액으로 자주 '인천e음'을 사용하고 있음을 의미한다. 즉 소상공인들과 골목상권에 도움이 되는 화폐라는 것이 실증되는 수치이다.

따라서 소비자들의 소비가 대형할인점보다 '인천e음'을 통하여 소상공인들의 가맹점에 소비한 것으로 판단할 수 있다.

결제수단 대체효과는 지역 내 현금성 화폐유통량을 늘려서 지역경제의 간접적인 활성화에 기여하고 있다고 볼 수 있는 부분이다. 일반음식점도 유통업영리와 마찬가지로 '인천e음'의 사용횟수는 1,400만 건과 결제금액 2,639억 7,400만 원으로 나타났으며 비중은 전반적으로 28.6%와 26.6%로 비슷하게 나타나고 있다. 일반음식점의 경우 결제 1건당 1만 8,000원 규모로 소비를 하였으며 '인천e음'이 추구하고 있는 지역 소상공인 및 자영업자들의 매출 증대라는 목표에 매우 정합적인 결과라 할 수 있다. 따라서 일반음식점의 결제 횟수와 결제금액은 지역화폐의 정책도입에 매우 정합적이며 중소상공인들의 골목상권을 지켜내는 방향에서 나타나는 가시적인 성과라 할 수 있다.

역외소비가 전국 광역시도에서 세종시 다음으로 많았던 인천이 '인천 e음'의 도입으로 아직 그 수치가 높지는 않지만 소비가 유입되는 현상이 나타났다고 볼 수 있으며 이는 지역화폐의 지역에 나타나는 현상으로 역외소비를 줄이고 지역 내 소비가 활성화되면 인근 지역으로부터 소비의 유입이 나타난다는 이론과 매우 정합적이다. 인천의 '인천e음'을 통하여 소비유입율이 나타나는 효과는 위의 표에서와같이 인천시 전체적으로도 약 2.14%의 유입률을 보이고 있었다. 규모는 작지만 소비의 역외 유출방지가 목표였던 지역화폐가 역외소비의 유입효과로까지 나타났다. 2019년 분석 당시 '인천e음'은 90만 명에 육박하는 가입자와 1조 원 규모의 지역화폐 발행 규모는 지역 내 소비를 확산하고 경기 불황에도 불구하고 지역 내 소상공인들의 매출증대 효과가 있었던 것으로 파악되었고, 인천의 경기 상황 및 경기 전망이 매우 좋지 않았고 전통적으로 경기불황시기에 소비를 활성화하고자 금리를 낮추거나 국가가 시장에 화폐의 유통을 늘리는 정책을 사용하는데 '인천e음'지역화폐가 바로 화폐의 유통을 늘려서 소비를 유도하는 매우 정합적이고 유의미한 정책으로 판단되었다.

'인천e음'으로 인한 소상공인들에게 소폭의 매출증가는 콧구멍 앞까지 찬 물 앞에서 한 가닥 희망의 끈 잡고 다시 일어서는 계기가 되고자 하였다.

2020년 12월 31일 현재로 인천e음의 현황을 보면, 가입자는 총 138만 5,608명으로 집계되었고 발행(충전)액은 4조 14억 2,400만 원, 결제액은 4조 4,984억 4,700만 원으로 나타났다. 전국 13.3조에서 인천의 발행 규모는 전국 발행 규모의 34%에 달하는 규모이다.

그렇다면 인천e음과 타지역화폐의 차이점을 필자는 플랫폼에서 찾고

자 한다.

인천e음의 플랫폼을 살펴보면 아래와 같다.

〈그림 4-3〉 인천e음의 모바일 플랫폼 시현 화면

인천e음은 플랫폼을 통하여 다양한 부가서비스를 제공하여 지속가능한 지역공동체 플랫폼으로 발전하고 있다. 2020년 인천시는 코로나19 위기극복을 위한 선제적 대응으로 지난 3월 캐시백 지급률을 4%에서 10%로 상향한 이후 12월 말까지 상향 기간을 네 차례 연장하여 운영하였다. 코로나19로 어려운 경제상황에 지역경제 활성화를 통해 소상공인의 경영난을 지원하기 위해 2020년에도 캐시백 지급 비율을 동일하게 유지하여 왔다. 따라서 2020년 코로나19 위기에서도 시민–소상공인의 어려움을 작게나마 위로해 주었고 시민들을 공동체성으로 이어준 인천e음이다. 위에서 살펴본 바와 같이 인천e음 가입자 수는 올해 초 93만 명에서 2020년 말 현재 총 138만 명으로 45만 명이 증가하였다. 결제액은 2조 8,620억 원으로 2019년 이후 누적 결제액은 4조 4,085억 원에 이른다. 2019년에 이어 2020년에도 인천e음의 결제액 규모는 광역지자체 중에서 전국 1위를 차지하고 있다. 1월부터 10월 말까지 인구 1인당 지역화폐 결제금액은 경기도가 12만 6천 원, 인천시가 67만 9천 원으로 인천e음이 경기도의 5.4배에 많은 것으로 분석되었다.

인천e음은 코로나19 위기 속에서 가계소비를 지원하고 소비의 역외유출을 방지하며 백화점, 대형마트의 소비가 골목상권으로 대체되어 소상공인·자영업자의 매출에 (+)의 영향을 준 것으로 분석되었다. 인천e음이 결제되는 상위 업종은 일반휴게음식점(25.8.%), 슈퍼마켓·편의점 등 유통업(19.02%), 정육점·제과점 등 음료 식품업(8.85%) 등으로 소상공인들의 주요 업종과 비슷하다.

또한, 인천e음은 대표적인 시민 만족 사업으로 조사되었다. 상반기 민선 7기 2주년 설문조사에서 e음카드 발행이 시가 가장 잘한 일로 선정된 것에 이어, 11월 코로나19 대응 설문조사에서도 '시 지원정책 중 가장 잘한 것'으로 가장 많은 시민(41.6%)이 인천e음카드 캐시백 정책을 선택하였다.

인천e음은 인천시민들에게 1~7%의 선할인을 제공하는 혜택+ 가맹점은 사용자들에게 인천e음을 통하여 결제하면 3~7%를 가맹점에서 할인해 주는 정책으로 소비자와 가맹점이 상생하는 방향으로 향후 캐시백이 없어도 소비자의 할인 혜택으로 지역 내 소비를 유지하게끔 하는 정책 방향이다. 이러한 가맹점에 가입을 하면 플랫폼에 홍보 및 마케팅 지원을 무상으로 지원받게 되는 혜택이 있다. 따라서 인천의 인천e음 플랫폼은 단순히 전자카드의 지역화폐를 넘어 공동체가 플랫폼을 통하여 가능하도록 설계되어 있다.

혜택플러스의 현황을 보면 서구가 2,467개소로 가장 많고, 연수구 1,143개소, 부평구 1,140개소 순으로 나타났으며 이는 인천에서 가장 많은 혜택+ 가맹점을 확보하고 있다.

인천e음은 138만 인천시민이 사용하는 플랫폼이다. 인천e음 플랫폼의 비대면 서비스인 인천e몰, 배달앱 등을 통해 소상공인의 비용절감 및 매출증대를 지속 지원한다. 특히 배달앱은 서구, 연수구를 시작으로

〈표 4-8〉 인천의 혜택+가맹점 구별 현황

구분	소계	중구	동구	미추홀	연수	남동	부평	계양	서구	강화	옹진
합계	5,635	58	7	192	1,143	313	1,140	212	2,467	11	92
2018	67	0	1	14	3	12	6	6	9	3	13
2019	890	27	4	53	219	69	39	57	372	7	43
2020	4,678	31	2	125	921	232	1,095	149	2,086	1	36

(출처: 인천시 제공)

지역기반성을 살려 구군 주도로 확대해 나가고 있다. 이뿐만 아니라 현재 시범 운영 중인 공유경제몰, 두레자금, 나눔e음(기부) 서비스 등을 안정화시켜 시민들에게 편리함을 제공하고 공동체를 만들어가는 플랫폼이 될 것이다.

인천e음 플랫폼의 부가서비스를 다양화하여 시민들에게 편리함을 제공하고 시민과 소상공인을 잇는 지역공동체 플랫폼으로 발전 시켜 나갈 기반이 바로 인천e음 플랫폼이다.

인천e몰의 현황과 인천굿즈의 살펴보면 인천e몰은 인천e음의 플랫폼을 통한 쇼핑몰로 SNS기반의 쇼핑몰로서 쇼핑몰의 사용료가 적용되지 않는다. 또한 인천굿즈는 인천지역 내 아이디어 상품 및 우수상품을 모아놓은 전용과 개념이다. 인천의 사회적경제기업들의 판로인 더담지몰과 젤!착한 아이마켓, 사회적경제기업 면마스크인 걱정하지마~~스크, 인천의 농산물로 우리의 농부가 직접 만든 6차산업관. 연수구의 경우 관내 식품제조가공업소와 즉석판매제조가공업소의 판로를 지원하기 위하여 위생과의 평가를 통해 선정된 업소를 대상으로 연수구 생산식품 중점홍보업소를 위한 온라인 몰이다. 단순히 소비를 위한 카드사용만이

〈표 4-9〉 인천e모로가 인천굿즈의 거래현황

구분	인천e몰		인천굿즈	
	거래건수(건)	결제금액(원)	거래건수(건)	결제금액(원)
합계	393,353	9,896,544,139	47,408	1,204,877,757
2019년	110,374	2,745,647,880	5,597	155,821,730
2020년	282,979	7,150,896,259	41,811	1,049,056,027

(출처: 인천시 제공)

아니라 다양한 기반의 서비스를 통하여 지역의 공동체성 지역의 사회적 자본을 확대하는 데 플랫폼이 부가서비스를 지원하고 있다. 2년 동안 인천e몰은 100억 원을 수준에 이르고 있고 인천굿즈는 12억 원 정도의 매출이 나타나고 있는 것으로 파악되고 있다.

크라우드 펀딩으로 1차 추진결과 2019년 11월 29일에서 12월 9일까지 10일간 진행되어 휴대용 무선청소기는 980만 원으로 목표 달성을 655%나 이루었다. 휴대용 무선공기청정기는 300만 원으로 146%의 달성률을 나타내 이곳을 사용하는 인천시민들의 공동체성 클라우드 펀딩이 매우 적극적으로 이루어지고 있는 것으로 분석되었다.

서로e음

서구지역화폐 서로e음이 성공배경에는 첫째, 2016년 서구의 연희심 곡상인연합회가 시작한 서구의 민간단위 소상공인업자를 중심으로 '동네사랑상품권'의 경험은 서로e음 성공의 기반이 되었다. 서구지역의 상인연합회는 지역화폐를 상인들의 입장만이 아닌 지역경제 활성화와 공동체의 문제로 바라보며, 지역의 다양한 조직 및 단체와의 연계를 통하여 활성화되어야 한다는 철학적 가치는 서로e음 활성화의 중요한 토대가 되었다. 특히 연희검단상인협동조합은 중심에 있었으며 상인협동조합은 서구소재 유통협동조합 등 상인협동조합의 연계를 통하여 이 사업의 실질적 구심 역할을 하였다. 둘째, 서구에는 지역커뮤니티로서 시민단체와 맘카페가 조직되어 있고, 이들을 중심으로 지역공동체를 꿈꾸는 조직들이 느슨하게나마 조직되어 있었다. 너나들이 검단맘, 달콤한 청라맘스는 SNS를 통한 조직이지만 온라인소통을 넘어 오프라인에서도 다양한 활동을 전개하여 서구 공동체 확산에 기여하고 지역화폐 활성화에도 기여하였다. 실증분석으로 검단동과 청라동의 지역화폐로 소비된 금액을 비중을 보면 청라가 25.4%, 22.9%의 비중으로 나타났다(양준호 외 2020). 셋째, 민선 서구 이재현 구청장의 공약사항인 지역화폐와 관련하여 구청장의 인식과 리더십, 강한 실현의지는 서로e음의 성공에 매우 중요한 역할을 하였다. 실현 의지는 과감한 캐시백 제도로 나타났다. 넷째, 서구청에서 추진한 민관운영위원회가 행정기관(서구청)의 일반적 위원회의 심의기능을 넘어 의결기구화하면서 민관운영위원회에 역할과 권한을 부여한 것은 성공을 뒷받침한 중요한 요소다. 기금운영위회 기능을 결합하여 안정적인 운영권 확보와 의회 등 정치권의 권한을 민관운영위원회로 이전한 것이다. 이는 서로e음의 성공 요인으로 관과 민의 거버넌스가 잘 조화를 이루면서 신뢰와 소통 그리고 네트워크를 통한 활성화 성과이다. 이는 민·관·상·학의 거버넌스로 민관운영위원회의 역할에 지역의 소상공인단체, 시민단체, 여성단체, 맘카페, 사회복지단체, 학계 등 참여를 통한 서로e음의 실질적 의사결정에 협치를 실현하였다. 민관협치를 통해서 상인들과 시민들과 맘카페 회원 등이 서로e음에 대한 시민들의 의견을 수렴하고 소통하는 토론회가 여러 번 열렸다.

서로e음과 다른 지역의 지역화폐와의 차이점은 첫째, 소상공인 업체 중 카드단말기 소상공인 업체는 가입절차 없이 가맹점 혜택을 받을 수 있었고 이는 소비자(사용자)들의 사용처를 다양하게 하는 효과로 나타나 소비자들의 접근성 제고되었다. 둘째, 지역화폐의 정책을 먼저 소비자 사용을 활성화하는 정책으로 캐시백과 가맹점의 절차 없는 가입 후 소상공인의 참여전략으로 시즌2 "혜택플러스 가맹점" 사업은 매우 설계가 잘된 정책 방향이다. 셋째, 서로e음은 플랫폼을 통한 전자카드시스템의

〈그림 4-4〉 서로e음 발전 토론회 (출처: 사진제공 서구청)

지역화폐로 카드충전과 사용의 결과가 실시간 체크가 가능하므로 발급 현황, 사용현황 등 빅데이터를 활용한 실시간 분석으로 문제발생 시 종합적인 대응이 가능한 것이 차이점이다. 넷째, 서로e음은 플랫폼을 통한 고도화로 '배달서구'는 '배달의 민족'의 횡포를 막아내며 소상공인들의 배달사업에 획기적인 대안으로 '배달서구'앱과 '온리서구몰' '냠냠서구몰' '서로도움' 을 구현하였다. 양준호 교수팀의 일원으로 필자도 '서구 지역화폐 서로e음의 지역경제 효과 분석 연구'의 자료를 토대로 분석결과를 보면 서로e음을 사용업종을 분석하면 연료판매점, 일반휴게음식, 보건위생의 3업종이 각각 18.76%, 18.63%, 10.74% 가장 많은 소비 비중을 차지하고 있으며 3업종에서의 소비 금액은 각각 915억 원, 909억 원, 524억 원에 달한다. 서로e음의 서구 지역별 소비 현황 분석 결과가 원인으로 판단되며, 서로e음의 주 소비 지역인 청라와 검단의 신도시적 성격과 맘카페의 역할로 판단되어지는 공동체적 소비로 사용 금액이 매우 높게 나타났다.

〈표 4-10〉 서로e음 업종별 소비 금액 현황(통계자료 19.06~20.03)

(단위: 원)

업종	소비 금액	업종	소비 금액
가구	1,424,764,665	약국	5,527,046,393
건강식품	3,695,330,902	여행	608,992,685
건축자재	14,207,121,921	연료판매점	91,581,726,577
광학제품	14,591,147,264	용역 서비스	3,802,472,268
기타	2,033,208,333	유통업 비영리	1,455,600,100
기타의료기관	5,256,720,170	유통업 영리	20,773,257,958
농업	867,768,098	음료식품	33,493,504,163
레저업소	10,133,098,182	의류	1,454,905,683
레져용품	4,030,748,410	의원	11,263,048,263
문화, 취미	7,516,966,012	일반휴게음식	90,947,370,366
병원	6,331,532,347	자동차정비유지	45,512,826,776
보건위생	52,444,300,761	자동차판매	117,623,527
사무통신	9,059,885,036	전기제품	2,720,018,725
서적문구	4,306,342,458	주방용구	3,769,766,904
수리서비스	2,998,049,091	직물	7,220,154,945
숙박업	3,273,024,254	학원	13,799,340,399
신변잡화	3,603,456,526	회원제형태	8,397,458,370

(출처: 양준호, 2020)

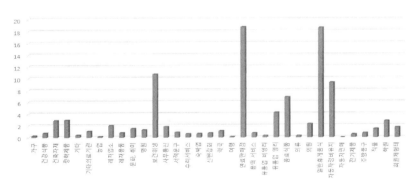

〈그림 4-5〉 서로e음 업종별 소비 비중 현황

〈표 4-11〉 인천의 배달앱 중에서 서구에서 하고 있는 배달서구의 현황

(단위, 개수, 억 원)

구분	1~4월	5월	6월	7월	8월	9월	10월	11월	12월	20년 총계
주문 건수	2,532	7,844	11,780	13,323	33,886	59,863	91,961	60,750	82,482	364,421
주문 금액	0.6	2.0	2.9	3.2	8.2	15.2	23.9	15.1	21.2	92.3

(출처: 인천시 제공)

〈그림 4-6〉 배달서구 출범식 장면 (출처: 서구청 제공)

서구의 배달서구의 경우 위와 같이 2020년 한해 36만 4,421건수의 주문이 들어오고, 금액은 92.3조 원으로 분석되었다.

연수e음

연수구의 지역화폐 연수e음은 인천의 타 지자체에 비하여 지역화폐의 준비기간이 매우 길었다. 2010년 연수구는 구청장이 영국의 에딘버러 연수 방문 이후 레츠형 지역화폐인 연수품앗이 사업을 추진하였다. 이후 지역경제 활성화 유형의 지역화폐와 관련하여 2012년 7월 '지역경

제와 지역경제 활성화에 관한 연구용역'을 발주하여 추진하였다. 당시 과업의 배경과 목적도 대형마트 및 SSM업체가 점차 확장됨에 따라 골목상권을 침해하고 지역경제가 피폐해지고 있으며, 지역경제 활성화에 대한 각종 정책의 유효성이 점차 감소하는 추세에 지역경제 활성화의 주체를 '지역 커뮤니티'가 아닌 기초자치단체로 설정하였기 때문에 지역경제가 활성화되기 위해서는 다양한 커뮤니티 구성원들의 적극적인 참여가 필요하다고 판단했다. 또 이들의 공동 거버넌스에 의해 지역경제의 수요를 자극할 수 있는 대응으로 지역화폐의 필요성 및 기능에 대한 연구용역을 통하여 지역사회 구성원 간의 소통을 복원하고, 지역의 정체성을 확보하고 지역경제를 활성화할 수 있는 방안을 모색하고자 연구용역을 발주하였다. 연구용역은 당시 인천대학교 사회적기업연구센터에서 용역을 진행하였으며, 경기도 성남시와 강원도 양구군의 지역사랑상품권의 운영사례를 현지 히어링 조사와 설문조사로 진행되었다. 그 결과 연수구에서 지역화폐를 도입할 경우 성남시와 양구군의 복합적인 성격을 가진 중층적 모델로 발전할 것이라고 예측하고, 연수구는 전반적으로 양구군보다는 성남시와 비슷하며 성남시가 3개 구로 나누어 100만 규모의 도시라면 연수구는 30만의 작은 도시라 상품권이 갖는 지역성이 더욱더 우수하다고 판단하였다. 따라서 성남시와 양구의 장단점을 비교하고 양구군의 포인트 적립제도를 활용해 지권형으로 발행하는 상품권 형태와 동시에 전자화폐로 발행한다면 관리 측면에서 훨씬 효율이 높고, 관리도 높은 투명성을 보일 것으로 판단하였다. 또한 전자화폐를 도입하여 화폐의 축척을 방지하고자 매달 마이너스 이자를 적용한다면 지역경제 활성화 측면에서 큰 영향력을 발휘할 수 있다고 제언하고 있었다. 그러나 이 사업은 제도로 도입되지 못하고 잠들어 있다가 문재인 정부

와 더불어 지역화폐가 100대 과제에 선정되게 된다. 인천광역시가 인천
e음을 발행한 뒤 '지역경제 활성화를 위한 연수사랑전자상품권의 구성
및 운영에 관한 연구용역'을 인천대학교 양준호 교수팀의 일원으로 필자
도 참여하였다.

이러한 우여곡절의 연수구 지역화폐 '연수e음'은 2019년 6월에 출시하
였다. 연수구는 연수e음의 홍보차원에서 1달간 캐시백을 11%로 시민들
에게 홍보하기도 하였다.

〈그림 4-7〉 연수구 연수e음 발행 및 지역상생협약 체결식

(출처: 연수구청 제공)

이후 연수구가 연수e음 혜택+(플러스)정책 확산과 상권 특성화를 통한
골목상권 부활을 위해 본격적인 혜택+ 특화시범거리 조성사업을 2020
년 10월에 실시하였다. 이사업은 코로나19로 침체된 지역 상권을 되살
리기 위해 혜택+ 가맹사업의 범주를 상권 단위로 확대시키고 소상공인
과 자영업자에 대한 적극적인 지원을 통해 가맹점포의 집적 이익을 극

대화시키기 위한 방편이다. 혜택+ 특화시범거리에는 축제뿐 아니라 가
로등 배너, 디자인 홍보 스크린, 혜택+ 점포 알림 배너 등의 혜택을 지원
하였다. 혜택+ 특화시범거리 지정 신청은 상권 범위 내 점포가 60곳 이
상으로 혜택+ 가맹점 비율이 33%가 넘는 구역에 대해 해당 상인회에서
신청할 수 있도록 하여 지역화폐 연수e음의 혜택+ 가맹점 비율을 높이
고자 추진하였다. 이는 향후 상향 조정될 것으로 보인다. 2021년에는
배달e음을 연수구 지역화폐인 '연수e음'과 연계해 운영되는 배달앱을 2
월부터 시범 운영하고 있다. 인천에서는 서구에 이은 두 번째 공공 배달
앱 서비스다. 이밖에도 연수구는 전국 최초로 지역화폐 연수e음과 자원
봉사증을 결합한 자원봉사자 전용 특화카드인 '연수e음 사랑카드'를 출
시하였으며 특화카드 사업으로 지역대학과 단체, 아파트공동체 등의 관
리카드 기능을 결합된 연수e음 특화카드 사업들도 추진하였다.

연수e음이 경우 발행한 2019년에는 3,334억 원을 발행하였으며 2020
년에는 6,340억 원을 발행하여 90.2% 증가하였다. 연수구의 가입자도
2019년 19만 750명에서 2020년 12월 기준 25만 3천424명으로 32.9% 증
가하였다. 가입자들의 실제 사용은 2019년 출시한 6개월간 평균 71.9%
가 사용하였으며 2020년 한 해 동안 가입자들의 실제 사용한 비율은
평균 67.5%로 분석되었다.

연수구는 권역을 동춘권역, 선학권역, 연수권역, 청학권역, 옥련권역,
송도권역으로 나누어서 관리하고 있으며 인구 규모와 소득 수준의 차이
는 있지만 송도권역의 사용 비율이 전체 거래액의 45% 정도를 차지하고
있는 것으로 나타났다. 업종별로는 음식점과 식품, 학원, 병원과 약국,
취미와 레저, 연료로 구분하여 보면, 2019년 6개월간 음식점과 식품이
31.7%, 학원이 13.6%, 병원 및 약국이 10%, 연료 6.2%, 취미와 래저가

4.6%로 나타났고 2020년에는 한 해 동안 음식점과 식품이 39.2%, 학원이 10.5%, 병원 및 약국이 10.6%, 연료 5.3%, 취미와 레저가 3.3%로 분석됐다. 음식점과 식품 부분의 사용이 오히려 더 늘어난 것은 재난지원금으로 분석하고 있으나 전반적으로 소상공인과 골목상권의 대부분의 업종인 음식점 식품부분이 비율이 30% 이상을 사용하고 있다고 하는 것은 연수e음의 지역화폐가 이들에게 작게나마 매출에 효과를 주고 있다는 반증이다. 연령대별로 분석하면 2020년 한 해 동안 14세~20세까지의 사용자 비율은 3.6%이고 사용금액 비율은 3.3%로 나타났다. 21세에서 30세까지의 사용자 비율은 15.5%이고 사용금액 비율은 12.0%, 31세에서 40세까지의 사용자 비율은 23.4%이고 사용금액 비율은 22.5%, 41세에서 50세까지의 사용자 비율은 27.4%이고 사용금액 비율은 30.6%, 51세에서 60세까지의 사용자 비율은 18.9%이고 사용금액 비율은 20.8%, 61세 이상에서 사용자 비율은 11.3%이고 사용금액 비율은 11.1%로 나타났다. 이는 다양한 계층에서 사용하고 있다고 할 수 있으며 연수e음이 주요 사용연령대는 40대, 30대, 50대 순으로 나타났다. 2020년 한 해 동안 사용금액의 범위별로 살펴보면, 30만 원 이하의 사용자 비율은 49.3%로 절반을 차지하고 있고, 사용금액 비율은 21.1로 나타났고, 30만 원 초과 50만 원 이하의 사용자 비율은 24.4%에 사용금액 비율은 29.3로 분석되었으며, 50만 원 초과 100만 원 이하는 사용자 비율은 23.7%에 사용금액 비율은 40.4%로 나타났고, 100만 원 초과는 사용자 비율은 2.5%에 사용금액 비율은 9.3%로 실증되었다. 이 자료는 주로 캐시백 한도인 100만 원 이내의 사용자 비율이 97.5%에 이르고 있고 사용금액 비율은 90.7%로 나타나고 있어 지역화폐를 통한 빈익빈 부익부라는 문제 지적은 전혀 해당하지 않는다는 것을 보여준다.

V.

정리하며 - 지역화폐와 시사점

1. 우리나라 지역화폐의 지속가능성 제언

지역화폐를 제3섹터 영역으로 치환하면 지역화폐에서 중요한 함의는 한 지역 내 산업 연관체계의 재구축과 '내부 순환형 경제'를 구축하는 것이다. 지역산업 재구축의 주체로서 지역화폐를 통한 제3섹터는 매우 중요한 역할을 한다. 그러므로 지역화폐를 지역 내 소비를 활성화하는 정책적 수단으로 활용하여 지역 내 사회적경제 조직들의 재화와 서비스를 지역 안에서 소비할 수 있는 시스템으로 발전시켜야 한다.

한국의 지자체가 도입한 지역화폐는 대부분 지역경제 자립형의 화폐로 지역 안에서 소비를 통해 경제순환시스템을 작동하는 방식이다. 또한 사용처를 제한하여 소상공인들에게 소비가 일어나도록 유도하는 정책이었다. 앞에서 살펴보았지만 화폐제도는 우리가 살아가며 '교환의 필요'로 인해 만들어진 제도다. 그래서 우리는 화폐에 대한 제도를 보완하거나 폐지할 수도 있고, 새로운 대안의 제도를 만들어 낼 수도 있다.

따라서 우리는 기존의 법정화폐보다 지역경제 활성화 등 필요에 충실한 '교환시스템'으로 지역화폐시스템을 만들어 내야 한다. 이미 법정화폐는 우리들의 지갑에서 조금씩 줄어들어 이제는 최소한 만큼만 가지고 있고, 남은 자리는 카드들이 메우고 있다. 그렇다면 우리의 지갑에서 신용카드 대신에 지역화폐로 바꾸는 정책은 어떨까?

본 저서는 한국의 지역화폐가 지역균형발전이 될 수 있는 수단이라는 정책적 관점에서 몇 가지를 제언하고자 한다.

첫째, 한국 지역화폐의 새로운 변화를 위해 국가 차원의 지역화폐는 중층적으로 지원해야 한다. 지자체가 추진하는 지역화폐정책은 대형마트와 백화점 등의 소비를 소상공인과 골목상권으로 유입하는 효과를 어느 정도 달성했다고 봐도 무방해 보인다. 이러한 성과는 단순히 지자체 차원을 넘어 문재인 정부에서 지역화폐를 국정과제 정책으로 삼고 지원하며 현재의 성과로 나타났다고 본다. 소상공인 역량 강화를 위한 지역사랑상품권 법 제정 준비와 2018년 산업위기대응특별지역에 지역사랑상품권 발행 비용 지원 대책 등으로 지역화폐는 성장할 수 있는 토대를 마련했다.

둘째, 국가는 중소기업 간, 소상공인 간에 지역화폐 시스템을 활용할 수 있도록 적극적으로 지원해야 한다. 단순히 지역화폐가 지역에서 특색을 지닐 수 있도록 지원하는 것을 넘어서 국가 전반적인 차원에서 모바일 시스템을 구축하는 방식 등 지역화폐의 전반적인 토대를 튼튼히 할 수 있도록 도와야 한다. 이와 함께 스위스 비어(WIR)처럼 중소기업이나 소상공인(B2B) 중심의 '다자간 상호신용시스템'을 마련할 수 있도록 지역화폐 정책의 토대를 마련해야 한다. 지금까지의 지역화폐가 소비와 가맹점 중심으로 진행되었다면, 이것은 주로 유통의 구조에서 마련된 것이다. 향후 지역화폐가 생산자 차원까지 넓힐 토대를 국가가 도와야 한다. 그러면 각 지자체가 지역의 생산자들을 지역에 착근하게 하는 지역의 향토기업과 지역기업들에게 생산자들에게 맞는 지역화폐의 시스템을 지역에서 만들 수 있을 것이다.

셋째, 지역화폐에 대한 내발적 발전론의 지역경제 전략을 수립해야한다. 돈의 핵심 기능 중 하나는 교환이다. 돈은 교환을 위한 가치척도의 기능과 부가되는 가치저장의 기능이 있다. 지역화폐 또한 교환기능과 가치척도의 역할을 할 수 있는 화폐가 되어야 한다. 이미 기존 화폐는 자본이 되어서 가치저장의 기능에 더 깊이 뿌리내리고 있다. 따라서지역화폐는 지역 내 경제(물류) 등 순환을 장려하고, 환경을 지키는 공동체화폐로 만들어야 한다. 지역화폐가 다양한 효과를 내는 화폐로 자리매김하려면 단순히 정책적인 수단으로는 부족하다. 지역화폐는 내발적발전론이라는 지역 내 선순환 경제의 이론적인 토대가 마련되어야 한다. 내발적 발전론의 인적자원과 물적자원을 최대한 지역 내에서 동원하고 지역 내 자립경제를 세우며, 그 지역 내에서 경제를 순환시키는혈액의 역할을 할 수 있도록 교환의 기능과 가치척도의 기능을 하는 지역화폐가 되어야 한다.

넷째, 지역화폐제도가 사회운동의 관점에서 활발하게 논의되고 전개되어야 한다. 앞에서 살펴봤듯이 지역화폐는 태동부터 사회운동적인 성격을 지녔다. 따라서 초기의 지역화폐는 시민단체나 복지관 같은 곳에서 실험적으로 운영되기도 하였다. 이제 우리는 지역화폐에 대한 철학을 재정립하고, 지역화폐를 사회운동 차원으로 발전시켜야 한다. 2000년 전후와 2010년 전후, 그리고 2020년 전후로 지역화폐를 다루는 새로운 시도가 계속 나타나고 있다. 지역화폐는 1996년 녹색평론의 레츠형지역화폐 소개에 이어 1998년에 지역화폐가 처음 실험적으로 쓰이기 시작했다. 2011년에는 한국지역통화운동네트워크가 구성되는 등 서울을 중심으로 지자체에서 품앗이 차원으로 레츠형 지역화폐가 활성화되기도 하였다. 그리고 2020년 지자체 중심의 지역화폐가 전국적으로 13.3조가 판매되어 지역경제에 숨통을 틔우는 역할을 하였다. 이처럼 지역화폐는 사회운동적 관점에서 지역공동체에 온기를 불어 넣는 사업으로 발전해야 한다.

마지막으로 지역화폐의 두 얼굴인 공동체화폐와 지역경제 자립형의 지역화폐가 이제 서로 보완하며 발전할 수 있어야 한다. ▲인천에서 실험하고 있는 기부문화, 공유몰, 플랫폼을 통한 배달앱 ▲성남시의 재활용 가능한 쓰레기를 받으면 지역화폐를 주는 자원순환가게 ▲춘천의 단독 및 공동주택을 지으면서 태양광 등 신재생에너지를 설치하면 에너지 포인트 지급 ▲시흥의 만보시루는 시민건강권 증진을 위해 만보를 걸으면 포인트 지급 ▲서울 노원구의 자원봉사 인정수당을 지역화폐로 지급하는 등 다양한 시도가 진행되면서 지역화폐가 모바일 등 플랫폼을 통해 IT와 접목하는 방향으로 발전하고 있다.

본 저서는 지역화폐의 지속성을 제언하고 있다. 그러나 대전의 한밭레츠처럼 지속가능성을 보인 사례 등 많은 사례들을 다 담지 못한 한계도 있다. 그리고 지자체가 도입한 지역경제 자립형의 지역화폐가 아닌 시민 주도의 지역화폐가 활성화된 구체적인 사례를 밝히지 못한 부분은 연구의 확장성으로 남겨두고자 한다.

2. 인천에서의 지역화폐 시사점

최근 몇 년 사이 지자체 중심의 지역화폐를 접하면서 우리도 모르는 사이에 지역화폐가 우리의 살림 경제에 훅 들어와 있다. 지역화폐에 대한 반론의 논리가 나오기도 했지만 실물경제에서 이미 경험과 효과를 본 소상공인과 소비자들은 그런 논리에 전혀 관심조차 주지 않는다. 앞에서 우리는 이미 지역화폐에 대한 이론적 함의와 실물경제의 효과를 살펴보았다. 정리하자면 법정화폐는 이미 사회에서 빈익빈 부익부를 강화시켜 양극화를 만들어 내는 문제점을 안고 있으며, 지역화폐 정책의 끝은 지역경제 활성화를 실현하는 지역 공동체화폐를 만드는 것이라는 사실을 알 수 있다.

인천지역의 지역화폐 역사는 1999년 시민단체를 시작으로 여성단체, 생활협동조합, 마을공동체, 지자체 등 다양한 사례를 가지고 있다. 이러한 사례들은 대부분 레츠형이다. 2014년 강화군의 강화사랑상품권과 2016년 연심회라는 연희·검단지역의 상인협동조합에서 시작한 동네사랑상품권은 지역경제 자립형의 상품권형 지역화폐로 현재 인천시의 전자상품권인 지역경제 자립형과 비슷한 형태라고 할 수 있다.

현재 인천e음의 성공사례에는 1999년부터 시작한 인천지역의 지역화폐운동의 밑거름이 되었을 것이라 판단된다. 특히 서구는 나살림 레츠, 서구 상인회 조직인 연심회의 실험이 있었으며, 연수구는 품앗이 '냥'이라는 지역화폐에 대한 작은 실험과 실패한 경험들을 가지고 있었다. 이러한 역사적 토대를 바탕으로 인천은 역외소비가 50%를 넘는 상황에서 역외소비를 줄이고 피폐화하고 있는 소상공인들의 골목상권을 지켜내고자 지역화폐 '인천e음'을 만들었다.

결국 '인천e음'은 인천지역 내에서 소비를 진작시키며, 전국에서도 모 범적인 지자체형 지역화폐를 만들어 낸 사례로 자리매김했다.

'인천e음'의 힘을 단순히 캐시백 지원 제도와 카드형(전자상품권) 지역 화폐로만 본다면 큰 오산이다. '인천e음'의 원동력은 플랫폼이다. '인천e 음'은 플랫폼을 통하여 사용자와 가맹점 사이에 다양한 편익을 제공하고 있다. 인천시 소상공인들 제품을 판매하는 인천e몰과 인천굿즈(판매몰), 전화 주문과 배달 앱을 구축했으며, 휴대폰을 통한 충천기능과 모바일 결제, QR결제, 소액 송금기능, 전국으로 사용 가능한 교통카드 기능, 공 유경제 몰, 기부기능이 있는 나눔e음, 지자체의 기본적인 소통을 위한 연계 기능 등을 추가했다. 인천e음 플랫폼에서 거래하는 서비스는 수수 료가 무료다. '인천e음'은 이렇게 차별적으로 성공을 하고 있지만, 지역 화폐에 대한 연구자로 실제 다양한 경험을 하고 있는 소비자의 입장에 서 새로운 지속가능한 발전 방향에 대해 몇 가지 제안을 하고자 한다.

첫째, 인천의 전자상품권인 경제자립형 지역화폐인 '인천e음'은 레츠 형 지역화폐와 결합할 수 있는 요소를 찾아 지역경제 활성화와 공동체 활성화, 두 마리 토끼를 잡는 방식으로 응용할 수 있어야 한다. 지역사 랑상품권처럼 다양한 상품권의 할인율에 기반한 연계 체계는 각 지자체 마다 지역화폐의 고유영역이라는 독자성을 유지하며 상호 상생하는 효 과를 나타냈다. 이를 통한 지역경제 활성화와 레츠형 지역화폐를 통한 지역공동체 및 나눔문화 형성, 저소득층의 사회경제영역 참여의 활성화 가 궁극적인 목표이며, 상호 협력과 활성화가 지역화폐의 성공을 좌우 하는 과정이 될 것이다. 예를 들면, '인천e음'의 공유몰을 넘어 인천에서 레츠형 지역화폐를 실험했거나 운영하고 있는 단체들의 실험과 경험을 살려 성공과 실패 사례를 분석하고, 인천시가 플랫폼에 지원하는 다양한 콘텐츠에서 레츠형 시스템을 제공하는 방향도 있을 수 있다. 또 레츠형 거래를 하는 마을과 단체에 초기 정착 지원금을 도울 수도 있다.

현재 '인천e음'은 크라우드 펀딩과 기부, 공유몰 등의 기능을 추가하고 있지만 여전히 부족하다. 인천e음의 부족한 점을 보완해 레츠형 지역화폐로 발전할 수 있도록 플랫폼을 통하여 구현해 내야 한다. 이를 위해서는 레츠형 지역화폐와 상품권형 지역화폐의 분별 정립과 상호 관여가 필요하다. 레츠형 지역화폐는 사용 범위와 가맹점, 거래품목, 거래대상의 확보가 매우 어렵다고 한다.

지금까지 인천e음의 성과와 플랫폼을 기반으로 레츠형 지역화폐의 단점을 보완하면서 작은 동네 단위, 공동체 단위, '당근' 같은 공유몰 등으로 다양하게 확장해야 한다. 레츠형의 경우 상품권의 주된 영역인 상가점포와의 거래를 지양하고, 개개인 및 비영리목적의 시민사회단체의 물품과 서비스 거래에 집중할 필요성이 있다. 또한 나눔 영역의 주요한 대상인 중고물품 교환과 주부들의 관심이 높은 환경 부분에 대해 전략적으로 고민하고, 공유경제의 개념을 도입한다면 더 큰 효과가 있을 것이다.

이와 함께 지역전자사랑상품권과 레츠형 지역화폐의 중요한 연결고리로 포인트 제도나 쿠폰제도를 레츠형에 연계하는 방식을 적극적으로 검토할 필요성이 있다. 지역화폐를 통해 공동체 활성화를 적극적으로 지원할 수 있도록 사회적자본을 확충해 나가야 한다.

둘째, 인천의 지역화폐 운영을 관 주도에서 민간 주도로의 전환할 수 있도록 철저히 준비해야 한다. 인천e음의 도입은 주로 인천시가 중심이 되어 지자체 중심으로 출발하였다. 지자체의 적극 지원과 다양한 정책자금 지원으로 사용자의 수를 확대할 수 있었고, 더불어 거래 규모도 급격하게 증가하였다. 뿐만 아니라 지자체장들의 신념에 따라 지역 내 자치구마다 차별화가 이루어졌다. 캐시백 제공을 통한 소비자들의 소비 유도와 즉각적인 캐시백 포인트의 적립은 사용자들에게 카드 소비의 패턴을 인천e음 카드로 이끌어 낸 주목할 만한 사례다.

그런데 언제까지 관의 지원으로 지역화폐제도가 지속되어야 하는가는 논쟁으로 남아있다. 왜냐하면 캐시백과 포인트 제도가 정부 예산으로 지속될 것인가도 불투명하고, 지역사랑상품권이 중단된 강화 등 타 지자체의 사례에서도 지자체장의 정책 의지에 따라 폐지될 수도 있기 때문이다. 이를 해결하려면 기금을 조성하여 민간이 주도하도록 정치적으로 해결하며, 예산의 문제로 존폐가 결정되는 가능성을 낮추고, 민 중심의 민관협력기구로 전환하여 민간 주도로 변화를 준비하고, 민의 영역에서 사회운동적 관점의 지속가능한 발전이 될 수 있도록 철저히 준비해야 한다.

셋째, 지역화폐에 참여하는 개인과 업체들을 사회적경제 조직으로 묶어냄으로써, 지역화폐의 유통을 통해 지역 내 재투자력 강화 방안을 마련해야 한다. 지역화폐를 통한 지역 내 소비의 확대는 '지역 내 재투자력' 강화로 이어져 지역 내 소득 증가, 고용 증가로 나타날 것이다.

소비를 통해 지역 내 재투자를 유도하고, 지역 내 생산과 소비로 지역의 물적자원과 인적자원을 활용하여 지역산업 네트워크를 형성하고, 재화와 서비스의 직접생산물을 가공·판매 부문까지 지역 내에서 환류시킨다면 훨씬 높은 부가가치를 유발할 수 있다. 따라서 선순환 경제를 위한 산업 재구축을 실현하기 위해 지역화폐를 기반으로 한 서비스 모델 구축이 절실하다.

넷째는 주민 주체의 형성이다. 지역화폐의 공동체 운동은 지역공동체

만들기 운동이기에 주민 주체 형성에서 가장 중요한 것은 자치의 원리
이다. 지역공동체 운동에서 지역 내 주민들의 힘과 지혜로 지역화폐운
동을 만들어 가야 한다. 지역화폐를 만들어 내는 주민 주체가 형성되지
않으면 사상누각에 불과한 지역화폐제도가 될 것이다. 위에서 언급한
사회운동적 관점의 주체형성은 바로 지역에서 시작해야 한다.

현시점에서 냉철히 바라보면 정부 보조금과 캐시백에 의존한 지역화
폐를 앞으로도 유지할 것인가에 대한 물음에 대해서는 대부분 '아니다'
라고 말한다. 화폐제도를 인간이 만들었다면 지역화폐제도 또한 우리가
새롭게 만들 수 있다. 그래서 전국의 230여 개 지자체가 지역화폐제도를
도입하고 있는 것이다.

인천의 지역화폐는 수치상 전국에서 모범적으로 추진된 것은 사실이
다. 혜택플러스(+) 사업이나 플랫폼을 통한 배달과 기부 등 우수한 기획
도 많다. 이제는 형식에 그치지 않고 내실을 갖추어 나아가야 한다. 다
른 지역의 우수 사업을 벤치마킹하여 가맹점과 소비자의 관점을 넘어
생산자 관점의 지역화폐(B2B)를 만들고, 섬과 관광상품에 접목한 지역화
폐, 환경화폐, 복지나 건강화폐 등 다양한 분야로 발전을 준비해야 한다.

'인천e음'은 소상공인 골목상권을 지원하며 지역경제 활성화 및 지역
자금의 역외 유출을 줄이는 정책적 효과가 확인되었다. 앞으로는 지역
공동체성을 높이는 방향의 소비 유인정책, 흔들리지 않는 지속적인 정
책을 통하여 지역주민이 사랑하고 정체성을 갖는 화폐운동으로 발전해
야 한다.

기사로 본 우리나라와 인천의 지역화폐

◎ 2017년 ────────────────────

○ 3월

    언론사 ： 경기일보

    제목   ： 심상정 "소상공인지원법 확대·보완하겠다"

    분류   ： 정치

    내용   ： 19대 대선 주자인 심상정 정의당 대표가 15일 인천을 방문해
           소상공인 보호를 위한 규제법안 처리 등 노동분야 공약을 제
           시했다. 이 자리에서 심 대표는 지역화폐를 통한 상생모델을
           추진하는 상인들의 이야기를 듣고, 재래시장 위주의 현행 소
           상공인지원법을 확대·보완하겠다는 입장을 피력했다.

○ 11월

    언론사 ： 경인일보

    제목   ： [상권 활성화방안 토론회] 유통 괴물로부터 골목사수… 지역

화폐가 답인가

분류 : 토론회

내용 : 대형 유통업체의 골목상권 잠식으로 지역 소상공인이 위기를 맞고 있다. 상인들과 학계에서는 대형 유통업체 잠식에 대비하기 위한 방안으로 '지역화폐'의 필요성을 제기했다. 인천시와 경제학계, 상인들은 이날 오후 2시 인천YMCA에서 '골목상권 활성화 방안 찾기' 토론회를 열고 골목상권을 보호할 수 있는 대안으로 '지역화폐'를 만들어야 한다고 입을 모았다. 특히 현재 가맹점이 지하상가와 전통시장에 그친 온누리상품권의 한계를 극복해야 한다고 지적했다.

언론사 : 경인일보

제목 : [경제전망대] 지역화폐 도입논의, 신중하길

분류 : 사설

내용 : 지역화폐가 법률보다는 지역 내 합의를 전제로 하는 만큼 지역화폐의 지속을 위해 여러 전제를 충족시켜야 한다. 기본적으로 동질성, 가분성, 운반용이성, 내구성 등을 갖춘 후 시장에서의 수용성과 가치의 안정성을 갖추어야 한다. 동시에 지역화폐가 통용될 지역사회도 굳건한 지속가능성을 갖추어야 한다. 아울러 지역화폐가 지역의 결속력을 강화하여 지역공동체의 지속가능성을 보장할 수 있어야 한다.

◎ 2018년 ────────────────────────────────

○ 4월

　　언론사 : 중부일보

　　제목　 : 여야 인천시장 후보군, 정책선거 본격화

　　분류　 : 정치

　　내용　 : 더불어민주당 예비후보인 김교흥 전 국회 사무총장은 인천
　　　　　　 지역 상품과 서비스가 지역 내에서 순환하는 지역 순환형 경
　　　　　　 제 구조를 만들기 위해 인천형 지역화폐를 도입하겠다고 4일
　　　　　　 밝혔다. 이를 위해 청년 배당을 신설하고 출산장려금 지급액
　　　　　　 을 늘려 지역화폐로 지급하겠다고 약속했다.

　　언론사 : 중도일보

　　제목　 : 인천시-코나아이㈜, 인처너 카드 사업 시행 협약체결

　　분류　 : 행정

　　내용　 : 인천시는 30일 인처너(INCHEONer) 카드 시범사업 운영대행사
　　　　　　 로 선정된 코나아이㈜(대표이사 조정일)와 시행 협약을 체결했
　　　　　　 다. 전국 최초로 시행하는 사업인 만큼 지역화폐 전문가, 시
　　　　　　 민단체, 소상공인단체, 소비자단체 등의 의견수렴 과정을 거
　　　　　　 쳐 리스크는 줄이고, 사업의 효과를 높이기 위한 여러 가지
　　　　　　 방안을 마련했다.

○ 6월

　　언론사 : 경인일보

제목 : [인천시장 후보들 경제분야 공약 분석] 中小 지원 강화·일자리 확대 '한목소리'

분류 : 정치

내용 : 바른미래당 문병호 후보와 정의당 김응호 후보 경제공약도 중소기업, 소상공인, 서민 지원에 맞춰져 있다. 특이한 점은 두 후보 모두 '인천은행 설립'과 '지역화폐 발행'을 공약했다. 인천지역 중소기업, 소상공인, 영세 자영업자, 서민을 지원하고 지역화폐를 발행·관리하는 인천은행을 설립하겠다는 것이다.

언론사 : 디지털타임스

제목 : [시론] 지역 코인 공약도 '디지털 포퓰리즘'

분류 : 사설

내용 : 이번 지자체 선거에서 후보들은 앞다퉈 지역 코인을 선거공약으로 내걸었다. 또 하나의 문제는 지자체가 발행하는 지역화폐나 상품권의 유통은 지역 소상공인이나 복지 수혜계층으로 이들은 스마트폰의 사용에서도 약자라서 코인 경제에 참여가 쉽지 않다는 것이다. 자칫 코인은 디지털 소외계층을 더더욱 소외시킬 가능성도 있다.

○ 7월

언론사 : 경인일보

제목 : [취임 인터뷰] 이재현 인천 서구청장 "서구문화가 꽃피어야 경제도 살아… 민간자원 활용"

분류 ： 정치

내용 ： 또 다른 예로는 구청장 후보 시절 공약으로 제시한 '지역화폐'
다. 지역경제를 활성화할 합리적이고 효율적인 정책을 제시
하는 은행에 가점을 주는 방안도 검토 중이다.

○ 8월

언론사 ： 중부일보

제목 ： "인천지역 자금 58% 역외 유출… 인천경제 자체순환 필요"

분류 ： 경제

내용 ： 시에 따르면 인천의 역외소비율은 52.8%로 전국 최고를 기록
하고 있으나 소비유입율은 25.3%로 전국 평균에 미치지 못
하는 등 취약한 경제구조가 문제로 지적되고 있다. 또한 인
천시민이 관내 은행에 예치한 예금의 58.1%가 타지역에 투
자되고 있어 지역금융의 역외 유출도 심각하다. 부산과 대구
의 경우에는 각각 11.13%, 2.8%에 불과한 것으로 나타났다.

○ 9월

언론사 ： 중부일보

제목 ： 인천 서구의회, 부정거래 우려 목소리에도 '지역화폐' 강행

분류 ： 행정

내용 ： 인천 서구가 실효성을 고려하지 않고 지역화폐(서구사랑상품
권) 운영 사업을 무리하게 강행하고 있다. 악용 우려, 예산
낭비, 관리 감독 여부에 대한 의문 등을 이유로 내부에서도
비판의 목소리가 높다. 지역화폐를 구매한 뒤 제값을 받고

재판매하거나 잔액을 현금화하기 위해 부정 용도로 사용하는 부작용이 발생할 수 있다.

언론사 : 경기일보
제목 : 인천 서구, 전국 지자체 최초 플랫폼 활용한 지역화폐 발행
분류 : 행정
내용 : 인천 서구가 전국 기초지방자치단체 중 최초로 전자식 지역화폐와 종이 화폐를 병행해 발행한다. 전자식 지역화폐 발행으로 카드와 모바일에 익숙하지 않은 사용자를 위한 보완적 조치로 종이 화폐를 일부 발행해 구민 모두가 이용할 수 있는 지역화폐를 정착·발전시킨다는 계획이다.

언론사 : 중도일보
제목 : 인천 동구, 구정 발전연구동아리 연구과제 발표회 개최
분류 : 행정
내용 : 인천시 동구는 지난 21일 구청 대회의실에서 직원 150여 명이 참석한 가운데 구정발전연구동아리 연구과제 발표회를 가졌다. 발표대회 결과 ▲최우수상은 지역화폐 도입을 주제로 발표한 '땡! 큐! 동구'팀 ▲우수상은 동일방직을 문화공간으로 조성하는 사업을 구상한 '동이네 대장간'팀 ▲장려상은 카카오톡 플러스를 통한 소통하는 동구를 발표한 '동행'팀이 각각 수상했다.

○ 10월

언론사 : 중부일보

제목 : 인천 지역화폐 '인처너카드' 공무원 수당 연계 등 활성화 모색

분류 : 행정

내용 : 인천시가 지역화폐인 인처너카드(INCHEONer CARD)를 공무원 수당과 연계하는 등 활성화 방안을 모색하고 있다. 시는 이번 달부터 모범공무원 수당 등을 인처너카드에 연계할 계획이라고 8일 밝혔다. 시는 수당을 인처너카드로 지급하는 방식 외에 이 카드의 사용에서도 공무원의 참여율을 높여 나가기로 했다.

언론사 : 중도일보

제목 : 인천 서구, 지역화폐 도입 설명회 개최

분류 : 행정

내용 : 인천시 서구는 '서구 지역화폐의 성공적 도입과 정착을 위한 지역화폐 도입 안내 설명회를 개최한다고 29일 밝혔다. 이번 설명회는, 지역화폐에 대한 국내 최고 권위자인 남승균 박사(인천대학교 사회적경제연구센터 센터장)가 직접 진행하며 서구 지역을 5개 권역으로 나눠 총 5회에 걸쳐 11월 1일부터 11월 2일까지 지역화폐의 필요성과 효과에 대해 안내하고, 지역주민 의견수렴 및 소통을 위한 설문조사를 실시한다.

◎ 2019년 ─────────────────────────────

○ 1월

　　언론사 : 경인일보

　　제목 : 인천교통공사 '사원증, e음카드로' 지역경제 살리기

　　분류 : 행정

　　내용 : 인천교통공사는 '인천e음카드'의 활용도를 높여 지역경제 활
　　　　　성화에 보탬이 되고자 전 사원의 사원증을 '인천e음카드'로
　　　　　교체 발급했다고 31일 밝혔다. '인천e음카드'는 소상공인이
　　　　　부담해야 할 카드 수수료를 없애고 소비자에게 혜택을 줘 인
　　　　　천의 역외 소비율(인천 외 소비)을 낮추기 위해 만든 모바일
　　　　　지역화폐다. 공사는 내년부터는 연말에 사원들에게 주는 포
　　　　　상금이나 명절에 주는 각종 상품권 등을 '인천e음카드'로 지
　　　　　급할 계획이다.

　　언론사 : 한겨레

　　제목 : 골목상권에 2조…새해 전국에서 지역화폐가 뜬다

　　분류 : 경제

　　내용 : 새해 들어 전국의 여러 지방정부가 지역경제를 활성화하고
　　　　　자금 역외 유출을 막기 위해 지역화폐 발행에 적극 나서고
　　　　　있다. 지방정부가 이처럼 지역화폐 발행에 적극적인 것은 지
　　　　　역 소득이 서울로 유출되는 현상이 갈수록 심각해지고 있기
　　　　　때문이다. 양준호 인천대 교수(경제학)는 "이재명 경기지사가
　　　　　2012년 성남시장 재직 때 발행한 지역화폐(성남누리)로 4년

동안 영세자영업자의 실질소득이 22.3% 늘어난 것으로 분석
된 사례가 있다"며 "국내 경제 상황과 서울이 빨아들이는 경
제적 흡인력 때문에 지역이 황폐해지고 있다. 지역화폐는 지
역경제를 살리는 데 힘이 되기 때문에 정부가 지역화폐 발행
을 적극 추진할 필요가 있다"고 말했다.

언론사 : 중도일보

제목 : 인천 연수구, '전자상품권' 운영 연구용역 추진

분류 : 행정

내용 : 인천시 연수구(구청장 고남석)가 민선7기 공약사업이자 지역
경제 활성화를 위해 지역화폐 '연수사랑 전자상품권' 구성과
운영에 관한 연구용역을 추진한다. 용역기간은 3개월로 상품
권의 효과적인 정착과 활용전략, 지역 분석, 사회적 경제조
직과 커뮤니티 조직 연계방안, 가맹점과 가입자의 인센티브
연구 등이 주요 용역 대상이다.

언론사 : 한국경제

제목 : "지역화폐는 지역경제에 큰 도움" vs "사용처 제한된 상품권
에 불과"

분류 : 경제

내용 : 지역화폐가 지역 경기 활성화라는 당초 취지를 달성하기 위
해선 발행 및 유통량과 관련한 정확한 수요예측과 함께 지역
밖에서 기업과 관광객 등 새로운 수요를 유치해야 한다는 지
적이 제기된다. 지역화폐가 제대로 정착되려면 당초 지역 밖

에서 이뤄지던 소비를 지역 내로 끌어들이거나 관광객을 유
치하는 등 새로운 수요를 창출해야 한다는 것이 전문가들의
지적이다.

○ 4월

언론사 : 국민일보

제목 : 인천 서구, 5월 1일부터 10% 혜택 지역화폐 사용 시작

분류 : 행정

내용 : 인천 서구는 서구 지역화폐 "서로e음"의 5월 1일 발행을 위해
인천시, 코나아이(주)와 1일 3자 협약식을 체결했다고 밝혔
다. 서구지역화폐 "서로e음"은 지난해 12월 대국민 명칭공모
를 통해 선정됐으며, 서구의 구민과 구민, 골목과 골목을 이
어준다는 의미가 있다. 전자식 형태로 발행되는 "서로e음"은
모바일 앱과 선불카드가 결합한 지역화폐로 만 14세 이상이
면 누구나 가입할 수 있고, 인천 모든 지역의 99.8%인 17만
5000여 개 점포에서 사용이 가능하다. 백화점, 대형마트, 기
업형슈퍼마켓(SSM)와 프랜차이즈 직영점 등 일부 점포는 제
외된다.

언론사 : 중도일보

제목 : 인천대 사회적경제연구센터, 지역화폐학교 운영

분류 : 행정

내용 : 인천시는 인천지역화폐에 대한 시민들의 관심과 사용 확산
을 위해 시민서포터즈를 양성하는 인천시 지역화폐학교를

운영한다고 21일 밝혔다. 인천지역화폐학교는 5월 1일부터 6월 25일까지 총 16강 과정으로 인천시가 주최하고, 인천소 상공인연합회가 주관하며 지역사랑상품권(지역화폐) 및 지역 경제에 관한 연구에 특화되어 있는 인천대 사회적경제연구 센터가 운영한다. 지역화폐학교는 인천e음에 대한 전반적인 지식과 국내 및 세계 지역화폐의 성공사례 및 유형, 지역화 폐로 만들어 가는 행복한 마을공동체, 서포터즈 마케팅론, 전략적 홍보론 등을 주제로 인천대학교 제물포 캠퍼스 평생 교육원에서 인천 시민 100여 명을 대상으로 진행한다.

언론사 : 헤럴드경제

제목   : 인천 동구, 연간 10억 원 규모 지역화폐 발행

분류   : 행정

내용   : 인천시 동구는 동네 상권 활성화를 위해 동구사랑상품권을 발행한다. 동구사랑상품권은 5,000원·1만원권 등 2가지 종 류로 연간 10억 원 규모를 유지할 계획이다. 구내 가맹점 700 여 곳에서 상품권을 쓸 수 있으며 백화점, 대형마트, 프랜차 이즈, 사행 업체에서는 결제할 수 없다.

언론사 : 경향신문

제목   : [커버스토리] 쓰면서도 받으면서도 '좋아요' 일상으로 다가온 '지역화폐'

분류   : 경제

내용   : 지역화폐의 장점이 알려지고 정부의 의지까지 더해지면서

전국에서 지자체를 중심으로 지역화폐가 급속히 늘어나고 있다. 현재 전국에 지역화폐를 발행하는 지자체는 모두 60여 곳인데 연말까지 131곳에 달할 것으로 예상된다. 인천시는 지난해 7월 국내 지자체 중 처음으로 IC카드 형태의 지역 전자상품권인 '인천e음' 카드를 선보였다. IC칩이 내장된 인천e음 카드는 교통카드 기능이 있어 전국 어디서도 쓸 수 있다. 인천e음 카드는 충전해 사용할 경우 6%를 캐시백으로 주고, 소득공제 혜택도 30%나 준다. 신용카드 소득공제율 15%의 두 배다. 인천시 관계자는 "선불카드인 인천e음 카드는 인천에 사업자 등록을 하지 않은 백화점 등 300여 곳을 제외한 17만 5,000곳에서 쓸 수 있다"며 "수수료도 연매출 3억 원 미만 업체는 0.5%로 저렴하다"고 말했다.

○ 5월

    언론사 : 국민일보

    제목   : 인천 서구, 지역화폐 '서로e음' 발행 선포

    분류   : 행정

    내용   : 인천 서구는 2일 서구문화회관에서 내빈과 단체원 및 구민 1천여 명이 참석한 가운데 서구 지역화폐 '서로e음' 발행 선포식을 개최했다. 서구 지역화폐 서로e음은 모바일앱과 선불카드가 결합해 만 14세 이상이면 누구나 편리하게 사용가능하고 다양한 큰 혜택이 있다. 전국 최고수준의 10% 사용자 캐시백, 30% 소득공제(전통시장 40%), 6천만 원 사용자 경품, 0.5% 가맹점 카드수수료지원 등이다. 무엇보다 구민과 소상

공인에게 혜택이 집중돼 있다. 이재현 서구청장은 "지역경제
활성화와 지역공동체를 강화하고, 구민과 소상공인을 하나
로 이어, 서구를 더 발전시키기 위해 서구 지역화폐 '서로e음'
을 발행했다"며 "서구는 민과 관이 하나가 돼 '서로e음'의 조
기정착과 성공을 위해 최선을 다할 것"이라고 말했다.

언론사 : 경인일보
제목 : [이슈&스토리] 가입자수 폭발적 증가 '인천 전자식 지역화폐'
분류 : 경제
내용 : 좀처럼 살아날 기미가 보이지 않는 인천지역 동네상권에 구
원투수가 등판했다. 인천에서 돈을 쓰면 그 일부를 소비자에
게 되돌려 주고, 상인에게는 카드수수료 인하 혜택 등을 주는
전자식 지역화폐 '인천e음'이다. 인천시가 자체 개발한 '인천
e음'은 지난해 6월부터 시범적으로 운영하기 시작했지만, 사
용자가 폭발적으로 늘어난 것은 최근 들어서다. 사용한 금액
의 6~10%를 '캐시백' 해주는 혜택이 입소문을 타고 인천시민
들의 마음을 움직이고 있다. 남동구와 미추홀구도 올 7월 초
부터 자체 전자식 지역화폐를 출시할 계획이다.

언론사 : 서울신문
제목 : 가입자 12만 명…인천 전자상품권 열풍
분류 : 경제
내용 : 인천시가 지난해 7월 전국 처음으로 전자상품권인 '인천e음'
을 개발, 운영한 이래 이를 사용하는 시민이 최근 10배 이상

늘어나고 있다. 인천 기초지방단체들도 인천e음 플랫폼(인프라)을 이용하는 전자상품권을 이미 발행했거나 발행을 앞두고 있다. 연수구, 남동구, 미추홀구 등 인천의 다른 기초단체들도 개발 비용 등을 별도로 부담하지 않고 인천e음 시스템을 이용할 수 있는 점을 감안해 전자상품권 도입을 서두르고 있다.

언론사 : 국제신문
제목   : 로컬 퍼스트…연대경제를 찾아서 〈1〉 지역화폐로 부의 유출
         막아라
분류   : 경제
내용   : 국제신문은 성공적인 '부산형 지역화폐' 도입을 위해 먼저 제
         도를 도입한 곳을 찾아 그 과정을 들여다봤다. '서로e음'은
         서울과 인접해 역외 유출이 심각한 인천시 서구가 2년간 준
         비 끝에 지난 1일 정식 발행한 선불카드 형태 지역화폐다.
         시작은 일단 성공적이다. 서구 최형순 경제에너지과장은 "올
         해 발행 목표액은 1,000억 원, 사용자 모집 목표는 발급 가능
         인구 46만 명 중 10%인 4만 6,000명이다. 일주일간 시범 발
         행에서 1만 명 이상이 앱을 다운로드했고, 지난 1일 하루 동
         안에만 6억 원가량을 충전해 이 가운데 1억 5,764만 원이 사
         용됐다"고 말했다.

언론사 : 아시아경제
제목   : 인천 지역화폐 탄력받나…연수구 등 군·구 전자상품권 발행

잇달아

분류　: 행정

내용　: 인천시의 지역화폐(전자상품권)가 호응을 얻고 있는 가운데 기
　　　초자치단체들도 시의 지원을 받아 잇달아 지역화폐를 발행
　　　하고 있다. 인천 연수구는 22일 연수구청에서 박준하 인천시
　　　행정부시장, 고남석 연수구청장, 조정일 코나아이 대표 등이
　　　참석한 가운데 '인천e음·연수사랑 전자상품권(연수e음) 지역
　　　상생 협약식'을 열었다. 인천시가 인천e음 플랫폼(부가서비스
　　　포함)을 연수구에 제공하고, 연수구는 이를 활용해 자체 실정
　　　에 맞게 지역상품권을 운용하게 된다.

언론사 : 파이낸셜뉴스

제목　: 인천 지역화폐 써보니 참 좋네

분류　: 경제

내용　: 인천의 역내소비를 촉진하고 지역경제를 활성화하기 위해
　　　도입한 충전식 선불카드인 '인천e음 전자상품권'의 가입자가
　　　최근 폭발적으로 증가하고 있다. 26일 인천시에 따르면 지난
　　　해 6월 첫 도입된 '인천e음 전자상품권'은 올 4월까지 누적
　　　가입자 수가 6만 2,998명에 불과했으나 이번 달(21일까지)에
　　　만 기존 가입자의 2배 정도 많은 11만 4,215명이 가입했다.
　　　연수구, 남동구, 미추홀구, 동구 등 인천의 자치구도 개발 비
　　　용을 별도로 부담하지 않고 인천e음 시스템을 이용할 수 있
　　　는 장점 때문에 전자상품권 도입을 서두르고 있다.

○ 6월

언론사 : 한라일보

제목 : "지역화폐, 골목상권 활성화 효과"

분류 : 경제

내용 : 인천광역시가 지역화폐 개념으로 도입한 '전자상품권' 발행 액 중 96.8%가 지역 골목상권에 사용돼 내수 진작 효과를 거두고 있는 것으로 나타나 제주지역에서도 하루빨리 도입 하자는 지적이 제기됐다. 정의당 제주도당 중소상공인·자영 업자위원회는 3일 제주도의회 도민의 방에서 '지역경제 활성 화를 위한 제주형 지역화폐 도입 토론회'를 개최했다. 안광 호 인천시 소상공인 정책팀장은 '인천e음 전자상품권 플랫폼 소개'를 주제로 한 발표에서 "인천 소상공인연합회로부터 매 출 증대 정책을 요구받고 고민 끝에 우리나라에서는 처음으 로 전자상품권을 개발해 도입했다"며 "역외소비율이 52.8% 인 전국 최고 수준으로 잉여자본이 유출돼 지역경제 활성화 를 기대하기 어려운 인천에서 5월까지 640억 원의 전자상품 권을 발행해 96.8%가 지역 골목상권에 사용된 것으로 나타 났다"고 말했다.

언론사 : 경인일보

제목 : 인천 지역화폐 '인천e음' 정작 공영주차장에선 못 쓴다

분류 : 경제

내용 : 23일 인천시 등에 따르면 인천시시설공단을 비롯한 군·구 시설관리공단이 운영하는 공영주차장 가운데 '인천e음' 카드

를 사용해 주차비를 결제할 수 있는 경우는 극히 제한적인 상황이다. 인천시청, 인천문화예술회관을 비롯해 삼산월드체육관, 계산국민체육센터, 공촌유수지체육시설 주차장과 인천시서구시설관리공단이 운영하는 10여 개 주차장 정도다. 미추홀구, 연수구 등 인천e음 카드 연계 지역화폐 발행을 준비 중인 지자체의 공영주차장도 현재까지 이 카드로 결제가 안 되고 있다. 원인은 카드 결제 단말기 시스템에 있다. 지자체 시설관리공단 등 공공기관이 사용하는 카드 결제 단말기 시스템에서 인천e음 카드가 사용될 수 있게 하려면 프로그램 개선 조치가 추가로 필요하다.

언론사 : 중부일보
제목 : [시론] 지역화폐(e음카드)를 비판한다
분류 : 사설
내용 : 전국적으로 지역화폐 바람이 불고 있다. 지역화폐를 사용하는 사람들은 지역화폐를 발급받아 사용할 수 있는 사람들로 정보접근성이 높고 실질적인 구매력이 있는 사람들이다. 지역화폐가 뭔지도 모르고 어떻게 발급받아야 하는지도 모르는 어르신 등 정보접근성이 떨어지는 시민들은 혜택을 받을 수가 없다. 서구가 발행하는 서로e음카드의 캐시백의 지급 비용은 행정안전부 40%, 인천시 20%, 서구 40% 비율로 감당하고 있다. 일반 국민이 내는 세금과 시민의 세금이 사용되고 있는 것이다. 비정상적인 보조금이다. 지역화폐에 중앙정부의 재정이 투입된다면 다른 지역의 시민이 낸 세금이 우리

지역에 사용된다는 것을 의미한다.

언론사 : 영남일보

제목 : 지역화폐 열풍…대구도 '경제효자' 도입 움직임

분류 : 정치

내용 : '지역화폐'가 다시 주목받으면서 대구에서도 발행될지 관심을 모으고 있다. 24일 대구 동구의회 본회의에서 권상대 구의원(더불어민주당)은 자유발언을 통해 "지역화폐는 전국 226개 기초단체 중 130여 곳에서 발행했거나 발행을 준비하고 있다"며 "지역화폐를 발행하면 지역 총생산량의 41%에 달하는 소상공인 등의 매출 증대로 이어진다"고 설명했다. 이어 "카드형 지역화폐를 발행한 인천 서구는 1개월여 만에 경제활동인구 46만여 명 중 39%가 지역화폐를 사용했다"며 "대구 동구도 구청·구의회·주민대표가 참여하는 '동구 지역화폐 발행 추진위'를 창립해야 한다"고 제안했다.

○ 7월

언론사 : 중도일보

제목 : 인천 미추홀구, '미추홀e음' 지역화폐 공식 발행

분류 : 행정

내용 : 인천시 미추홀구(구청장 김정식) 지역화폐 '미추홀e음' 카드가 7월 1일 자로 공식 발행됐다. 올해 200억 발행을 목표로 하고 있는 미추홀e음은 모바일앱과 선불카드를 결합, 만 14세 이상이면 누구나 사용이 가능하다. 특히 국.시비 지원과 구

비 매칭을 통해 사용액의 최대 8%까지 캐시백을 제공할 계획이다.

언론사 : 경기일보

제목 : 인천 서구, 지역화폐 '서로e음' 최단기간 1천억 돌파

분류 : 경제

내용 : 인천 서구는 전자식 지역화폐 '서로e음'이 발행 71일째인 10일 발행액 1천억 원을 돌파했다고 밝혔다. 이는 전국 최단기간이다. 올해 가입자 목표인 4만 6천 명을 발행 15일째인 5월 15일 달성하고, 현재 20만 3천 명(7월 7일 기준)이 서로e음 카드를 사용하고 있다. 서구 총 세대수가 21만 5천327세대임을 고려하면 1세대(가구)당 0.95장의 카드가 보급된 것이다.

언론사 : 경향신문

제목 : 지역화폐 '인천e음' 56만 명 가입…'시민 10명 중 2명 보유'

분류 : 경제

내용 : 인천 지역화폐인 '인천e음' 카드가 폭발적인 인기를 끌고 있다. 사용금액의 6~11%를 캐시백 포인트로 되돌려 줘 인천시민 10명 중 2명이 갖고 있다. 인천시는 지난 7일 기준 인천지역 전자상품권인 '인천e음' 카드 가입자는 56만 8,543명이라고 11일 밝혔다. 인천시 전체 인구 300만 명 중 20%가 '인천e음' 카드를 갖고 있는 셈이다. 인천시 관계자는 "지방자치단체에 따라 다르지만 사용액의 6~11%를 캐시백 포인트로 돌려주고, 교통카드와 '인천e몰' 등 다양한 서비스 때문에 가입

자 수가 계속 늘고 있는 것 같다"고 말했다.

언론사 : 경기일보
제목 : '대대적 혜택 준다 홍보하더니'…인천시 등 지역화폐 e음카드 열풍에 1인당 혜택 축소, 이용자 '분통'.
분류 : 경제
내용 : 14일 인천시 등에 따르면 시와 지자체는 최근 지자체별 전자 상품권의 혜택을 줄이는 등의 논의를 본격화하기로 했다. 시와 지자체가 이처럼 혜택 축소를 들고 나온 데는 e음카드에 대한 예상치 못한 폭발적 호응이 있다. e음 카드 사용이 열풍에서 '광풍'으로 바뀌면서, 예산 마련에 골머리를 앓는 상황이 벌어진 셈이다. 한 지자체 관계자는 "재정자립도가 높은 시와 지자체가 선심성으로 정책을 내놓은 것"이라며 "지금이라도 혜택 축소 매뉴얼을 정확히 가다듬어 혼란을 줄여야 한다"고 지적했다.

언론사 : 한겨레
제목 : 지역에 '다른 돈'이 돈다…1년 사이 6배 몸집 불어난 '지역화폐'
분류 : 경제
내용 : 지역화폐가 유행처럼 번지고 있다. 발행액수 최고치를 찍고 있는 인천을 바라보는 시선도 따갑다. 모바일앱과 선불카드가 결합한 '인천이(e)음카드'는 6% 캐시백을 받을 수 있는데, 기초단체 사이에 경쟁이 붙으면서 미추홀구 8%, 서구는 10%, 연수구가 한시적으로 11%까지 늘렸다. 조승헌 인천연구원

연구위원은 지난 15일 열린 '인천이음카드' 관련 토론회에서 "재정이 따라가기 힘들 정도다. 결제 한도액을 정하거나 캐시백을 조율하는 문제를 고민해봐야 한다"고 말했다. 지역사회가 지역화폐의 양적 확대에만 매달리지 말고 시민사회의 역할을 강화해 지속가능성을 높여야 한다는 지적도 나온다. 양준호 인천대 교수(경제학)는 "지역화폐는 시민의 참여와 관심 등 민간 거버넌스가 없으면 성장하기 어려운 사업"이라며 "기존에 있던 공동체 중심의 지역화폐 단체와 물리적으로 결합하는 것은 쉽지 않지만, 서로 협력할 필요가 있다"고 제안했다.

언론사 : 경인일보

제목   : [인기폭발 이음카드, 빛과 그림자·(3·끝)] 꼼꼼한 제도 보완 필요

분류   : 경제

내용   : 인천이음카드가 지역화폐의 성공 사례로 거듭나기 위해서는 정책의 지속성은 높이고 부정적 효과는 낮출 수 있도록 제도를 시급히 정비해야 한다는 목소리가 크다. 이음카드 플랫폼을 통해 소비자가 스스로 지역화폐의 본질적인 의미를 깨닫고 자발적으로 참여할 수 있도록 인천시가 나서야 한다는 지적도 있다. 김현정 한국은행 인천본부장은 "시 재정에는 반드시 한계가 있기 때문에 제도가 끝났을 때 소비가 오히려 위축될 우려가 있어 재정 투입 효과에 대한 정확한 분석이 필요하다"고 말했다. 김하운 인천시 경제특보는 "재원은 한

정적인데 돈이 많고, 정보에 빠른 계층이 더 많은 혜택을 받아 가는 것이 문제"라며 "1회 결제액이 큰 사치품보다 가격 변화에 민감하지 않은 생필품을 사는 경우 혜택이 돌아갈 수 있도록 1회 결제 한도를 정하고 200만 원 이상을 쓸 경우 혜택에 차등을 둬 소상공인과 서민층이 고루 혜택을 볼 수 있도록 제도 정비가 필요하다"고 강조했다.

언론사 : 경향신문

제목 : 인천시 지역화폐로 자동차·금 사고, 유흥업소서 긁고 '혈세 펑펑'

분류 : 경제

내용 : 역외 소비유출 억제와 소상공인 지원강화를 위해 발행한 인천e음 카드는 그러나 유흥업소에서 술값이나 자동차와 금을 사는데도 사용됐다. 인천시는 인천e음 사용 내역을 조사한 결과, 유흥업소와 사행성 업종에서 626명이 5,400여만 원을 사용했다고 밝혔다. 또한 금을 구매하는데도 8,300만 원이 사용됐고, 자동차를 구입하는데도 25명이 2억 7,000만 원을 썼다. 인천시는 이에 따라 8월1일부터 인천e음 카드 캐시백 혜택을 축소하기로 했다.

○ 8월

언론사 : 대전일보

제목 : "지역화폐 대전 전역 확산 전 제도 근본취지 지키려는 노력해야"

분류 : 토론회

내용 　: 지역화폐를 대전 전역으로 확산하기 전 제도의 근본취지와 원칙을 지키는 노력이 필요하다는 주장이 제기됐다. 안광호 인천시 소상공인정책팀장은 "지역에 기반을 둔 사업소가 아니면 지역화폐로 결제가 안 되도록 했다"며 "소비자들도 이제는 지역화폐 사용이 안 되는 곳은 지역에 도움이 되지 않는다고 판단해 이용을 자제하는 등 현명한 소비생활을 하는 효과도 거두고 있다"고 말했다. 그러면서 "대형마트 등에서 매출이 30~40%가량 떨어졌다고 많은 항의를 받았는데, 이는 30~40%가량의 돈이 골목상권으로 이전했다는 것"이라며 "이같은 결과를 보면 소상공인의 매출을 증대시키는데 지역화폐가 큰 역할을 하는 만큼 이를 기반으로 지역에서 선순환 구조를 만들어가야 한다"고 강조했다.

언론사 : 조선일보

제목 　: 49일 만에 결제액 1,000억 돌파… 지역화폐 전성시대

분류 　: 경제

내용 　: 지역화폐 전성시대다. 행정안전부에 따르면 지역화폐를 발행한 지자체(광역·기초단체 포함)는 2016년 53곳에서 올해 177곳(예정 포함)으로 세 배 넘게 늘었다. 이미 인천시에는 지난해 7월 출시된 '인천사랑 전자상품권'이라는 지역화폐가 있었다. '공무원만 사용하는 돈'이라며 아무도 관심 없던 이 화폐는 올해 4월 인천e음카드로 변경되며 캐시백 6%의 혜택을 강조해 인기를 끌기 시작했다. 올해 초 정부는 지역화폐 발행액의 4%를 지원하겠다고 했는데, 인천시가 여기에 예산을

추가해 6% 캐시백을 만든 것이다. 서구·연수구 등은 추가로 지자체 예산 4%를 더해 10% 캐시백을 완성했다. 연수구 지역화폐의 경우 발행 49일 만에 누적 결제액 1,000억 원, 가입자 수는 14만 5,000명을 넘었다.

언론사 : 동아일보

제목 : 인천시 지역화폐 '인천e음 카드' 시끌

분류 : 경제

내용 : 인천의 지역화폐인 '인천e음 카드'가 인기를 끌고 있지만 지방자치단체의 과도한 재정 부담과 주민 간 '복지 불균형'을 부추긴다는 지적이 일고 있다. 26일 인천시에 따르면 서구는 '서로e음' 카드로 결제할 경우 총금액의 10%를 캐시백으로 무한 제공했다가 이달 10일부터 다음 달 초까지 100만 원 이하의 사용액에 대해서만 일괄적으로 6%의 캐시백 혜택을 주고 있다. 재정부담을 우려하는 목소리 때문에 남동구는 남동e음 카드 도입을 전격 보류했다. 기초단체는 e음 카드에 대한 긍정적인 효과가 더 크다는 입장이다. 연수e음 카드 발행 49일 만인 16일 누적 결제금액 1,000억 원을 돌파해 전국 최단기간 기록을 세운 연수구는 "사용액의 16.4%가 다른 지역 거주자로 외부 유입 효과가 커 지역경제 활성화에 도움이 됐다"고 분석했다.

○ 9월

언론사 : 동아일보

제목 : 현금 부자에 혜택 편중되는 '캐시백' 잔치 2조 규모로 커져 지방 재정 좀먹는다

분류 : 경제

내용 : 지역화폐의 '생애 목표'는 지역경제 활성화다. 하지만 직접 만나본 인천 시민들은 "캐시백 혜택이 좋아 이음카드를 쓰기는 하는데, 그렇다고 집 주변에서 소비를 더 늘린 것은 아니다"라고 말했다. 인천시 자료에 따르면 5~6월 이음카드 업종별 결제 비중은 △일반 휴게음식(28.50%) △유통업(15.30%) △학원(11.90%) △의원(6.52%) 순이었다. 딱히 인천 '밖'에서 쓰던 돈을 인천 '안'에서 쓰면서 소비를 늘렸다고 볼 만한 자료는 없었다. 윤창현 서울시립대 교수는 "우선 '지역경제 활성화'라는 목표에는 동의한다. 지역화폐 발행으로 지역경제에 돈이 돌면 단기적으로 경기가 살아날 수 있다. 하지만 그 효율성이 어느 정도인지는 따져봐야 한다. 캐시백 혜택으로 유입된 소비자들은 혜택이 축소되면 이탈할 가능성이 높다. 그렇다고 캐시백을 더 늘리면 지방자치단체 살림에 부담이 된다. 지역경제를 활성화하는 데는 정확한 타깃을 설정하고 거기에 실물을 지원하는 것이 더 유효한 전략이라고 생각한다. 세금을 직접 현금 형태로 뿌리기보다 소상공인 지원이라든지, 이를 보조할 복지 프로그램을 시행하는 게 더 좋다고 본다"고 말했다.

언론사 : 아시아경제

제목 : 연수구 '지역화폐 시즌2' 정책토론회 3일 개최…사회참여형 서비스 모색

분류 : 행정

내용 : 인천 연수구가 지역화폐인 '연수e음'의 정책보완과 지역경제를 위한 가치소비 실현, 사회공동체 육성 등을 위해 주민·전문가들과 함께 고민하는 시간을 마련한다. 구는 3일 오후 3시 연수구청 대회의실에서 지역 주민과 분야별 전문가, 자영업자와 소상공인 등이 참여하는 '연수e음 시즌2 정책토론회'를 연다. 구는 연수e음이 그동안 부각됐던 높은 할인률 이슈에서 벗어나 15만 명이 넘는 가입자를 가진 플랫폼을 활용해 가치소비와 사회공동체 육성, 소비자 권리 강화 등을 목표로 보강해 나간다는 구상이다. 이와 함께 토론회를 바탕으로 지역경제 선순환 구조를 높이고, 현장의 목소리를 담은 다양한 정책을 발굴해 새로운 지역화폐 성공모델을 창출할 방침이다.

○ 10월

언론사 : 경인일보

제목 : [창간기획] 이음카드 현주소와 미래

분류 : 경제

내용 : 인천의 전자식 지역화폐 '인천e음카드(이음카드)'가 가입자 수 (9월 22일 기준) 86만 8천 명을 돌파했다. 캐시백 제한을 시작한 8월 결제 규모는 2천641억 원으로 7월 2천739억 원 대비

100억 원가량 줄었다. 그럼에도 불구하고 이음카드는 시민들의 소비 형태를 변화시키며 지역경제 활성화의 '희망'이 되고 있다. 인천의 대형 맘카페나 커뮤니티에는 e음카드 사용이 '되는 곳'과 '안 되는 곳'을 구분한 리스트가 실시간으로 업데이트 돼 사용자들끼리 공유된다. '캐시백'을 좇는 소비라는 비판도 있지만 결국 인천의 소비자가 인천에 사업장을 둔 가게를 찾아 결제하는 능동적 소비가 이뤄지고 있는 것이다. 이음카드 정책 흥행은 지역의 시민 사회와 상인 단체가 서로 '윈-윈(win-win)' 하고자 힘을 합해 만들어낸 결과물이기도 하다. 카드 보급·정착에 어느 정도 성공한 이음카드는 진화를 꿈꾸고 있다. 지역 내 경제 시스템 선순환은 물론 공유경제, 청년 창업 펀딩, 기부 서비스 등 '착한 소비' 활동을 돕는 지역화폐 본연의 기능을 본격적으로 살려 나가는 것이다. 시민들이 소비 후 캐시백 혜택만 보는 것이 아니라 사회적 기업의 상품도 사고, 청년 창업 펀드에 투자도 하고, 특정 단체에 기부도 할 수 있는 플랫폼으로 한 단계 업그레이드한 모델로의 성장이 기대되고 있다. 물론 캐시백 혜택을 유지하기 위해서는 국비 지원 근거가 될 수 있는 관련 법안 통과가 향후 과제로 남아 있다.

언론사 : 서울경제
제목 : [툰내나는 뉴스] '비장의 머니' 지역화폐, 캐시백 없인 무용지물?
분류 : 경제
내용 : 가장 규모가 큰 곳은 인천 '이음카드' 입니다. 총 6,505억 원

규모로 전국을 다 합쳐도 이곳 인천의 발행량에 미치진 못한다고 하네요. 하지만 지역화폐의 인기 뒤엔 '캐시백'이란 위험한 유인책이 존재합니다. 발행액이 많은 인천, 전북, 경기 지역화폐 사업 모두 캐시백을 끼고 사업을 진행하고 있습니다. 캐시백이 위험한 이유는 돌려받는 현금이 정부예산에서 나오기 때문입니다. 정부세금을 지역별로 다르게 지원하다 보니 형평성에 어긋난다는 불만이 나오는 까닭입니다. 은행 이자보다 높은 지역화폐 할인율을 이용해 지역화폐를 대량 구입한 후 현금으로 바꾸는 '깡' 사례도 있습니다.

김정식 연세대 경제학과 교수는 "지자체가 화폐를 유통 시킬 경우 규모가 작을 땐 문제가 없지만 커지면 거래 투명성, 불법거래로 사용될 문제가 다분하다"며 "캐시백 제도도 크게 보면 하나의 '방안'이지만 이걸 세금으로 메꾸는 게 지속될 경우 바람직한 사업이라고 볼 순 없다"고 지적했습니다.

언론사 : 경인일보

제목 : [사설] 1조 원 '인천e음카드' 캐시백에 매몰되지 않아야

분류 : 사설

내용 : 그러나 앞서 7월의 사설을 통해서도 짚었듯이 캐시백이 지역화폐의 본질은 아니다. 하나의 수단일 뿐이다. '성공한 정책'이라는 평가를 받고 있는 지금이야말로 지역화폐의 좀 더 가치 있는 미래를 준비해야 할 때이다. 캐시백은 캐시백대로 문제점들을 지속적으로 보완해나가는 한편 캐시백을 뛰어넘는 제2, 제3의 '의미 있는 가치'를 찾아내거나 창출해내야 한

다. 뒤늦게나마 인천e음카드사업의 원활한 추진을 위한 인천
사랑상품권 운영위원회가 구성돼 첫 회의를 가졌다. 각계를
대표하는 이들이 모인 협의체이니만큼 지역사회의 다양한
가치들이 논의되는 자리가 되길 기대한다. 인천e음카드는 현
실적인 이해관계가 작용하는 지금의 구조를 발전적으로 뛰
어넘어야 건강하고 지속가능한 지역화폐 될 수 있다.

언론사 : 경기일보
제목 : '인천e음' 캐시백 혜택 대폭 축소… 市, 재정압박에 결단
분류 : 행정
내용 : 인천시가 지역화폐 '인천e음'의 캐시백 혜택을 대폭 축소한
다. 시는 국비와 지방비로 캐시백 예산을 충당하는 사업구조
때문에 인천e음이 재정압박 요인으로 작용하자 캐시백 요율
을 대폭 낮춘 것으로 보인다. 현재 캐시백 규모는 국비 260
억 원, 시비 468억 원 등 모두 728억 원에 달한다. 김상섭
시 일자리경제본부장은 "지난 8월에 이어 부득이하게 다시
한번 캐시백 구조를 조정한 점에 대해 송구한 마음을 감출
수 없다"며 "소상공인 지원과 지역경제 활성화라는 선순환을
추구하고자 하는 정책 의지에 대한 변함없는 지지와 관심을
부탁드린다"고 했다.

언론사 : 매일경제
제목 : 코나아이, 인천 지역화폐 '인천e음' 발전 위한 서비스 강화
분류 : 경제

내용 : 지역화폐 대표 운영사업자 코나아이는 인천시 지역화폐인 '인천e음'의 장기적이고 안정적인 발전을 위해 보다 차별화된 서비스 제공에 나선다고 22일 밝혔다. 이를 위해 코나아이와 인천시는 줄어드는 캐시백 대신에 시민들이 지속적으로 인천e음을 통해 혜택을 누릴 수 있는 비(非)캐시백 인센티브 기능을 강화할 계획이다. 먼저 코나아이와 인천시는 축소된 캐시백을 '혜택+(플러스) 가맹점' 활성화를 통해 보완할 계획이다. 인천e음 플랫폼 내 모바일 쇼핑몰인 '인천e몰' 활성화도 주요 목표다. 또 다음 달에는 인천 내 상점들과 협업해 기획한 상품들을 통해 인천 e몰 외에 온·오프라인을 연계한 식품전시회에도 참가, 대대적인 마케팅을 전개하며 인천 소상공인들의 경쟁력까지 강화할 수 있는 발판을 마련할 계획이다.

언론사 : 경인일보

제목 : [사설] 지속가능한 '인천e음카드'를 위한 고육지책

분류 : 사설

내용 : 이번 e음카드 정책 보완의 핵심은 한정적 재원에 바탕을 둔 제도의 지속가능성을 확보하는 데 있다. 소상공인과 시민들로부터 모처럼 호응을 얻고 있는 정책인 만큼 계속 시행하되 예측가능한 예산지원 범위 내에서 안정적으로 운용하기 위한 장치를 마련할 필요가 있다. 그래야만 세금 퍼주기 논란에서도 자유로워질 수 있게 된다. 비판 속에서도 이번 조치를 고육지책으로 받아들이는 이유다. 다만 그동안 일부 구에

서 과도하게 부풀려놓은 캐시백 효과와 기대를 어떻게 진정시킬 것인가에 대해선 여전히 걱정이 앞선다. 지역화폐가 캐시백에만 매몰돼선 안 된다는 점을 누차 강조해왔다. 시행착오를 통해 새로운 전망을 확보해야 한다.

언론사 : 내일신문
제목 : 인천 구청들, 지역화폐 캐시백 '고민'
분류 : 경제
내용 : 인천시가 지역화폐 '인천e음'의 캐시백 요율을 축소했지만 일부 자치구들은 기존 혜택을 그대로 유지하기로 했다. 시가 축소한 만큼 자치구가 추가로 부담하기로 한 것이어서 자칫 자치구 부담이 눈덩이처럼 불어날 수도 있는 상황이다. 31일 인천시 등에 따르면 인천 서구는 '서로e음' 전자상품권 사용액에 대한 기존 캐시백 요율 7%를 계속 유지하기로 했다. 서로e음은 인천시가 6%, 서구가 1%를 각각 부담했었다. 그러다 시가 3%만 부담하기로 하면서 서구 부담분이 4%로 늘어났다. 연수구도 같은 결정을 내렸다. 부담액은 더 크다. '연수e음'의 캐시백 요율은 10%다. 연수구는 이 가운데 4%를 부담했는데, 앞으로는 7%까지 부담해야 한다. 이 같은 불편한 상황은 결국 다른 지자체들의 새로운 진입을 가로막았다. 당장 다음 달부터 사업을 시작하려던 부평구가 결정을 미룬 채 사태를 관망하고 있다. 계양구는 아예 사업을 포기하려는 분위기다. 조례와 예산을 준비 중이었지만 최근의 혼란을 보면서 사업 포기를 고려하고 있다. 계양구 관계자는 "지금 상황

에서 구의회를 설득할 수 있을지도 의문"이라며 "사업 타당
성을 다시 한번 검토해볼 필요가 있다"고 말했다.

○ 11월

　언론사 ： 경인일보

　제목　 ： 캐시백 혜택 줄어든 '인천e음'… "기초단체 서비스 차별화 필요"

　분류　 ： 경제

　내용　 ： 인천이음카드의 활성화를 위해서는 인천 지역 각 기초자치
　　　　　단체 간 차별화된 혜택이 필요하다는 의견이 나왔다. 인천시
　　　　　는 4일 시의회 세미나실에서 '제3회 인천사랑상품권(인천e음)
　　　　　운영위원회'를 개최했다. 운영위원회는 회의에서 인천이음
　　　　　카드가 캐시백 요율을 6%에서 3%로 낮춘 이후에도 흥행을
　　　　　지속하려면 지자체별 차별화된 서비스를 구현해야 한다고
　　　　　의견을 모았다. 다만 광역시와 기초 군·구간 캐시백 요율은
　　　　　통일시켜 카드 이용자들 간 혼란과 차별을 막아야 한다는 것
　　　　　에는 동의했다.

○ 12월

　언론사 ： 부산일보사

　제목　 ： [지역화폐 '동백전' 무산 위기] 인천시 '대박' 비결은 '현장서
　　　　　바로 할인'

　분류　 ： 경제

　내용　 ： 인천시의 지역화폐(사진) 발행 규모는 올해 1조 3,000억 원으
　　　　　로, 다른 지자체의 발행액 모두를 합친 금액보다 크다. 발행

1년도 안 돼 이용자가 91만 명에 달한다. 인천시의 '대박' 배경으로 도입 초기 파격적인 인센티브가 꼽힌다. 하지만 10% 이상 할인을 내건 다른 지자체의 이용자 수가 급격히 늘지 않는 것과 비교하면, 할인율 자체가 성공의 요인으로 보긴 어렵다는 것이 인천시의 설명이다. 인천시의 흥행 배경에는 범용성과 편리성이 크게 작용했다는 분석이다. 즉 '원하는 방식대로 원하는 곳에서 사용하기'를 기본 원칙으로 삼았다. 카드, 모바일 등 모든 시민이 각자 이용하기 편한 방식으로 발급받을 수 있고, 사용 방식과 사용처도 다양하다. 선 인센티브 방식이 아닌 후 인센티브 방식도 소비 활성화에 주효했다. 지역소상공인을 위한 지역밀착형 플랫폼으로 변화시킨 것도 인천시 지역화폐의 특징이다.

언론사 : 부산일보사
제목 : [노트북 단상] 피어라, 동백전
분류 : 사설
내용 : 이런 부작용과 비판에도 인천시가 부럽다. 결과적으로 지역경제가 살아나는 것을 보여주는 수치 때문이기도 하지만, 지역경제를 살리겠다는 시의 강력한 의지가 운영방식 곳곳에서 느껴졌기 때문이다. 단적인 예가 캐시백 제도다. 충전할 때 할인을 받는 선 인센티브제가 아니라 쓸 때마다 캐시백을 받는 형태의 후 인센티브 방식은 전국에서 인천이 유일하다. 조삼모사이긴 하지만 소비 진작을 위한 세밀한 아이디어가 돋보인다. 세금이 투입되는 제도이니 원하는 사람은 누구나

이용가능 한 열린 플랫폼이어야 한다는 대원칙에도 공감이 간다. 지역화폐 플랫폼에 소상공인을 위한 배달 주문 기능이나 펀딩 시스템을 얹은 것도 눈길을 끈다.

언론사 : 서울신문
제목 : [데스크 시각] 지방정부, '통화' 발행해 지역경제 살린다/김승훈 사회2부 차장
분류 : 사설
내용 : 지방정부가 중앙정부의 고유권한으로 인식돼 온 '통화·금융' 수단을 들고 지역경제 살리기 전면에 나선 것이다. 올해 기준 전국 광역·기초자치단체 177곳에서 2조 9,300억 원에 달하는 지역화폐를 발행했다. 인천 지역화폐인 '인천e음'은 지역민들에게 선풍적 인기를 끌며 1조 1,000억 원을 돌파했다. 지방자치제 시행의 근본 이유는 경쟁이다. 지방정부 간 경쟁을 통해 더 좋은 정책을 만들고, 최고의 정책들이 모여 나라의 행정 수준을 끌어올리는 게 지방자치제의 핵심이다. 지방정부 간 경쟁을 통해 지역화폐도 질적으로 진화하고 있다. 단순 종이 상품권에서 카드로, 카드에서 모바일로, 기술 발전과 함께 지속적으로 향상되고 있다. 지방정부가 중앙정부의 세금 지원을 받아 관광·산업 인프라를 조성하는 데서 벗어나 직접 화폐 발행을 통해 지역경제를 활성화하는 건 지방자치사에 한 획을 긋는 일대 혁신이다. 지방자치가 법과 사무, 행정을 넘어 주민 삶에 직접적으로 영향을 미치는 체감 분야로 확대되고 있음을 단적으로 보여 준다. 경제 활성화는

중앙정부만의 몫이 아니다. 지방정부가 제 역할을 할 수 있
도록 권한을 확대해야 한다.

언론사 : 매일경제

제목　: '캐시백 10%' 지역화폐 열풍 이끈 인천, 내년 절반 축소

분류　: 경제

내용　: 올해 최대 10%의 캐시백을 받은 인천 지역화폐 사용자들이
　　　내년에는 절반 정도를 받게될 전망이다. 화끈한 캐시백으로
　　　지역화폐 열풍을 일으킨 인천시와 인천지역 기초단체들이
　　　내년부터 캐시백 지원 비율을 대폭 줄이는 속도조절에 나섰
　　　기 때문이다. 26일 인천시는 지역화폐 캐시백 요율을 월 30
　　　만 원 이하 4%, 30만 원 초과~50만 원 이하 2%, 50만 원 초
　　　과~100만 원 이하 1%로 확정하고 내년부터 시행한다고 밝혔
　　　다. 내년에 지역화폐를 발행하는 부평구와 계양구 등은 아예
　　　캐시백을 지원하지 않을 예정이어서 올해 전국을 뜨겁게 달
　　　궜던 과도한 캐시백 논란은 사라질 것으로 보인다.

언론사 : 아주경제

제목　: 인천e음 세계가 이름을 주목한다

분류　: 행정

내용　: 인천시는 27일 인천대 컨벤션센터 12호관에서 인천대학교
　　　지역공공경제연구소와 함께 "대안으로서의 지역화폐, 그 성
　　　과와 과제"라는 주제로 한일 국제 심포지엄을 개최했다. 인
　　　천대 전광일 교수가 좌장으로 참여한 이번 심포지엄에는 ▲

인천e음의 성과와 과제(인천대 양준호 교수), ▲ 지역화폐의 개념과 그 유형별 비교(인천대 이점순 박사), ▲ 인천e음의 지역화폐 국제 표준모델로서의 적용 가능성(인천시 안광호 사무관), ▲ 일본 치바현 지역화폐 '피너츠'의 특징과 의의(일본 추오대 토리이 노부요시 교수), ▲ 진보적 금융론의 관점에서 본 지역화폐 또는 가상화폐(일본 추오대 이무라 신야 교수) 등의 발표가 있었으며, 질의응답 및 종합토론이 이어졌다.

언론사 : 중부일보

제목 : [당신을 응원합니다] 인천지역 중소기업협동조합, 중기·소상공인 35개 회원사 개별 이익보다 '공동 이익' 우선

분류 : 경제

내용 : 이 같은 상황에서 인천시수퍼마켓협동조합은 지난해 인천에서 진행된 지역화폐가 올해 안착화되기를 바라고 있다. 지역화폐가 시민들의 소비활동을 촉진하고 있어서 지역 소상공인과 자영업자들의 매출증대에 영향을 미치고 있기 때문이다. 김 상무이사는 "지역화폐로 실질적 매출은 증가했지만 현금매출이 줄어들어 수익이 감소한 일이 벌어졌다"며 "하지만 지역화폐가 전체적으로 매출을 올린 결과를 낳았고, 이 같은 현상이 소상공인과 자영업자를 중심으로 지역에서 자리 잡는다면 시민들의 소비활동을 촉진하는 결과를 낳게 될 것"이라고 했다. 그는 "지역화폐가 지난해 부가세만 1천500억 원이라는 추가세입이 생겼는데, 정부 입장에서 세수가 늘어난 효과를 낳았다"며 "물론 부가세가 지방세가 아니고 국

고이다 보니까 인천시에 직접적인 이익으로 돌아오지 않는 것처럼 보이지만 결국 이 세금은 다시 시민들을 위해서 쓰이기 때문에 시민들이 혜택을 받게 되는 것"이라고 강조했다.

◎ 2020년

○ 1월

언론사 : 경기일보

제목 : [인천시론] 맞춤형 정책과 정치경제학

분류 : 기고

내용 : 허인환 동구청장은 전국 최초로 현재 관내 1년 이상 주민등록을 두고 거주한 만 65세 이상 주민이면 누구나 가까운 위탁의료기관에 방문해 무료로 대상포진 예방접종을 받을 수 있는 정책을 시행했다. 또 인천 이음카드의 폭발적인 인기에도 불구하고 인천에서 유일하게 지류형 지역화폐를 고집하고 있다. 동구는 만 65세 노인 비율이 21.5%로 인천에서 강화군 다음으로 고령인구가 가장 많은 지역이다. 대상포진 예방접종은 향후 발생할 수 있는 노인치료비와 사회적 비용을 사전에 방지하거나 크게 줄일 수 있다. 이음카드를 사용하는데 있어 디지털 디바이스 소외계층인 노인들이 많고 단말기 보급률이 30%에 불과한 동구 현대시장에선 상품권 사용이 훨씬 편리하다. 어르신 품위유지 상품권은 노인뿐만 아니라 지역경제 활성화에도 도움이 된다. 경제학자들 역시 상품권

으로 지급하는 보조금 정책이 명목상의 성과를 뛰어넘는다고 조언한다. 배너지와 뒤플로는 기존 규칙을 약간 바꾸거나 넛지(nudge) 전략만으로도 강력한 효과를 볼 수 있다고 말한다. 대중의 인기를 끌기 위한 선심성 '포퓰리즘 정책'이 아니라 각 지역 사정에 맞게 실질적으로 도움을 줄 수 있는 '맞춤형 정책'을 개발하고 추진해야 한다. 인천 동구의 정책이 주목받는 이유다.

언론사 : 경인일보
제목　 : 부평·계양구도 3월 '전자식 e음카드' 도입
분류　 : 행정
내용　 : 인천 부평구와 계양구가 전자식 지역화폐 'e음카드'(이음카드)를 도입한다. 부평구는 3월부터 지역화폐 '부평e음'을 도입할 계획이라고 13일 밝혔다. 부평구는 인천시가 제공하는 캐시백 수준의 혜택을 제공한다. 계양구도 3월 '계양e음'을 도입하기 위한 준비작업을 하고 있다. 계양구는 이음카드 이용자에게 인천시가 제공하는 캐시백 혜택만 주고, 가맹점들을 대상으로 0.5%의 수수료를 지원할 예정이다. 인천 중구와 옹진군도 추경 예산을 확보해 이음카드와 연계된 지역화폐 출시를 준비 중이다.

언론사 : 중부일보
제목　 : [신년인터뷰] 이재현 인천 서구청장 "지역화폐 서로e음 시즌2로 확장"

분류 : 행정

내용 : 이재현 인천 서구청장은 "(지난해 가장 큰 성과는)지역화폐 서로e음이다. 스마트폰 애플리케이션(이하 앱)과 연계한 선불충전카드 형식에 파격적인 캐시백 적립 혜택까지 두루 갖춘 서로e음은 발행 직후부터 선풍적인 인기를 끌었어 돌풍이란 표현이 아깝지 않을 정도다. 발행 100일 만에 올해 목표 결제액을 달성한 데 이어, 지난해 말 기준으로 '30만 가입자'와 4천300억 원 발행액을 기록했다. 서로e음의 성공은 지역 내 경제 흐름도 바꿔놓았다. 역외소비가 역내소비로 돌아선 것은 물론이고, 소비의 외부유입 효과도 상당한 것으로 나타났다"고 말했다. 또 "(올해 중점적으로 추진할 사업은)서로e음 시즌2의 본격적인 시작이다. 플랫폼 안에서 서로e음의 양 축인 구민과 소상공인이 다양한 혜택을 생활 속에 안착하는 지역화폐, 서로e음이 시즌2로 이루고 싶은 목표다. 소비를 넘어서 다른 기능에서도 서로e음을 당연하게 사용하는 것"이라고 밝혔다.

○ 2월

언론사 : 경기일보

제목 : '인천이음 활성화' 빛났다… PM사업 평가서 '매우 우수'

분류 : 행정

내용 : 인천시의 2019년 PM(Project Manager)사업 평가에서 인천사랑전자상품권(인천이음) 활성화 사업이 '매우 우수' 등급을 받았다. 시의 PM사업 중 '매우 우수'는 인천이음이 유일하다. 시

는 11일 영상회의실에서 업무평가위원회를 열고 2019년 전체 310개 PM사업에 대한 종합 평가 결과를 심의했다. '매우 우수' 평가를 받은 일자리경제본부 소상공인정책과의 인천이음 활성화 추진 사업은 가입자 92만 명을 확보하며 시민에게 호응을 받았고, 발행액도 당초 목표치(7천억 원)의 배인 1조 4천억 원을 달성했다. 이 같은 발행액 규모는 전국 지자체의 지역화폐 중 최대 규모이며, 전국 발행액의 61%를 차지한다. 특히 인천이음으로 역외소비액 감소(359억 원)와 역내소비유입액(634억 원) 증가 등의 효과가 나타난 데다, 소상공인 매출 증대와 골목상권 보호도 이뤄낸 점 등이 높은 점수를 받았다. 또 도소매·음식·숙박업종 등에서 5만 8천 명의 고용 증가 효과와 부가가치세 증가를 이끌어 낸 점도 인정받았다.

언론사 : 경인일보
제목　: 전자식 지역화폐 '부평e음' 내달 2일부터 발행
분류　: 행정
내용　: 인천 부평구는 다음 달 2일부터 전자식 지역화폐인 '부평e음' 카드 발행을 시작한다고 16일 밝혔다. 부평e음은 만 14세 이상이면 누구나 발급을 신청할 수 있다. 인천시의 전자식 지역화폐 플랫폼인 '인천e음' 애플리케이션에서 신청하거나 부평구청 1층 로비에 마련할 현장발급센터를 방문해 신청하면 된다. 부평e음은 인천 전역의 가게에서 쓸 수 있다. 부평e음 사용자는 일반 가맹점에서 인천e음처럼 결제액의 최대 4%까지 캐시백으로 돌려받을 수 있다. 부평구 내 '혜택플러스 가

맹점'에서 부평e음을 이용하는 시민에게는 2% 캐시백을 추가해 최대 6%까지 캐시백을 지급한다. 또 부평구의 '혜택플러스 가맹점' 가운데 일부 업소에서는 1~5%의 현장 할인 혜택도 준다.

언론사 : 서울경제
제목 : 잘 나가는 지역화폐…지자체 발행 늘린다
분류 : 경제
내용 : 지난해 전국 전자화폐의 65%인 1조 5,000억 원가량을 발행했던 인천시도 올해 가입자 125만 명에 발행액은 2조 5,000억 원으로 예상하고 있다. 인천의 'e음카드'가 소상공인과 골목 상인들의 매출 증대와 역외소비감소 등 지역경제 파급 효과가 크다는 분석이다. 인천시는 지난해 3%까지 줄였던 캐시백 혜택을 올해 다시 4%로 소폭 확대했다.

언론사 : 한겨레
제목 : 지역경제 삼킨 코로나19…인천이음 카드 캐시백 10%로 상향
분류 : 행정
내용 : 인천시가 코로나19 확산으로 어려움을 겪는 소상공인을 지원하기 위해 지역화폐 '인천이(e)음' 카드의 캐시백을 대폭 확대한다. 시는 3~4월 2개월간 인천이음 카드 월 결제액 기준으로 50만 원 이하는 10%, 50만~100만 원 이하는 1%의 캐시백을 지급할 계획이라고 27일 밝혔다. 현재는 30만 원 이하 4%, 30만~50만 원 이하 2%, 50만~100만 원 이하 1%다.

군 '구는 1~7% 선할인 혜택을 제공하는 가맹점 사용자에게 추가로 2%의 캐시백을 제공한다. 가맹점을 운영하는 사업주에게는 결제수수료가 무료인 큐알(QR)키트를 무상 제공하고, 카드결제 수수료도 추가로 지원한다. 인천이음을 도입한 연수구와 서구에 이어 3월 중 발행 예정인 부평구(3월 2일 발행)와 계양구(3월 16일 발행)에서도 발행과 동시에 시행한다.

○ 3월

언론사 : 중부일보

제목 : 인천 연수구, 코로나19 소상공인 지원 위해 연수E음 확대

분류 : 행정

내용 : 인천 연수구가 코로나19 확산으로 어려움을 겪고 있는 소상공인을 지원하기 위해 '연수E음 시즌2'를 확대하고, '착한 건물주'의 자율적 임대료 인하 캠페인을 펼친다. 구는 다음 달부터 인천시의 지역화폐 기본 캐시백 상향 지원에 구의 기존 혜택+(플러스)를 더해 연수E음 카드로 지역 내 혜택+ 점포를 이용할 경우 최소 15% 이상의 사용자 할인혜택을 누릴 수 있다고 2일 밝혔다. 또 소상공인을 보호하고 골목상권 활성화를 위한 자발적 고통분담 차원에서 1~2개월간 한시적으로 임대료의 10~20%를 인하해 줄 '착한 건물주'를 찾고 있다.

언론사 : 중앙일보

제목 : 10% 할인에 캐시백까지…지자체 앞다퉈 지역화폐 활성화

분류 : 경제

내용 : 인천시와 부산시 등은 캐시백 혜택을 제공한다. 인천시는 지
      난 1일부터 2개월간 인천 지역화폐 '인천 이음'의 50만 원 이
      하 캐시백을 현재 2~4%에서 최대 10%로 확대했다.

언론사 : 경인일보
제목 : 정부 지역화폐 발행액 3조 → 6조… 인천이음 캐시백 확대
      운영 '탄력'
분류 : 행정
내용 : 정부가 코로나19로 어려움을 겪는 지역경제를 살리기 위해
      지역화폐 발행액(총 결제액)을 3조 원에서 6조 원까지 확대키
      로 하면서, 인천 지역화폐인 '인천e음(인천이음)'의 캐시백 확
      대 운영이 탄력을 받게 됐다. 행정안전부는 올해 3조 원 규모
      인 지역화폐 발행 목표를 6조 원으로 늘리고, 이를 위해 2천
      400억 원을 국비로 지원하는 내용의 추경안을 편성했다고 8
      일 밝혔다. 추경안이 국회를 통과하면 인천시도 당초 예상했
      던 국비 지원 규모인 260억 원에서 추가로 220억 원을 더 확
      보할 것으로 기대된다.

언론사 : 헤럴드경제
제목 : 인천 계양구 지역화폐 '계양e음' 16일 발행
분류 : 행정
내용 : 인천시 계양구는 오는 16일 '계양e음 전자상품권'을 발행한
      다. 계양e음 전자상품권은 만 14세 이상이면 누구나 발급받
      을 수 있다. 인천 전역에서 사용이 가능하고 백화점, 대형마

트, 기업형슈퍼마켓(SSM)과 프랜차이즈 직영점 등의 일부 점포는 제외된다. 사용자 혜택은 4월 말까지 한시적으로 10% 캐시백이 제공되며 연말정산 시 현금과 같은 30% 소득 공제(전통시장 40%)가 적용된다. 소상공인(가맹점) 혜택은 계양e음 카드로 결제한 금액의 0.5% 카드수수료를 지원받을 수 있다.

언론사 : 아시아경제

제목 : [차장칼럼] 인천시의 고민 '재난긴급생활비'

분류 : 사설

내용 : 전국 지방자치단체들이 신종 코로나바이러스감염증(코로나19) 확산으로 생계를 위협받고 있는 주민을 위해 '재난긴급생활비' 지원을 앞다퉈 시행하고 있다. 인천시는 긴급생활비를 지급했을 때 코로나19 피해자들이 직접적으로 혜택을 볼 수 있느냐를 따져봐야 한다며 데이터를 이용한 인천의 소비특성 등의 분석이 먼저 이뤄져야 한다는 입장이다. 시는 당장은 소비 진작과 지역경제 활성화에 중점을 두고 소상공인·중소기업에 대한 긴급 경영안정자금 규모를 더 늘리고 민간분야의 착한 임대료 운동 확산과 지역화폐 '인천e음카드' 활용을 유도하는데 적극 나서고 있다. 하루 벌어 하루 먹고 사는 일용직근로자나 가게 문을 닫은 자영업자들에겐 당장에 쓸 생활비가 없는데, 현금이 있어야 충전해서 쓰는 지역화폐 사용을 장려하거나 은행융자를 지원해주겠다는 정책이 피부에 와닿지가 않는 것이다. 생계비 지원을 요구하는 (온라인)시민 청원이 이어지고 있는 상황에서 인천시가 나 홀로

정책을 고수하기는 쉽지 않아 보인다.

언론사 : 문화일보

제목 : 인천시, 코로나19 재난생계비 채택…30만 가구에 20만~50
만 원 지급

분류 : 행정

내용 : 인천시가 신종 코로나바이러스 감염증(코로나19)으로 경제적
어려움을 겪는 취약계층과 소상공인을 위해 3,558억 원의 1
차 추가경정예산안을 편성했다고 26일 밝혔다. 우선 긴급생
계비는 중위소득 100% 이하 30만 가구에 가구당 20만~50만
원씩 지역화폐 '인천e음' 또는 온누리상품권으로 지급하기로
했다. 1인 가구는 20만 원, 2인 30만 원, 3인 40만 원, 4인
가구 이상은 50만 원을 받게 된다.

언론사 : 중부일보

제목 : 경기지역카드 과부화에 셧다운된 '인천e음' 카드(종합)

분류 : 경제

내용 : 30일 인천e음 카드가 오후 내 먹통이 됐다. 충전이 되지 않아
결제도 불가했다. 때문에 시민들은 이날 오후 신용카드나 현
금으로 결제를 하는 등 불편을 겪었다. 먹통의 이유는 경기
도에 있었다. 인천시는 이날 인천e카드 앱 먹통은 운영사인
코나아이 서버에 과부하가 걸렸기 때문이라고 밝혔다. 코나
아이는 경기도 지역화폐의 운영사이기도 하다. 재난기본소
득을 지역화폐로 지급한다는 경기도의 발표에 따라 문의가

쇄도해 서버가 일시 다운됐다는 설명이다.

○ 4월

언론사 : 경기일보

제목 : 14일부터 코로나19 지원수당 7천751억 원 인천e음 지급…소
상공인 2조 2천500억 원 파급 효과까지 기대

분류 : 행정

내용 : 인천시가 코로나19 대응을 위한 긴급재난지원금 등 각종 지
원수당 7천751억 원을 인천형 전자화폐(인천e음)의 소비쿠폰
으로만 지급한다. 시가 인천e음 소비쿠폰과 온누리상품권 중
1개를 택해 코로나19 지원금을 지급하는 것에서 인천e음 소
비쿠폰으로만 지급하는 쪽으로 방침을 바꾼 이유는 소비 진
작이다. 시는 인천e음으로 결제하면 소비쿠폰을 먼저 사용하
도록 했다. 소비쿠폰 사용에 따른 캐시백은 발생하지 않는
다. 시는 사업 대상자가 캐시백 지원을 받기 위해서라도 1개
월 내에 소비쿠폰을 모두 결제할 것으로 보고 있다.

언론사 : 중부일보

제목 : 또 먹통 된 인천지역화폐 '인천e음' 2주새 벌써 두번째

분류 : 경제

내용 : 인천시 지역화폐 '인천e음' 카드가 지난 9일 또다시 먹통이
됐다. 이용자들이 일시적으로 몰린 탓이다. 과부하로 인해
서비스 장애가 발생한 것은 최근 2주 사이 벌써 두 번째다.
시가 향후 긴급재난지원금을 인천e음 카드로 지급할 예정인

만큼, 대책 마련이 필요하다는 지적이 나온다.

언론사 : 경기일보

제목 : 서구, 전국 첫 공공 배달서비스앱 선보여...코로나19 위기 극
복할 키맨되나

분류 : 행정

내용 : 인천 서구가 전국 처음으로 공공배달 애플리케이션(앱) '서로
e음 배달서구'를 선보인다. 구는 오는 5월 1일부터 사용자와
소상공인 모두를 행복하게 할 정책으로 뭉친 '서로e음 배달
서구'를 선보인다고 26일 밝혔다. 전자식 모바일 플랫폼을
활용하는 서구지역화폐 서로e음은 2019년 5월 1일 출시 후
같은 해 12월 말까지 8개월이란 짧은 시간 동안 4천262억 원
을 발행했다. 연초부터 꾸준히 구축해온 데이터를 기반으로
서비스 시작일 300곳 이상의 가맹점을 확보하고, 2020년 안
에 가맹점을 1천400곳까지 대폭 늘려 사용자 편의를 극대화
한다는 계획이다.

언론사 : 경향신문

제목 : 인천시, 지역화폐 'e음 카드' 캐시백 10% 6월까지 연장

분류 : 행정

내용 : 인천시가 '코로나19' 극복을 위해 지역화폐 'e음 카드' 캐시백
비율 10%를 6월까지 두 달 추가 연장하기로 했다. 지난 25일
하루 e음 카드 사용액은 107억 원으로, 역대 최고를 기록했
다. 인천시는 3~4월까지 제공하기로 한 e음 카드 캐시백

10%를 5~6월까지 연장하기로 했다고 27일 밝혔다. e음 카드의 75% 정도는 식당이나 슈퍼·편의점, 의원, 학원 등 소상공인 점포에서 사용됐다.

○ 6월

언론사 : 매일신문

제목 : '인천 2.5조·부산 1조, 대구 지역화폐 1천억'최저

분류 : 경제

내용 : 대구 지역화폐 발행 규모가 전국 특·광역시 중 최저 수준으로 나타났다. 12일 대구경북정보공개센터에 따르면 이달 초 대구시가 애초 1천억 원에서 3천억 원으로 지역화폐 발행 규모를 늘리겠다고 밝혔지만, 여전히 전국 7개 특·광역시 가운데 서울 다음으로 적다. 지난달 6일 기준 다른 지자체 발행 규모는 ▷인천시(인천e음 상품권) 2조 5천억 원 ▷부산시(동백전) 1조 원 내외 ▷대전시(온통대전) 5천억 원 ▷광주시(상생카드) 4천억 원 ▷울산시(울산페이) 3천억 원 ▷서울시(서울사랑상품권) 2천억 원 등의 순이다.

언론사 : 파이낸셜뉴스

제목 : 지역사랑상품권 '절반의 성공'… 도심·음식점에만 쏠렸다 [소셜&이슈]

분류 : 경제

내용 : 정부가 코로나19 극복을 위한 소비쿠폰과 긴급재난지원금을 지역사랑상품권(지역화폐)으로 지급하면서 지역상품권에 대

한 국민과 시장의 관심이 급증하고 있다. 다만 시장 규모가 2년 새 23배나 커진 데 반해 여전히 지역화폐의 개념과 사용법이 익숙지 않고, 지역별로도 차이가 많아 곳곳에서 혼선이 적지 않다. 지자체마다 지역상품권의 특징이 다른 만큼 재난지원금을 지역상품권으로 받는 신청 비율도 지역마다 차이를 보였다. 지난 7일 기준 전남에선 83만 8,446가구가 재난지원금을 받았는데 이 중 18만 6,626가구(22%)가 지역상품권으로 수령했다. 이어 인천(21.1%), 광주(19.1%), 강원(19.0%) 등이 뒤를 이었다. 이에 비해 서울은 404만 9,486가구 중 2만 3,779가구(0.5%)만 지역상품권으로 재난지원금을 받았다. 인천과 경기(7.5%) 등 수도권과 비교해도 현격히 낮다. 대부분 지역상품권이 종이나 카드 등 실물을 쓸 수 있는 반면 서울의 지역상품권은 모바일 기반인 '제로페이'여서 시민이 사용을 낯설어하기 때문으로 풀이된다.

○ 7월

언론사 : 경인일보

제목 : 재난지원금 이의신청 느는데… 지자체 '환수 골머리'

분류 : 사회

내용 : 지역 기초단체가 이의신청에 의한 긴급재난지원금 환수 업무와 관련해 명확한 지침이 없어서 어려움을 겪고 있다. 이의 신청은 특정인이 이혼 소송 중이거나 가정폭력 등 사유로 가족 관계 변동 사항이 있으면 이미 세대주에 지원금이 지급됐더라도 받을 수 있는 제도다. 인천e음카드 같은 전자식 지

역화폐로 지원금을 받은 경우 환수가 쉬운데, 신용카드나 체크카드로 지원금을 받은 경우는 사실상 환수가 어려워 형평성 문제도 우려되고 있다.

언론사 : 국제신문
제목 : 인기성 이벤트 급급 '한계'…시-구·군 지역화폐 연계를
분류 : 경제
내용 : 부산시의 즉흥적인 정책 추진이 '동백전의 추락'을 불렀다는 비판이 제기된다. 시가 동백전 사업을 추진하며 국비 예산을 받아쓰는 단순한 역할만 할 뿐 일선 구·군과 연계된 중층적인 운영 구조를 만들지 못하면서 혜택이 줄자 사용자도 급감하고 있다는 것이다. 부산(340만 명)보다 인구가 적은 인천(290만 명)의 지역화폐 '이(e)음'의 상황과 비교해보면 더 크게 드러난다. 인천시 지역화폐 관계자는 28일 "인천e음의 최근 하루 사용액은 약 120억 원으로 지속적인 증가세를 보이고 있다. 시의 지역화폐 앱에 기초지자체인 구 단위 지역화폐가 만들어지고 그 하부 단위로 아파트나 대학 대상 카드까지 추진될 정도로 활발하게 운영되고 있다"고 설명했다.

언론사 : 아시아경제
제목 : [초동시각] 박남춘 인천시장의 존재감 찾기
분류 : 사설
내용 : 한 가지 더 보태자면 인천시 지역화폐 '인천e음(전자상품권)'의 성공적 안착을 빼놓을 수 없다. 현재 가입자 수는 122만 명으

로 인천시민 3명 중 1명꼴이며 누적 결제액만도 2조 8,000억 원이 넘는다. 기업으로 치자면 대박을 터트린 상품인 셈이 다. 이용자에게 결재액의 일부(8월까지 10%)를 캐시백으로 돌려줘 국·시비 부담이 여전히 논란이 되고 있지만, 신종 코로나바이러스 감염증(코로나19) 사태속에서 지역경제 활성화와 소상공인 지원을 위한 실질적 대책이라는 평가가 앞선다. 특히나 인천은 전국 특·광역시 중 역외소비율(다른 지역에서의 소비율)이 가장 높은 도시였으나, 인천e음카드의 사용으로 역내소비율이 증가해 소상공인 매출을 끌어올렸다는 한국은행 보고서도 있다.

언론사 : 헤럴드경제

제목 : 이재현 인천 서구청장, "35만 명 돌파 서로e음은 서구 경제살리기에 큰 몫"

분류 : 정치

내용 : 이재현 인천시 서구청장은 "지역화폐 '서로e음'이 서구 경제 살리기에 큰 몫을 하고 있다"며 "많은 지역주민들이 서로e음의 필요성에 공감해 최근 사용자 수가 35만 명을 돌파했다"고 밝혔다. 인천시 서구가 지난해 출시한 지역화폐 '서로e음'이 지난 2일로 사용자 수가 35만 명을 돌파했다. 이는 서구민 5명 가운데 무려 4명이 서로e음 카드를 사용한 것이다. 이 구청장은 "서구 주민들이 서로e음을 실생활에 활용해 주어 오늘 이 같은 성과가 나와 감사할 따름"이라며 "지난해에 이어 올해에도 다양한 부가서비스를 내놓으며 서구 경제 살리

기에 적극 나서고 있다"고 말했다.

언론사 : 경인일보

제목 : 인천, 상반기 지역화폐 판매실적 1조 474억 원 '전국 1등'

분류 : 경제

내용 : 올해 상반기 인천 지역의 지역사랑상품권(지역화폐) 판매액이 전국 1위를 기록한 것으로 나타났다. 16일 행정안전부가 발표한 지역별 지역사랑상품권 상반기(1~6월) 판매 실적을 보면 인천이 1조 474억 원으로 가장 많았으며, 경기도가 1조 334억 원으로 뒤를 이었다. 6월 주민등록인구 기준으로 비교했을 때 인구 1인당 인천은 50만 원, 경기는 11만 원의 지역화폐를 쓰고 있는 셈으로, 인천의 지역화폐 이용률이 월등하게 높다는 것을 알 수 있다. 다른 지역으로는 부산(7천204억 원), 전북(4천641억 원), 전남(3천554억 원), 경북(3천510억 원), 충남(2천865억 원) 등 순이었다.

언론사 : 경향신문

제목 : 지역화폐 캐시백, 지속가능하지 않다

분류 : 경제

내용 : 그러다 2019년 인천시가 내놓은 '인천e음카드'가 대박이 났다. 인천시는 해당 카드로 결제할 경우 총금액의 10%를 캐시백으로 '무한' 제공했다. 인천시는 시행 7개월 만에 가입자 89만 명, 누적결제액 1조 1,000억 원의 성과를 냈다. 현재 대다수 지자체는 인천시 모델을 따르고 있다. 지자체 지역화폐

의 인기가 올해까지는 이어질 것으로 보인다. 이미 세금을 쏟아부었기 때문이다. 하지만 내년이나 내후년에도 이런 규모의 예산이 가능하다고 장담하긴 어렵다. 윤성일 마포공동체경제네트워크 모아 대표는 "인센티브 정책은 한시적이다"라며 "지속가능성을 위해서는 공동의 경제, 협동의 경제에 초점을 맞춰야 한다"고 말했다. 모아는 마포구의 지역화폐다. 김성훈 사회적경제연구원 사회적협동조합 책임연구원은 "관에서 발행하는 지역화폐는 손쉽게 발행, 유통시킨다 해도 일시적이고 당기적인 처방을 넘어서기 어려워 보인다"며 "지역화폐는 결제수단이라는 정의를 넘어 결제할 대상이 지역사회에 기반을 둬야 그 목적을 실현할 수 있다"고 말했다.

O 8월

　언론사 : 한겨레

　제목 : 인천 서구 공공배달앱 '배달서구' 가파른 성장세

　분류 : 경제

　내용 : 전국 최초로 지역화폐와 연계한 인천 서구의 공공 배달앱 서비스인 '배달서구'가 꾸준히 성장 곡선을 그리고 있다. 이용 건수와 결제 금액이 가파르게 상승하는 것은 물론, 초기 부진했던 주문 성공률도 90%에 육박하고 있다. 배달서구의 성장세는 가맹점과 배달업체 간 연동하는 배달호출 프로그램 기술 개선이 주효했다. 공식 출범 이후 주문이 접수됨과 동시에 배달기사를 자동으로 호출하는 방식이 적용된 것이다. 주문 내용을 다시 배달업체에 입력하는 번거로움으로 초

기 주문 성공률이 낮았던 점을 배달호출 프로그램 연동으로 개선했다. 배달서구는 현재 3곳의 배달대행사와 연동을 완료했으며, 이달 말까지 3곳을 더 추가해 모두 6곳으로 확대할 예정이다. 한편, 배달서구 앱은 지역화폐인 서로이(e)음에 가입하면 별도의 가입 절차 없이 이용이 가능하다.

언론사 : 파이낸셜뉴스

제목 : "역외소비 줄이고 소상공인 돕는 지역화폐 개발" [fn 이사람]

분류 : 인터뷰

내용 : 인천시에 전국 최초로 선불식 전자화폐를 도입한 안광호 인천시 인천e음운영팀장(53·사진)은 인천e음카드의 성공요인으로 많은 사람들의 협력을 꼽았다. 안 팀장은 "돈 안 들이고 굴러갈 수 있는 지역화폐를 만들자. 역외 소비를 줄여 소상공인들에게 도움을 주고 잘 되면 지역경제까지 살릴 수도 있겠다"고 생각했단다. 그는 이후부터 대학교수와 지역화폐 전문가, 기업인, 시민단체를 찾아다니며 지역화폐 도입에 대한 의견을 들었다. 종이 형태는 사용이 불편하니까 전자화폐로 하고, 소상공인에게 인센티브를 제공하는 방향으로 가닥을 잡았다. 그는 인천e음카드 운영 마지막 단계로 시 예산 지원 없이 자체적으로 돌아갈 수 있도록 최종 완성된 그림을 구상하고 있다.

언론사 : 서울경제

제목 : 인천 지역화폐 이음카드 캐시백 10% 혜택 10월까지 연장

분류 : 행정

내용 : 인천시는 지역화폐 '인천e음(이음)' 카드 결제액의 최대 10%
를 캐시백으로 지급하는 기간을 올해 10월까지, 2개월 연장
한다고 26일 밝혔다. 현재 이음 카드 캐시백은 월 결제액 기
준으로 50만 원 이하는 10%, 50만~100만 원 이하는 1%다.
시는 신종 코로나바이러스 감염증(코로나19) 사태로 소상공인
의 경영난이 심각해지자, 최대 4%였던 이음 카드 캐시백 혜
택을 올해 3월부터 한시적으로 최대 10%로 확대 적용하고
있다.

언론사 : 중부일보

제목 : "온라인쇼핑몰에 맞서려면 인천e음 다양한 플랫폼 확보해야"

분류 : 경제

내용 : 쇼핑 거래 비중이 오프라인에서 온라인으로 급속히 커지고
있는 가운데 인천지역에서 경제활성화를 위해 '인천e음' 플
랫폼의 기능을 강화해야 한다는 목소리가 나오고 있다. 지역
경제계는 온라인몰 시장이 쿠팡과 SSG 등 빅파워로 잠식돼
지역상권이 대항하기 힘든 상황에서 인천 유일의 지역화폐
플랫폼인 인천e음에서 소비자가 보다 활발하게 거래할 수 있
는 방안을 모색해야 한다고 강조했다. 더욱이 대규모 온라인
쇼핑몰은 모두 서울지역 업체인 상황에서 인천에 본사를 둔
온라인 쇼핑몰이 더이상 나오기가 힘든 구조이기 때문에 인
천에서 유일하게 선전하고 있는 인천e음의 기능을 단순한 지
역화폐를 뛰어넘어 다양한 플랫폼을 확보해야 한다는 것이

다. 인천상공회의소 관계자는 "인천e음을 통해 온라인마케
팅을 할 수 있는 방안을 찾아야 한다"며 "인천e음이라는 플랫
폼 외에는 방법이 없어 보인다"고 말했다. 이에 대해 인천시
관계자는 "분명 소비 추세는 온라인쇼핑으로 가고 있는데 공
공배달앱의 경우 민간시장 진입이 만만치 않다"며 "올해 서
구에서 서로이음 앱에 음식배달 주문, 온라인 쇼핑 등의 기
능을 추가했고, 내년 기능이 강화된 인천e음을 내놓을 것"이
라고 강조했다.

○ 9월
    언론사 : 국민일보
    제목   : 인천 서구 배달앱 '배달 서구' 비대면시대 효자역할
    분류   : 경제
    내용   : 인천 서구(구청장 이재현)가 운영하는 전국 첫 공공배달 앱 '배
              달서구'가 신종 코로나바이러스감염증(코로나19)으로 침체된
              지역경제에 희망을 피워내고 있다고 4일 밝혔다. 배달서구는
              서로e음의 인기를 등에 업은 데다 전자식 지역화폐인 서로e
              음 플랫폼에 기반함으로써 36만 명에 달하는 서로e음 회원을
              대상으로 마케팅을 펼칠 수 있다. 55만 서구 주민의 66%를
              자연스레 회원으로 모시게 된 셈이다. 서구 관계자는 "배달
              서구가 침체된 지역경제에 희망을 불어넣어 주기 위한 전국
              첫 공공배달 앱인 만큼 민간배달 앱보다 더 나은 수준의 서
              비스를 가맹점과 구민에게 지속적으로 제공하겠다"며 "다양
              한 아이디어를 접목해 사용자를 추가 확보함으로써 서구 소

상공인에게 실질적으로 도움을 줄 수 있도록 다방면으로 노력하겠다"고 말했다.

언론사 : 내일신문
제목　 : "지역화폐 효과 미미" 보고서에 뿔난 지자체
분류　 : 경제
내용　 : 지역화폐 효과를 두고 논란이 일고 있다. '지역화폐 효과가 제한적'이라는 한 국책연구기관의 연구보고서가 발단이 됐는데, 지역화폐에 공을 들여온 지자체들이 강하게 반발했다. 지역화폐 발행 규모가 가장 큰 인천시는 조세재정연구원 보고서를 '현실을 모르는 엉터리 보고서'라고 비판했다. 변주영 인천시 일자리경제본부장은 "이미 여러 기관에서 효과가 검증됐고, 소상공인 등 현장에서도 지역경제 파급효과가 나타나고 있는데도 불구하고 국책연구기관에서 얼토당토않은 보고서를 내놔 지자체들의 노력을 폄훼했다"고 목소리를 높였다. 인천시는 인천e음 결제액 증가는 소상공인 매출증대로 이어졌다고 분석했다. 소상공인 주요 업종인 유통업 영리(슈퍼마켓, 편의점 등), 일반휴게음식, 음료식품(제과점, 정육점 등)에서의 결제내역을 보면 1~3월 평균 839억 원이던 것이 5~7월에는 1,617억 원으로 1.9배 증가했다는 것이다. 실제 한국은행은 지난 6월 발간한 '한국은행 지역경제보고서'를 통해 '지난해 인천e음이 신용·체크카드 사용을 줄이는 결제수단 대체뿐만 아니라 역내소비를 증가시켜 소상공인 매출증대, 역외소비율 하락 등 지역 내 소비 진작에 긍정적인 방향으로

작용했다'고 분석했다. 역시 한국은행 인천지역본부가 8월 발표한 실물경제동향 보고 자료에서도 '소비심리 개선 효과'를 인정했다. 인천연구원 연구결과에서는 인천e음의 재정투입 대비 지역경제 파급효과가 2.9배로 보고된 바 있다.

언론사 : 헤럴드경제

제목 : [현장에서] 공익에만 매몰된 '공공배달앱'

분류 : 기자수첩

내용 : 문제는 공공배달앱 스스로가 이 공익성에 발목을 잡혀 있다는 점이다. 현재 출시된 공공배달앱은 군산의 '배달의명수', 인천의 '사랑e이음', 서울시의 '제로배달 유니온'이다. 이 앱 중 어떤 것도 가격, 배달, 가맹점 수 등에서 기존 민간 배달앱을 뛰어넘지 못하고 있다. 제로배달 유니온만 보더라도 지자체에서 지원하는 프로모션 예산은 전무하다. 지자체는 공공배달앱에서만 쓸 수 있는 '지역화폐'를 소비자 혜택으로 내세우고 있다. 액면가 대비 최대 10% 싸게 구입이 가능한 지역화폐를 사용하면 음식할인 효과를 볼 수 있다는 얘기다. 하지만, 배달업계는 할인비용을 세금으로 보전하는 만큼 결국은 조삼모사에 불과하다고 비판하고 있다. 공공배달앱도 민간업체가 벌이고 있는 치열한 경쟁에 뛰어들어야 한다. 공익만으로는 소비자의 마음을 사로잡을 수 없다. 합리적인 음식값, 편리한 배달 없이 공공배달앱을 내세우는 것은 소비자에게 떼쓰는 것에 불과하다.

언론사 : 국민일보

제목　 : "지역화폐의 경제적 효과 과소평가 안돼"

분류　 : 기고

내용　 : 최근 한국조세재정연구원(이하 조세연)의 조세재정브리프 105
호에 실린 『지역화폐의 도입이 지역경제에 미친 영향』 보고
서에서 지역화폐의 지역경제 활성화 효과에 대한 부정적 평
가 및 여러 부작용이 언급되어 논란이 되고 있다. 우리 인천
시의 인천e음이 전국 지역화폐 발행액 1위로 지역화폐 정책
을 선도해가는 상황에서 조세연 보고서를 둘러싼 이론적, 정
치적 논란과는 무관하게 몇 가지 사실 확인과 함께 인천e음
의 성과가 나타난 연구보고서를 함께 살펴보고자 한다. 현금
깡 시장 형성과 불법거래 단속 비용 등 지류형 지역화폐에만
해당하는 비용을 언급한 부분도 카드와 모바일 기반인 인천e
음에는 전혀 적용되지 않는다. 인천연구원의 연구 결과 2019
년 5~8월 기준 인천e음 사용에 따른 인천시민의 서울·경기
지역 역외소비 감소액은 359억 원이고, 서울·경기 등 타지역
시민들의 역내소비 유입액은 634억 원을 기록했다. 이런 효
과는 고스란히 소상공인 매출증대로 이어졌다. 2019년 인천
대학교(연구책임자: 양준호 교수)에서 수행한 '인천e음의 현황
및 성과분석' 연구 결과에 따르면 소상공인 기업경기체감
(BSI)지수는 2019년 9월 기준, 전년 동월대비 21% 증가했다.
인천e음 사용 후 한계소비성향은 전국 평균을 상회하여 2018
년 90%에서 2019년 96.14%로 증가했다. 올해 한국은행 인천
본부 지역경제보고서 6월호 "지역사랑상품권 도입이 지역소

비에 미친 영향(저자: 이혜민 과장)"에 의하면 인천e음의 활성
화로 인한 인천지역 소비구조 전반의 변화와 영향을 분석한
결과, 지난해 인천e음은 인천거주자의 신용·체크카드 사용
을 줄이는 결제수단의 대체뿐만 아니라 역내소비를 증가 시
켜 소상공인 매출 증대, 역외소비율 하락 등 지역내 소비 진
작에 긍정적인 방향으로 작용한 것으로 나타났다. 통계청 사
회조사 결과에 따르면 2011년부터 전국 최하위를 지속하던
인천시민의 소비만족도가 2019년에 전국 5위로 급상승하였
으며 만족도 개선 폭은 전국 최대를 기록했다. 2011년부터
전국 하위권을 지속하던 인천시민의 소득만족도도 2019년에
9위로 급상승하여 만족도 개선 폭에서 역시 전국최대를 기록
하였다. 지역화폐의 경제적 효과를 수년간의 폭넓은 자료를
분석하여 도출하기에는 아직 이른 감이 있다. 향후 지역화폐
의 효용성에 대해 축적된 연구를 바탕으로 생산적인 방향의
논의가 이루어져야 한다.

○ 10월

언론사 : 경향신문

제목 : "지역화폐 싹 잘라버리면 안 된다"

분류 : 인터뷰

내용 : 한국조세재정연구원(조세연) 보고서로 촉발된 지역화폐 논쟁
은 이제 중앙 정치 이슈가 됐다. 양준호 교수(인천대 경제학과)
는 논쟁을 마다하지 않는다. 양 교수는 지역화폐가 '경제민주
화와 지역 순환형 경제로의 전환을 가져올 대안'이라고 주장

한다. 그는 "조세연이 정치적 의도를 갖고 냈다고는 보지 않는다. 다만 조세연의 보고서는 국책연구기관이 내놓은 결과물이라고 믿기 어려울 만큼 '게으른' 보고서다. 쉽게 구할 수 있는 이전 통계자료만으로 지역화폐를 분석했다. 통계 사용의 오류다. 그 오류를 수정하지 않고 섣불리 내놨다"고 비판했다. 또 "지금 '한국형 지역화폐'는 엄밀히 말하면 이벤트성 상품권에 불과하다. 사업 예산은 세금으로 충당하고 발행과 운영, 관리까지 지자체가 주도한다. 바람직한 모습은 아니다"며 "시민이 직접 기획하고 관리하는 시민주도형 화폐로 거듭나야 지속 가능하다. 지역 내 소비 촉진을 유도하는 쿠폰이 아니라 지역공동체 활성화를 목적으로 한 대안 화폐로 진화해야 한다"고 말했다.

언론사 : 아시아경제
제목 : 인천 연수구 "골목상권 살리자"…지역화폐 혜택+ 특화시범거리 조성
분류 : 행정
내용 : 인천에서 지역화폐 정책을 가장 선도적으로 추진 중인 연수구가 신종 코로나바이러스 감염증(코로나19로) 사태로 침체된 지역 상권을 되살리기 위해 '연수e음 혜택+(플러스) 특화시범거리'를 조성한다. 구는 여기에서 한 발짝 더 나아가 혜택+ 가맹사업의 범주를 상권 단위로 확대하고, 소상공인과 자영업자에 대한 적극적인 지원을 통해 가맹점포의 집적 이익을 극대화하고자 연수e음 혜택+ 특화시범거리를 만들기로 했

다. 구는 내년 중으로 100개 점포 이상에 혜택+ 가맹점 비율
이 50% 이상 조건을 갖춘 구역을 대상으로 혜택+ 특화거리
로 지정운영하고, 추가 캐시백을 포함한 다양한 혜택을 제공
할 예정이다.

언론사 : 한국일보
제목　 : 인천e음 캐시백 10% 혜택, 연말까지 연장
분류　 : 행정
내용　 : 인천시가 지역화폐 '인천이(e)음' 카드의 캐시백 지급률을 연
　　　　말까지 10%로 유지한다. 신종 코로나바이러스 감염증(코로나
　　　　19) 사태로 어려움을 겪는 소상공인과 자영업자 매출 증대와
　　　　지역 내 소비 진작을 위해서다. 앞서 시는 지난 3월 인천e음
　　　　카드로 결제하면 쓴 금액의 일부를 현금처럼 쓸 수 있는 포
　　　　인트로 되돌려 주는 캐시백의 지급률을 4%에서 10%로 올렸
　　　　다. 이후 이달 말까지 세 차례에 걸쳐 캐시백 지급률 상향
　　　　기간을 연장한 바 있으며 이번이 네 번째 연장 조치다.

○ 11월

언론사 : 한국일보
제목　 : 인천시 "내년에도 적극 재정운용…지방채 발행 재원 마련"
분류　 : 행정
내용　 : 박 시장은 이날 내년도 예산안 언론 설명회를 열고 "코로나19
　　　　장기화에 따른 소비심리 위축과 기업들의 부정적인 경기인
　　　　식 확산으로 지역경제의 어려움이 커져가고 있다"며 "어려움

을 극복하기 위해 내년에도 적극적인 재정운용을 지속할 계획"이라고 말했다. 지역화폐 '인천이(e)음' 카드의 캐시백 지급률 확대 등 디지털 기반 소상공인기업 지원(2,167억 원)과 친환경 차량 보급 등 친환경 도시 조성(1,740억 원), 어르신 등 일자리 지원사업(1,374억 원) 등 4대 인천형 뉴딜사업에 8,005억 원을 투입할 계획이다.

언론사 : 국민일보
제목　 : 인천e음 플랫폼 활용 아파트 입주자 특화카드 등장
분류　 : 경제
내용　 : 인천e음 플랫폼을 활용한 '입주자 특화카드'가 새롭게 발급된다. 인천시는 연수구(구청장 고남석), 코나아이(대표 조정일), 글로벌캠퍼스 푸르지오 입주자대표회(대표 안효중)와 공동으로 10일 오후 4시 연수구청 소회의실에서 '연수e음을 활용한 입주자 특화카드 발급 상생협력 협약을 체결했다고 밝혔다. 이번 협약에 따라 발급되는 입주자 특화카드는 기존 입주자카드의 출입문 개폐기능을 구현해 사용자의 편리성 확보는 물론 결제 시 캐시백 및 현장할인을 추가로 지원하여 사용자의 혜택을 높였다. 특히 입주자 특화카드를 아파트 단지 내 혜택에 더해 가맹점에서 사용 시 18%의 캐시백과 4%의 현장할인 등 최대 22%의 혜택을 받을 수 있다.

언론사 : 디지털타임스
제목　 : 온라인으로 영역 넓히는 지역화폐

분류 : IT

내용 : 그동안 오프라인 중심이었던 지역사랑상품권(지역화폐) 결제 시장이 온라인과 배달 서비스로 확대될 전망이다. 오프라인 대면 결제만 가능했던 지역화폐가 비대면 서비스로 영역을 확장하면서 이용자들의 편의가 더욱 향상될 것으로 보인다. 인천시의 '인천e몰'은 대표적인 지역화폐 온라인 쇼핑몰이다. 인천e몰에서는 인천 지역화폐인 '인천e음'으로 온라인 구매를 할 수 있다. 1,200여 개 업체가 4만 7,000종의 상품을 판매하고 있다. 인천 지역에서 생산된 제품은 별도로 '인천 굿즈' 카테고리를 개설해 지역 중소기업·소상공인의 판로를 확대했다. 인천e몰은 지난 5월 12억 원의 매출을 올려 최고 실적을 달성하기도 했다.

○ 12월

언론사 : 중도일보

제목 : 인천 서구, 서로e음 기부기능 탑재 '서로도움' 오픈

분류 : 행정

내용 : 인천시 서구의 지역화폐 서로e음이 이번엔 공동체와 나눔의 가치를 담아내는 '내 손 안의 공동체 플랫폼'으로 진화한다. 서구는 서로e음 플랫폼에 기부 기능을 탑재한 '서로도움'을 오는 7일 본격 오픈한다고 밝혔다. 이달 초엔 서구와 인천사회복지공동모금회, ㈜코나아이가 3자 협약을 맺고 사업총괄은 서구, 모금주관은 인천사회복지공동모금회, 운영대행은 ㈜코나아이가 맡는 사업추진 체계를 완성, 유기적인 협력 시

스템을 구축했다. '서로도움'을 통해 '착한 기부'에 동참하는
방법은 간단하다. 서로e음 앱에서 '서로도움'을 클릭한 후, 진
행 중인 기부 사연을 읽고 도움을 주고 싶은 이웃에게 '기부
하기'를 누르면 된다. 모금된 기부금은 선정된 사례자에게 지
원되며, 인천사회복지공동모금회를 통해 영수증 처리된다.

언론사 : 경기일보

제목 : "3차 재난지원금 지역화폐로 지급해야"… 경기·서울·인천
수도권 상인들 한 목소리

분류 : 정치

내용 : 경기도를 비롯한 수도권지역 상인들이 '3차 재난지원금은 모
든 국민에게 지역화폐 형태로 지급돼야 한다'며 한 목소리를
내고 나섰다. 경제 선순환 효과를 누리기 위해선 선별적인
지원보다 보편적 지원이 필요하다는 주장이다. 경기도상인
연합회(회장 이충환)와 서울시상인연합회(회장 편정수), 인천시
상인연합회(회장 이덕재)는 7일 이 같은 내용을 담은 '제3차 재
난지원금 지역화폐 지급 촉구 성명문'을 발표했다. 이들은 성
명문을 통해 "1차 재난지원금은 전 국민에게 지역화폐 형태
로 지급돼 경제활성화를 이끄는 데 성공했다"면서 "그러나
2차 재난지원금의 경우 선별적으로 지급되다 보니 내수활성
화나 소비진작 등의 효과가 미비했다"고 지적했다. 그러면서
"앞선 사례를 통해 봤을 때 3차 재난지원금은 전 국민에게
지역화폐 형태로 지급돼야 한다"면서 "최근 경기도의원들도
제3차 재난지원금을 지역화폐로 지급해야 한다고 목소리를

냈다"고 강조했다.

언론사 : 국민일보
제목 : 인천 서구 서로e음 스타브랜드 대상 2년 연속 수상
분류 : 행정
내용 : 인천 서구(구청장 이재현)는 서구의 대표 브랜드인 지역화폐 서로e음으로 지난 10일 밀레니엄 서울힐튼호텔 그랜드볼룸에서 열린 '2020 스타브랜드대상' 시상식에서 대상을 수상했다. 서구 서로e음은 지난해에 이어 지역화폐 부문 2년 연속 대상을 받았다. 서로e음은 '2020 골목경제 회복지원 우수사례' 행정안전부장관상에 이어 이번 수상까지 이뤄내며 명실공히 대한민국 지역화폐의 완벽한 대세로 자리매김했다.

언론사 : 디지털타임스
제목 : "15兆 지역화폐 시장 잡아라"… 지자체 유치나선 카드사들
분류 : 금융
내용 : 15조 원 규모의 지역화폐 시장을 두고 카드사 간 경쟁이 점차 치열해지고 있다. 15일 카드업계에 따르면 신한·KB국민·하나 등 은행계 카드사뿐 아니라 롯데·BC 등 기업계 카드사들도 새 지급결제수단인 지역화폐 시장에 직·간접적으로 진출한 상태다. BC카드의 경우 현재 지역화폐를 운영하고 있는 농협, 코나아이, KT 등에 결제망을 빌려주는 방식으로 간접적으로 지역화폐 시장에 진출한 상태다. 이를 통해 경기도, 인천, 부산, 충북 괴산군, 전남 순천시 등에 지역화폐 서비스

를 제공하고 있다.

언론사 : 서울경제

제목 : 인천 지역화폐 이음카드, 내년에도 캐시백 10% 혜택

분류 : 행정

내용 : 인천시는 지역화폐 '인천e음(이음)' 카드 결제액의 최대 10%
를 캐시백으로 지급하는 혜택을 내년에도 제공한다고 28일
밝혔다. 이음 카드로 월 100만 원을 결제한다고 가정했을 때
이용자가 돌려받는 캐시백은 5만 5,000원이다. 현재 이음 카
드 가입자 수는 138만 명이며 올해 결제액은 총 2조 8,620억
원으로, 전국 지역화폐 결제금액 가운데 가장 많다.

강수돌, 「이윤과 권력을 동시에 넘는 실험 : LETS운동」, 『문화과학』 겨울호, 2002.

강창의, 「지역화폐가 지역의 고용에 미치는 효과」, 대통령직속 정책위원회, 2020.

권성환, 「지역경제활성화를 위한 중안정부와 지방정부의 역할 재정립 방향에 관한 연구」, 석사학위논문(한남대), 2002.

길 세이팡, 콜린 윌리엄스, 「레츠−상호부양이 교환체계」, 『녹색평론』 제40호 5-6월, 1998.

김동배·김형용, 「지역화폐 운동이 지역사회 공동체의식 강화에 미치는 영향에 관한 연구」, 『한국사회복지학』, 2004.

_____, 「지역화폐 운동이 지역사회 공동체의식 강화에 미치는 영향에 관한 연구」, 『한국사회복지학』 45호, 2001.

_____, 지역통화운동을 통한 지역공동체 형성 연구」, 2000년 추계학술대회 자료집, 『한국사회복지학회』, 2000, pp 342-362.

김미경, 「게르만족 대이동기의 브락테아테에 나타난 도상표현」, 『헤세연구』 no.43, 2020.

김민정, 「지역화폐운동의 성과와 한계 − 한국사례를 중심으로」, 『기억과 전망』 여름호 (통권 26호), 2012.

김재선, 「사회적경제와 지역발전이 새로운 모색」, 대전발전연구원 (주) 살림경영경제연구원 공동세미나 자료집, 2013.

김정훈, 「타임뱅크(Time Bank)를 활용한 복지서비스의 혁신」, 경기연구원, 『이슈&진단』 No.310, 2018.

김종일, 『지역사회복지론』, 현학사, 2003.

김탁건, 「지역화폐 활성화 방안에 관한 연구」, 초당대학교 대학원 석사학위 논문,
    2020.

김형용, 「한국지역화폐운동의 성격과 참여자의 공동체의식에 관한 연구」, 연세대
    학교 석사학위 논문, 2000.

남승균, 「지역경제의 내발적발전과 사회적경제조직에 관한 연구」, 박사학위논문,
    인천대학교 대학원, 2016.

니시베 마코토, 「레츠—상호부양의 교환체계」, 『녹색평론』 제65호 7-8월호, 2002.

류기환, 「지역화폐를 통한 지역경제 활성화 방안」, 『국제지역연구』 제19권 제1호,
    2015, pp.103-126.

류동민·최한주, 「지역통화운동 활성화방안에 관한 연구: 한밭레츠의 사례를 중심
    으로」, 『경제발전연구』 9(1): 85-106, 2003.

류은화, 「국내지역통화운동의 실패 및 효과에 관한 연구-인천연대 '나눔'을 중심
    으로-」 계명대학교 여성학대학원 사회복지학과, 석사학위 논문, 2000.

마루야마 마코토, 「경제순환과 지역화폐」, 『녹색평론』 9-10월호, 1996.

바바라 브란트, 「공동체의 돈 만들기 운동」, 『녹색평론』 3-4월호, 1996.

박용남, 「생태사회구축을 위한 지역화폐운동」, 강원도 지역통화 유통방안 공청회
    자료집, 2014.

부산광역시의회 민생경제특별위원회, 「부산시민 지역화폐 원탁회의」, 2019.

새로운사회를여는연구원, 「강원도 지역통화 유통방안 조사연구 보고서」, 2014.

서울시정개발연구원, 「영국에서 최대 규모로 350개 사업장에서 사용 가능한 온/오
    프라인 지역화폐 유통 시작(영국 브리스틀市)」, 『세계도시동향』 제296호,
    2012.

양준호, 「서구 지역화폐 서로e음의 지역경제 효과 분석 연구」, 2020

_____, 「인천e음의 성과와 전망을 중심으로」, 부산광역시 의회민생경제특별위원
    회, 2019a.

_____, 「인천시 전자지역화폐 '인천e음'의 성과분석을 위한 연구용역」, 인천광역
    시, 2019b.

_____, 『지역회복, 협동과 연대의 경제에서 찾다』, 인천대학교출판부, 2018.

양준호, 「지역화폐와 지역경제 활성화에 관한 조사연구」, 연구용역보고서 인천광
　　역시 연수구청, 2012.

유문무, 「지역복지운동으로서의 지역화폐운동 정착방안」, 노동문제연구소, 『노동
　　연구』 39집, 2019, pp.131-157.

유영선, 「국내외 지역화폐 도입사례 및 시사점」, 한국은행 강원본부, 2019.

육세진, 「순천시 지역화폐 도입 및 공동체활성화 방안 연구 보고서」, 순천시,
　　2018.

윤용택, 「지역통화운동의 환경철학적 의의」, 『환경철학』 4, 73-102, 2005.

윤효중, 「금융배제 현상과 국가적 조정으로서의 금융포용 정책」, 석사학위논문,
　　인천대학교 대학원, 2013.

이강익 외, 「부의 역외유출로 인한 지역불균등발전」, 『지역사회학』 제13권 1호,
　　2011.

이내준·이호, 「지역경제 활성화를 위한 지역화폐 활용 방안」, 『한일경상논집』 89,
　　2020, pp.129-155.

이득연, 「지역만들기와 지역통화운동의 다양한 가능성」, 『도시와 빈곤』, 통권 46
　　호, 2000.

이병기·전대욱, 「고향사랑 상품권의 경제적 효과분석 및 제도화 방안」, 『한국지방
　　행정연구원』, 행안부 연구용역과제, 2017.

이병천·옥우석, 「조절 이론의 진화와 전망: 역사적 분석에서 다양성론으로의 이동
　　을 중심으로」, 『사회경제평론』 42, 2013, pp.139-176.

이상훈 외, 「지역화폐 도입·확대에 따른 성과분석 및 발전방안」, 경기연구원,
　　2019.

_____, 「경기도 지역화폐의 지역경제 파급효과 : 청년배당 등 정책수당을 중심
　　으로」, 2018.

이수연, 「세계 지역화폐의 이해와 유형분석」, 『새로운 사회를 여는 연구원』, 새사
　　연 이슈진단, 2014

_____, 「유럽의 여섯 가지 지역화폐 실험 소개」, 『새로운 사회를 여는 연구원』,
　　새사연 이슈진단 , 2014.

_____, 「지역화폐와 지역경제 발전」, 『새로운 사회를 여는 연구원』, 새사연 이슈

진단, 2014.

이숙례, 「지역화폐」, 대한지방행정공제회, 『도시문제』 34권 (371), 1999.

이창우, 「지역화폐로 만들어가는 행복한 마을공동체」, KDI 경제정보센터, 2014.

_____, 「지역화폐를 활용한 서울시 마을공동체 강화방안」, 서울연구원 연구보고서 2013-PR-65, 2013.

이한주·김병조, 「지역경제 활성화를 위한 지역화폐 도입에 관한 연구—기초연금을 중심으로」, 국회예산결산특별위원회, 2017.

전대욱, 「지역화폐의 도입에 따른 지역순환경제 구축의 동태적 효과」, 『한국시스템다이나믹스학회』 학술발표논문집, 2016, pp.73-80.

전인우·정완수, 「소상공인 과밀, 어느 수준인가?」, 중소기업 포커스 제18-14호, 2018.

정명기 편저, 『위기와 조절』, 창작과 비평사, 1992.

조재욱, 「새로운 화폐정치의 공간 만들기 : 지역화폐제 도입을 통한 보완경제의 가능성 시탐", 『비교민주주의연구』 제9권 제1호, 2013, pp.37-68.

조복현, 「지역공동체 경제와 지역화폐」, 『경제발전연구』 26, 2020, pp.33-66.

조혜경, 「지역화폐의 개념과 국내 논의 현황」, 『정치경제연구소 '대안'』, Alternative Paper No 07, 2018.

중소벤처기업부, 「자영업 성장·혁신 종합대책」, 2018.

천경희·이기춘, 「지역화폐운동의 소비문화적 의미 연구: "한밭레츠" 참여자의 소비행동을 중심으로」, 『한국생활과학회지』 14(4): 593-611, 2005.

_____, 「지역화폐운동의 실천적 의미와 향후 전망」, 경제분과 콜로키움, 2007.

최정은, 「한국은행 인천본부 인천지역 소비의 역외유출입 현황 및 시사점」, 한국은행 인천본부, 2015.

최준규·전대욱, 「경기도 지역화폐 활용방안 연구」, 경기연구원 정책연구과제 2016-102, 2017.

_____, 「지역 활성화를 위한 지역화폐의 쟁점과 과제」, 경기연구원, 『이슈&진단』, 2018.

최희갑, 「정부예산제약을 고려한 공적분 VAR모형: 한국의 경우」, 『통계연구』 제19권 제1호, 2014.

한밭레츠(Hanbat LETS), 「제19차 한밭레츠 정기총회 자료집」, 2018.

한국은행 경기본부, 「2012년중 경기도 소비의 역외유출입 현황 및 시사점」, 2013.

한성일, 「지역화폐운동과 지역경제」, 한국지역사회학회, 『지역사회연구』 21(4), 2013.

행정안전부, 「지역사랑상품권 13.3조 판매되어 지역경제 온기 불어 넣었다.」, 2021. 1.14. 조간 보도자료, 2021.

_____, 「행안부-조폐공사 손잡고 모바일 고향사랑 상품권 도입」, 행전안전부 보도자료 2018.07.10., 2018.

_____, 「고향사랑 상품권 발행 및 운영 안내서」, 2017. 09, 2017.

Anon, 『Balancing Europe for Sustainability』, Akite Strohalm, 1996.

Behr, C., 「New Bracteate Finds from Early Anglo-Saxon England」, 『Medieval Archaeology』, 54, 2010.

Blanc, J.(2011), 「"Classifying"CCs ": Community, Complementary and Local Currencies'Types and Generations"」, 『International Journal of Community Currency Research』 15, 4-10.

Bowles, S., Edwards, R., Roosevelt, F., 『Understanding Capitalism: Copetition, Command, and Change』, Oxford University Press, 2005. 최정규, 최민식, 이강국 옮김, 『자본주의 이해하기: 경쟁·명령·변화의 3차원 경제학』, 후마니타스, 2009.

Boyer, R. (2015). 『Économie politique des capitalismes』, La Découverte. 서익진, 서환주 옮김, 『자본주의 정치경제학』, 한울, 2017

Chavance, B., 『L'économie institutionnelle』, La Découverte, 2007. 양준호 옮김, 『제도경제학의 시간과 공간』, 한울, 2009.

Douthwaite, R., 『Strengthening local economies for security in an unstable world』, Dublin, 1996.

Dow, S., 『Keynesand Gesell: Political andSocial Philosophy, Epistemology and Monetary Reform』, Published in Annalsof the Fondazione Luigi Einaudi, 2017.

Fuders, F., Max-Neef, M., 「Local Money as Solution to Capitalist Global

Financial Crises」, 『Humanism in Business Series』, 2014.

Gesell, S., 『Die Verwirklichung Des Rechtes Auf Den Vollen Arbeitsertrag Durch Die Geld- Und Bodenreform』, Wentworth Press, 2018(재발행).

Jenni, L., 『Von Silvio Gesells erstem Werk: Die Reformation im Münzwesen als Brücke zum sozialen Staat : dem Angedenken Silvio Gesells gewidmet, Bern : Verlag Pestalozzi-Fellenberg-Haus』, 1931.

Keynes, J.M., 『The General Theory of Employment, Interest and Money』, Palgrave Macmillan, 1936.

Million, C., 『Stamp your scrip - stamp out depression : Irving Fisher's advocacy of stamped money』, 1932-1934, Stämpfli Publishers, 2020.

Odenstedt, B., 「The Runic Inscription on the Undley Bracteate」, 『Studia Neophilologica』, Volume 72, 2010.

Onken, W., 『Ein vergessenes Kapitel der Wirtschaftsgeschichte』, Deggendorfer Geschichtsbl tter, 1999.

Pacione, M., 「Local exchange trading systems as a response to the globalisation of capitalism」, 『Urban Studies』, 34(8), 1179-1199, 1997

Pestoff, V., 「Nonprofit organizations and consumer policy: The Swedish model」, 『The third sector: Comparative studies of nonprofit organizations』, 77-91, 1990.

Polanyi, K., 『The Great Transformation』, 1944. 홍기빈 옮김, 『거대한 전환: 우리 시대의 정치·경제적 기원』, 도서출판 길, 2009.

Seyfang, G., 「Examining local currency systems: a social audit approach」, 『International Journal of Community Currency Research』, 1(1), 1-29, 1997.

Seyfang, G., & Longhurst, N., 「Growing green money? Mapping community currencies for sustainable development」, 『Ecological Economics』, 86, 65-77, 2013.

あべよしひろ, 『だれでもわかる地域通貨入門─未来をひらく希望のお金』, 北斗出版, 2000. 전정근 옮김, 『누구나 알 수 있는 지역통화 입문』, 『아르케출판

사』, 2003.

山田鋭夫, 『20世紀資本主義-レギュラシオンで読む』, 有斐閣出版サービス, 1994.
　　　현대자본주의 연구모임 옮김, 『20세기 자본주의』, 한울, 1995.

西部 忠, 『地域通貨を知ろう』, 岩波ブックレット, 2002. 이홍락 옮김, 『우리끼리
　　　만들어서 쓰는 돈』, 돈키호테, 2006.

한밭레츠 홈페이지(http://www.tjlets.or.kr/)

EU, SPREAD Sustainable Lifestyles 2050, 2013.

ArmstrongEconomics.com

찾아보기

남승균(南昇均)

울진종합고등학교 졸업, 인천대학교 공학사·경영학 석사·경제학 박사
현 인천대학교 인천학연구원 상임연구위원, 인천대학교
사회적경제연구센터 센터장, 전, 인천대학교, 경인여대 강사
주요 연구 분야는 지역경제, 내발적발전, 사회적경제, 지역화폐 등이다.

강철구(姜哲求)

제물포고등학교 졸업, 인천대학교 경제학 학·석사·박사
현 인천대학교 후기산업사회연구소 전문연구원, 인천학연구원 초빙연구원
주요 연구 분야는 지역금융, 지역산업, 도시연구 등이다.

김태훈(金兌勳)

부천고등학교 졸업, 인천대학교 경제학 학·석사·박사
전 한국청소년정책연구원 전문연구원 / 현 인천대학교
후기산업사회연구소 전문연구원
주요 연구 분야는 지역산업, 지역경제, 후기산업사회 등이다.

김덕현(金德賢)

서령고등학교 졸업.
전 인천뉴스, NIB남인천방송, 경기일보, 기호일보 기자
인천에서 수년간 경제부 기자로 활동했다.

인천학연구총서 48

골목상권의 힘, 지역화폐

2021년 2월 26일 초판 1쇄

기   획 인천대학교 인천연구원
지은이 남승균·강철구·김태훈·김덕현
펴낸이 김흥국
펴낸곳 보고사

등록 1990년 12월 13일 제6-0429호
주소 경기도 파주시 회동길 337-15 2층
전화 031-955-9797(대표)
         02-922-5120~1(편집), 02-922-2246(영업)
팩스 02-922-6990
메일 kanapub3@naver.com / bogosabooks@naver.com
http://www.bogosabooks.co.kr

ISBN 979-11-6587-164-2 94300
         979-11-5516-336-8 (세트)
ⓒ 남승균·강철구·김태훈·김덕현, 2021

정가 21,000원